Über dieses Buch

Seit Schiller im ›Wilhelm Tell‹ die wackere Gertrud Stauffacher ihren »lieben Herrn und Ehewirt« fragen ließ, »magst du ein redlich Wort von deinem Weib vernehmen?«, haben die Schweizerinnen ihre Zeit nicht verschwendet. Besonders in diesem Jahrhundert meldeten sich die Frauen in der Schweiz in allen vier Sprachen des Landes energisch zu Wort. In ihren Werken spiegelt sich die Realität einer Gesellschaft, die sich seit der Gründung der drei Urkantone im Jahre 1291 als freiheitlich und konsensfähig verstand und dennoch widerstrebend erst 1971, viel später als alle europäischen Nachbarländer, das allgemeine Frauenstimmrecht einführte. Provinz und Metropole, Engstirnigkeit und Weltläufigkeit liegen in der Schweiz eng nebeneinander. In diesem Spannungsfeld steht auch die Literatur der Frauen. Für die vorliegende Sammlung wurden einige prägnante Beispiele zusammengefügt, die von der Jahrhundertwende bis in die Gegenwart führen.

Frauen in der Schweiz
Erzählungen

Herausgegeben von Andrea Wörle

Deutscher
Taschenbuch
Verlag

Ebenfalls im Deutschen Taschenbuch Verlag erschienen:
Frauen in der DDR (1174)
Frauen in Lateinamerika 1 (10084)
Frauen in Lateinamerika 2 (10522)
Frauen in China (10532)
Frauen in Persien (10543)
Frauen in Afrika (10777)
Frauen in der Sowjetunion (10790)
Frauen in der Türkei (10856)
Frauen in Indien (10862)
Frauen in der arabischen Welt (10934)
Frauen in Japan (11039)
Frauen in Spanien (11094)
Frauen in Thailand (11106)
Frauen in Frankreich (11128)
Frauen in New York (11190)
Frauen in Italien (11210)
Frauen in Irland (11222)
Frauen in Südafrika (11347)
Frauen in Skandinavien (11384)
Frauen in Griechenland (11396)

Originalausgabe
Januar 1991
2. Auflage April 1991
Deutscher Taschenbuch Verlag GmbH & Co. KG,
München
Alle Rechte vorbehalten
(Siehe auch Quellenhinweise S. 240ff.)
Umschlaggestaltung: Celestino Piatti
Umschlagbild: Siggi Grunow
Gesamtherstellung: C. H. Beck'sche Buchdruckerei,
Nördlingen
Printed in Germany · ISBN 3-423-11329-4

Inhalt

META VON SALIS
Die unerwünschte Weiblichkeit 7
SELINA CHÖNZ
Der Besuch 19
CÉCILE LAUBER
Dorotheas Bäume 28
LISEL BRUGGMANN
Wohltätigkeit 39
RUTH BLUM
Verhüllter Himmel 41
ANNEMARIE SCHWARZENBACH
Das glückliche Tal 58
ELLA K. MAILLART
Die Idee 66
REGINA ULLMANN
Die Verwandlung 72
LORE BERGER
Taedet me vitae 79
CÉCILE INES LOOS
Die Hochzeitsreise................... 97
ALINE VALANGIN
So fing's an 102
ELISABETH GERTER
Der Frühling und ein Zusammenbruch 129
ALICE RIVAZ
Wenn nicht die Liebe 136
ELENA BONZANIGO
Nächtliche Reise 146
ANNA FELDER
Die Kündigung 160
GERTRUD WILKER
Dieser Teil eines Lebens 167
Leben und Aufbegehren 167
Man wird sie nicht los 168
Hochzeitsschuhe 169
Das Lächeln auf dem Gesicht meines Sohnes 172

EVELINE HASLER
    Novemberinsel 176
ERICA PEDRETTI
    Die Vorzüge der Brunft 183
RAHEL HUTMACHER
    Allein. 197
    Ratlos 198
HANNA JOHANSEN
    Zwei, drei Geschichten 200
HELEN MEIER
    Zeitlich begrenzt 211
MAJA BEUTLER
    Fremdkörper. 217
KRISTIN T. SCHNIDER
    Die Kodiererin 224
FRANZISKA GREISING
    Die Urfrau 233

Nachbemerkung. 235
Autorinnen 240

Meta von Salis
Die unerwünschte Weiblichkeit

»Es hat jedes Volk die Regierung, die es verdient«, sagte ein ehrwürdiger Geistlicher zu mir, als eine Gemeinde an Stelle ihrer früheren, guten Obrigkeit eine Anzahl charakterloser Gesellen wählte. Und ehe Irland in Flammen stand, schürte England den Befreiungsdrang Italiens mit dem Zuruf: »Ein Volk, das sich nicht selber hilft, verdient es, Sklave zu sein.«

Richtig gedeutet sind beide Sätze wahr. Befreiung im guten Sinne ist immer eine sittliche That mit sittlichen Folgen, die nur von innerlich weisen und kräftigen Menschen durchgeführt werden kann. Sie hat nichts gemein mit dem Mummenschanz der Parteien und ihrem Wortgepolter, wie sie an der Tagesordnung sind und mit ihr verwechselt werden. Auf den Staat kommt viel nicht an, sondern auf die Bürger, wenig auf die Staatsform, viel auf den Inhalt und gar nichts auf Phantastereien eines Belamy und Morris[1]. Was noth thut, sind bewährungsstarke Wirklichkeiten.

Leben wir Schweizerfrauen in solchen?
Nein. –

Die Bezeichnung »eine freie Schweizerin« macht mir wenigstens kein Vergnügen. Von einer gewissen Höhe der Umschau aus muß ich über sie lachen, weil sie so vortrefflich in andern Schwindelkram der Nomenclaturen paßt, aber auf dem praktischen Beobachtungsposten beunruhigt sie mich, weil sie mich zweifeln heißt an den offenen Sinnen unserer Frauen für den Widerspruch zwischen dem, was sie heißen, und dem, was sie sind. Vielen schwellt die bloße Idee der Zugehörigkeit zu einer Republik die Brust mit Stolz und veranlaßt sie, auf die Frauen in monarchischen Staaten mit Mitleid herabzublicken. Scharf werden von ihnen die äußerlichen Unterschiede –

---

[1] William Morris, London, 1834–1898. Engl. Kunsthandwerker, Schriftsteller. In ›Eine königliche Lektion‹ (dt. 1904) und ›Kunde von Nirgendwo‹ (dt. 1900) zeichnet er das Bild einer sozialistischen Gesellschaft.

abgesehen von der Kleidermode, nach deren Heimathschein nicht gefragt wird –, die Unterschiede in der Sprache und – man verzeihe meine Offenheit, sie ist ja eine republikanische Tugend – in einer gewissen Formlosigkeit, die sich bis zur Unmanier steigern kann, betont. Ihr Zudrang zu Bundesfesten und kantonalen Feiern, an denen man zu Ehren der vor Jahrhunderten bewiesenen Tapferkeit der Schweizer illuminirt und trinkt, läßt nichts zu wünschen übrig! Ohne zu erröthen, lesen und sehen sie den Schiller'schen Tell, hören Gertrud Stauffacher zu Werner sprechen,

»vertraue mir, ich bin dein treues Weib,
und meine Hälfte fordr' ich deines Grams«,

ihm den Gedanken zum gemeinsamen Handeln eingeben, seine Einwände mit Worten wie,

»wüßt' ich mein Herz an zeitlich Gut gefesselt,
den Brand würf' ich hinein mit eigner Hand«,

entkräften und mit dem Heldenmuth ihrer Consequenz besiegen.

Nicht nur hören sie es, sondern billigen es auch. Und wenn die weicher geartete Hedwig Tell den sie begütigenden Männern, vor allem Baumgarten, zuruft:

»Hast du nur Thränen für des Freundes Unglück?
Wo wart ihr, da man den Trefflichen
In Bande schlug? wo war da eure Hilfe?
Ihr sahet zu, ihr ließt das Gräßliche gescheh'n
Geduldig littet ihr's, daß man den Freund
Aus eurer Mitte führte. Stand er auch
Bedauernd da, als hinter dir die Reiter
Des Landvogts drangen, als der wüth'ge See
Vor dir erbrauste? Nicht mit müß'gen Thränen
Beklagt' er dich, in den Nachen sprang er, Weib
Und Kind vergaß er und befreite dich.«

so finden sie diese schneidende Kritik über den Werth der betreffenden Männer berechtigt, nicht unweiblich. Ungetheilten Beifall erntet ferner Bertha von Bruneck, die den aus Liebe schwankenden Rudenz seinem Volk zurückgewinnt und als freie Schweizerin dem freien Schweizer die

Hand reicht. Wie aber im Leben? Den Frauen gegenüber, die in zeitgemäßer Umgestaltung ungefähr wie Gertrud, Hedwig oder Bertha dastehen?

Es ist ja wahr, daß der Dichter mit den Sonnenzaubern der Kunst vergoldet, was im Leben sich viel nüchterner abzuspielen pflegt. Aber fehlt darum der Schilderung die innere Thatsächlichkeit? Alle großen Bewegungen der Weltgeschichte, die wir näher kennen, haben auf den Frauen mitgeruht. An allen haben sie wesentlichen Antheil genommen.

Auch daß die ersten Kulturvölker des Alterthums die Gerechtigkeit in einer weiblichen Gottheit verkörperten, die Ägypter in der Ma'at, die Griechen in der Themis und in der feinsten Ausgestaltung in der Athene, ist bedeutungsvoll. Daß die Anfänge des Christenthums die Frauen miteinbezogen und durch sie die neue Lehre immer tiefer mit den Grundlagen der auf den Trümmern der antiken Welt aufsprossenden Kultur verwuchs, steht fest. Der Stifter selber hatte sich an die Frauen gewandt, deren nächste und vertrauteste ihm nachfolgten bis ans Grab. Die katholische Kirche in ihren großen Regenerationsepochen zählt neben den Männern der heiligenden That immer Frauen, die das Werk verständnißvoll förderten, wie neben Gregor VII. eine Mathilde von Toscana. Mit der Zulassung zum klösterlichen Leben, mit der Heiligsprechung etlicher Frauen hat Rom Zeugniß abgelegt dafür, daß es der Frau eine priesterliche Mission zuerkannte, auch wenn es sie vom eigentlichen Priesteramte ausschloß.

Tiefer herab im Mittelalter und in der Neuzeit haben Frauen in den Freiheitskämpfen der dithmarschen, der italienischen Städte, der castilischen Communidades im 16. aller spanischen Provinzen, im 19. Jahrhundert zum Theil geführt, zum Theil geholfen. Ich erinnere an Meta von Hohenwörden, Catharina Sforza, Maria de Padilla. Unsere Zeit mit ihren mehr sozialen und ethischen als politischen Bewegungen nennt zahlreiche Frauen als Leiterinnen und Förderinnen dieser Neu- und Umbildungen. Harriet Beecher-Stowe ist den Negersklaven der Vereinigten Staaten zum Heiland geworden, Florence Nightingale den pflegelosen, schwersiechen Soldaten in der Krim gewiß als die Personifikation eines solchen erschienen. Josefine Butler[1] und Octavia Hill[2] sind uns ebenso bekannt. In England, Frankreich, Italien, Deutschland und Österreich wogt es kräftig auf und gewinnen Frauen langsam aber stetig neue Stellungen.

Im Schul-, Armen-, Kirchen- und Sanitätswesen hat die Engländerin, die als Großgrundbesitzerin in einzelnen Municipien schon lange stimmberechtigt war, Sitz und Stimme gewonnen. Große Enqueten in die Wohnungsverhältnisse des Proletariats und die Löhnungssysteme bei weiblichen Arbeitern wurden vom Parlament den Frauen übertragen, welche durch eigene Initiative unternommene Untersuchungen sich als dazu berufen erwiesen hatten. Tüchtige Parlamentsmitglieder traten für das weibliche Stimmrecht ein, das Schritt für Schritt, aber sicher dem Dasein entgegenreift. In den meetings für dasselbe tritt die Arbeiterfrau neben der Fürstin, die Stieftochter John Stuart Mill's[3] neben der Unbekannten auf und ergreift das Wort. Die Frauen einiger Parlamentsmitglieder – Mrs. Fawcett und Mrs. McLaren zum Beispiel – gehören zu den Führerinnen dieser Propaganda, wohl mit ein Grund, daß die Geldmittel reichlich fließen, die bekanntlich das unentbehrliche agens öffentlicher Erfolge sind. Um den Cloaken der Unsittlichkeit auf den tiefsten Grund zu steigen, hat ein edler Mann mit Absicht Gefängnißstrafe auf sich herabbeschworen. Das nämlich ist das erfreulichste Symptom an der englischen Frauenbewegung, daß die besseren Männer, die, auf welche es ankommt, mehr und mehr zu Freunden derselben werden, in solchem Grade, so daß, wie ich aus privaten Quellen weiß, der geistig hochstehende Mann immer ausschließlicher die geistig hochstehende Frau, die Ebenbürtige, zur Lebensgefährtin zu gewinnen sucht. Robert Browning hat das schöne Wort gesprochen von der vornehmen und berechtigten »Männlichkeit einer Frau« – ein Wort ne-

---

[1] Engl. Vorkämpferin des Abolitionismus, 1828–1906.

[2] Engl. Sozialreformerin, 1838–1912. Administratorin von Londoner Arbeiterhäusern.

[3] Engl. Philosoph, 1806–1863. In ›The Subjection of Women‹ (1869) forderte er politische Rechte für die Frau.

benbei gesagt, welches 9 von 10 unserer Männer gar nicht verstehen werden.

Fragen wir nun: was haben wir, wir »freien« Schweizerfrauen im Vergleich damit aufzuweisen? Inwiefern begünstigt uns die Staatsform und benützen wir diese Gunst, um Zeugniß abzulegen dafür, daß die Republik die Prinzipien der Gerechtigkeit höher achtet als alle Geschlechtsvorrechte? Die Universitäten waren in Europa zuerst bei uns den Frauen zugänglich. Ganz richtig. Ausländerinnen setzten die Zulassung unter bestimmten Bedingungen durch, und strebsame Schweizerinnen heimsten die Früchte mit ein. Aber ... aber ... sollte nicht der Geist der Fremdenindustrie mehr bewirkt haben als Impulse der Gerechtigkeit? Mir ist, man habe zu jener Zeit auch die Berücksichtigung der pekuniären Vorteile betont. – Die Sittlichkeitsliga, welche Mrs. Butler geschaffen hat – mit Lebensgefahr, das dürfen wir nicht vergessen –, hat in der Schweiz Mitglieder gewonnen, besonders, wenn ich nicht irre, in der französischen, wo burgundisches Recht und église libre dazu beitrugen, die Frau in öffentlichen Fragen kräftiger und scharfsichtiger zu machen. Von einer französischen Schweizerin hörte ich meine eigene Ansicht, daß die Protektion bei uns in üppigster Blüthe stehe – sie sprach speziell von der Schule –, öffentlich vertreten. Armen-, Kinder- und Krankenvereine, Haushaltungs-, Koch- und Frauenarbeitsschulen haben wir aus Deutschland oder England herübergenommen, ersteres ein Land, das vielen, die es nicht kennen, für in Nacht und Knechtschaft versunken gilt. Ein besonderes Freiheitsrecht, eine ehrende Befreiungsthat, die aus der Initiative von uns Republikanerinnen hervorgegangen wäre, ist mir nicht bekannt. Weder in der Gemeinde, noch im Kanton, noch im Bunde haben wir mitzusprechen. Die besitzende Frau bestimmt weder das wieviel noch das wozu ihrer hohen Steuerquote mit – die Männer nehmen ihr das Geld einfach aus der Tasche, und bei entstehenden Differenzen mit den Steuercommissären räth man ihr, klein beizugeben. Die kluge Frau geht Schul-, Armen-, Kirchen- und Sanitätswesen nichts an, obwohl ich überzeugt bin, daß eine ganze Anzahl dazu tüchtiger Frauen die für wohlthätige Zwecke bestehenden Kassen unentgeltlich – als Ehrenamt, wie sich's im Zeitalter der Humanität geziemt – verwalten und sie nicht bestehlen würden, was bei Männern bekanntlich schon hin und wieder vorgekommen ist. Vormundschaften können nicht einmal der Mutter überall übertragen werden, viel weniger anderen Frauen, trotzdem die Männer sich beklagen, daß sie wenig einbringen usw. usw. So allgemein bei unsern Männern der Grundsatz gilt, daß eine in der Regierung eines Landes nicht vertretene Klasse – in der Schweiz bezahlt man einen besondern Sekretär für die doch stimmberechtigten Arbeiter[1] – in ihren Rechten verkürzt bleibt, die Anomalie, daß ein ganzes Geschlecht politisch stumm ist, stört ihren gerechten und humanen Sinn nicht. Über dieses in der Kopfzahl überlegene Geschlecht verfügt in souveräner Machtvollkommenheit der Mann allein. Wenn man den Thatbestand ganz kurz und wahrheitsgetreu formulieren wollte, würde der Mann zur Frau sprechen: Der Staat geht die Frau überhaupt nichts an. Worauf die Frau folgerichtig zur Antwort geben müßte: Dann bin ich vaterlandslos, wie sollte ich meinen Söhnen Vaterlandsliebe einflößen und meinen Töchtern Neigung zur Heimat?

Allgemeines Stimmrecht! Wie? Gehört die Frau nicht zur Allgemeinheit? Gleichheit vor dem Gesetz! Wie viele Frauen sind blöd genug anzunehmen, daß nur hier der Umstand nicht zutreffe, daß man fremde Interessen schlechter wahrt als eigene, wenn nicht aus bösem Willen, doch gewiß aus Mangel an Verständniß? Altruismus, Religion der Menschenliebe, des Mitleids! Phrasen Phrasen, Phrasen, angewendet, um sich selbst etwas vorzuspiegeln, denn viele belügen und beheucheln in erster Linie sich selbst, oder um stimmberechtigte Körperschaften zu ködern, oder gerade wirksam genug, um kleine Abschlagszahlungen zu veranlassen, die den Menschen unfrei und abhängig machen, statt sein Pflichtgefühl und seinen Stolz zu kräftigen. Wenn der Altruismus von Mann zu Frau eine Thatsache wäre, wie könnte ein Unterschied beobachtet werden in der Werthung von Man-

---

[1] Von der Autorin im Text gestrichen: »und wir unverheirateten Frauen zahlen geduldig mit«.

neswort und Frauenwort, Männerfürwort und Frauenfürwort, Zeugniß, Würde, Ehre? Warum scheut sich die Frau, die Gesetze, die nominell für Alle da sind, anzurufen, wenn ein Mann ihr Recht und ihre Ehre antastet? Weil sie weiß, daß vom ersten bis zum letzten Schritt, ob sie gewinnt oder verliert, eine Reihe von Demüthigungen und Beleidigungen ihrer harrt, nicht nur von den Richtern und gegnerischen Anwälten, sondern von ihren eigenen Vertretern, ihren männlichen Verwandten und Freunden. Weil sie schon erfahren hat, daß die Lobpreisung der weiblichen Ehre in gebundener und ungebundener Sprache dem Manne wohlgelingt, daß aber eine freche Nichtachtung von Frauenehre im Leben in ihm einen dienstbereiten Vertheidiger findet. Was wissen viele Männer überhaupt von Frauenehre? Gehen Sie über die Straße und hören Sie, was da und dort geredet wird.

Dadurch, daß ich oft auf dem Lande wohne und als Tochter eines aller Ämterreiterei lebenslang ferngebliebenen, vielleicht nicht zum wenigsten deßhalb im höchsten Ansehen verstorbenen Mannes, komme ich in die Lage, tiefe Einblicke in das Leben des Volkes zu thun. Manche einfache Bauernfrau sieht schärfer und spricht offener über die Schäden im Staate, als die weichgebettete Städterin. »Lieber lasse ich mir gleich die Haut über die Ohren ziehen, als daß ich noch einmal für mein heiliges Recht streiten gehe mit Männern«, sagte mir eine arme Wittwe, die ihre Erfahrungen theuer bezahlt hatte; und eine andere Frau kam und bat um meinen Rath, weil ich nicht auf die Stimmenden und Wählenden Rücksicht zu nehmen hätte, deren keinem der Mann um einer Frau willen nahe treten wolle. Und die Frau der sogenannten besseren Stände? Wahrlich, sie muß höhere und edlere Gesetze über sich hängen haben, als die in unseren Sammlungen verzeichneten, von unseren Rechtsprechern gedeuteten, wenn sie den Muth hat, gegen unverdiente Schmach, eigene oder fremde, aufzutreten und sich der aufgehäuften Bubenhaftigkeit der inferioren Menschen aller Stände zur Zielscheibe zu bieten.

Wenn der Altruismus von Mann zu Frau eine Thatsache wäre, wie, so fragen Sie sich doch, wie bestände die Prostitution? Diese Einrichtung allein richtet den Männerstaat. Im Angesichte dieser eine Verbesserung unserer Lage vom Manne zu erwarten, das heißt doch gewiß blind sein und blind sein wollen. Wohl liegt eine solche im Interesse des Typus Mensch, wohl wird sie von edlen Männern da und dort nicht nur als wünschenswerth anerkannt, sondern heiß ersehnt – aber was ist bei uns geschehen, um sie anzubahnen? Ich schlage mir zuweilen vor die Stirn und frage mich schmerzlich betroffen: sind wir Schweizerfrauen wirklich obtuser, minder feinfühlend, minder hochstrebend als andere Frauen? Die pekuniäre Opferfähigkeit rechnet man uns im Ganzen zur Auszeichnung an, wo es gilt, eine materielle Noth zu heben. Wie aber in den höchsten Fragen und wenn in den entscheidungsschwersten Momenten der Ruf tönt: payer de sa personne, wie Miss Nightingale, Mrs. Butler und so viele thaten? Wir haben ein paar Frauen, die mit der vollen Macht ihrer Persönlichkeit einstehen ... aber wo bleibt das Verständniß für sie? Wo bleibt besonders die Frau der besseren Stände, mit ihrem Einfluß, ihrem Gelde, wenn es darum zu thun ist, die weibliche Existenz auf eine gesicherte Grundlage zu stellen? Bei uns, wo die Frau des Politikers, des öffentlichen Beamten notorisch den feinen, veredelnden Einfluß auf die Männer ihrer Kreise nicht übt, den die Geistesanmuth der Französin, die praktische Engländerin, hin und wieder selbst die Deutsche übt? Ist denn bei uns nur das Geld das unterscheidende Merkmal der Gesellschaftsklassen?

Eine englische Zeitschrift hat vor Kurzem den kindlich thörichten Irrtum berichtigt, daß es die kecken und rohen Frauen seien, die zum Rechte und zur That streben. Zur That und zum Rechte drängen die von dem bestehenden Zustand am tiefsten verwundeten, die, welche geistig und gemüthlich am meisten leiden; und am meisten – das liegt auf der Hand – leiden die am leichtesten und mannigfachst verletzlichen. Die Leidensfähigkeit aller Lebewesen nimmt von unten nach oben zu, weil sie bedingt ist durch die gesteigerte Nerventhätigkeit und Sinnesschärfe. Darum ist es bei den Frauen im Allgemeinen, wie bei den Krankenpflegerinnen im Einzelnen: die zarteste leistet unter Umständen das Beste, weil keine wie sie versteht, den Schmerz zu lindern, den sie kennt. Wie viele von unseren Frauen leiden unter einem ethischen Nothstand? unter einem moralischen und intellektuellen? Ein ethischer Nothstand ... da höre ich sogar fragen, was das sei.

Reden wir also verständlich und von dem, was sich so zu sagen handgreiflich machen läßt!

Ist es nicht geradezu bezeichnend für die hochgradige Indolenz unserer Frauen, daß sie sich's entgehen lassen, für sittliche Vergehen des Mannes gegen die Frau, oder beider zusammen, oder der Frau allein, das maßgebende Forum zu bilden? Unter wessen Richterspruch würden billigerweise alle strafwürdigen Einrichtungen zur Züchtung, Erleichterung, Vermehrung und Gefahrlosstellung der Unsittlichkeit fallen? Ist es nicht lächerlich, wenn der Mann sich für competent erklärt, hier zu urteilen, ohne Frauen beizuziehen? Muß er nicht leichtfertig oder unwahr sein, um sich dafür zu erklären? Es ist ja ungefähr dasselbe, wie wenn behauptet würde, der Arbeitgeber sei unter allen Umständen, auch in eigener Sache, der allein berufene Richter seiner Arbeiter? Sei es, daß die Gesellschaft dem Manne ein Vorrecht – streng genommen ein Vorunrecht – zur Unsittlichkeit gegeben, oder umgekehrt, daß der Mann durch seine Gesetzgebung im Staate der Gesellschaft diesen Moralcodex eingeflüstert hat – Thatsache bleibt, daß nur die unsittliche Frau, der Theorie nach immer, in der Praxis meistens verachtet und sozial geächtet wird, der unsittliche Mann nicht. Während die ehrbare Frau das Wort »Dirne« in alle Nuancen des Ekels taucht, verkehrt sie freundschaftlich mit dem Wüstling, der mit der Dirne Gemeinschaft hat, und lädt ihn in ihr Haus, in die Gesellschaft ihrer Töchter ein. Gesetz, Gesetzeshandhabung und gesellschaftlicher Usus decken sich aufs Genaueste. Kindsmord wird an der verführten und an der liederlichen Mutter bestraft, der unter allen Umständen mitschuldige Vater und Verführer geht ungebrandmarkt umher, wie zuvor. Dabei ist er oft der social höher stehende, sorgfältiger erzogene, d.h. nach meiner Ansicht auch der höher Verpflichtete. Aber sehen Sie: unter den Gesetzgebern, wie unter den Richtern ist vielleicht einer, vielleicht auch keiner, der ein sittenreines Leben führt und die Verpflichtung zu einem solchen anerkennt. Der Staat, als Collectivausdruck der ihn bildenden Männer, nimmt das Laster des Mannes in seinen hohen Schutz, die weibliche Tugend mag zusehen. *Das kommt daher: Der Mann erblickt in der Frau ein ihm untergeordnetes Wesen, ein dienstbares Werkzeug, über dessen Rangstufe im Dienste nur der Zufall der Geburt und Verhältnisse entscheidet und dessen ihm gebührende Leistung auf der untersten Stufe er eben in Gestalt der Prostitution in Anspruch nimmt und legitimiert. ...*

Ich lebe der Überzeugung, daß ein späteres Zeitgeschlecht die Männer für unerhört brutal halten wird, welche einen Zustand, wie den jetzt bestehenden, schufen, und die Frauen – im besten Fall – für bodenlos dumm, weil sie ihn ertrugen. Denn ein Vorwurf, und zwar ein großer, trifft bei dieser Lage der Dinge die Frauen, vor Allem bei uns, wo der Mann ihnen lächelnd entgegenhalten kann, daß sie im Ernste noch gar keine wesentliche Änderung begehrt haben, also mit dem Loos, das sie von Mannes Gnaden genießen, zufrieden seien. Bei uns, wo er die paar Ausnahmen, die mehr zu erreichen suchen, tollköpfig und unnatürlich schelten darf, weil ihnen der Rückhalt ihrer Geschlechtsgenossinnen fehlt. Stellen wir doch unsere freiheits- und gerechtigkeitsliebenden Männer auf die Probe und verlangen Stimm- und Wahlrecht, aktiv und passiv. Es ist kein Zwang dabei: furchtsame Weiberchen brauchen nicht zu stimmen und nicht zu amten; sie können friedlich bei und mit ihren Kaffeetassen weiterklappern. Die so aufgelegten Männer tändeln und klappern nicht minder. Das erste Amtsgebiet aber, in welchem die Frau Heimathrechte erwerben muß, ist das der Justiz, d.h. Polizei-, Gerichts- und Gefängniswesen. Ergänzend müßte eine von Frauen mitberathene Gesetzesrekonstruktion stattfinden. Das wäre ein Feld, auf welchem wir trachten könnten, die ausländischen Schwestern zu überholen! Daß der Geist unserer gegenwärtigen Gesetzgebung, unseres gegenwärtigen Richterstandes ein den Frauen eminent feindseliger ist, besagen genügend viele Urtheile verschiedenster Instanzen in verschiedenen Kantonen. Ich will dabei nicht behaupten, daß diese Feindseligkeit durchweg eine beabsichtigte sei, aber daß sie bei vielen einfach in Fleisch und Blut überging, macht die Sachlage nicht besser.

Die freie, gleichberechtigte, gleichverpflichtete Staatsbürgerin erst wäre die zeitgemäße Erscheinungsform der Schweizerfrau. Jetzt ist die Schweizerin thatsächlich eine der mindest geachteten Frauen Europas. Wer etwas Anderes behauptet, dessen Ohr ist nur zu wenig fein, um die Nüancen vom kalten Hohn bis zum mitleidigen Erstaunen wahrzunehmen, welche in der Stimme des Mannes wechseln, wenn er von den Frauen spricht. Ehrfurcht und Anerkennung, ich wenigstens habe sie selten herausgehört, und wie kämen sie hinein, wo lange die Weiber aller Stände die erbittertsten Feinde der Frauen aller Stände sind? Die Geringschätzung der Frau von Seite unserer Männer mag auch mit dem materialistischen Grundzug des Schweizers zusammenhängen. Vielleicht würde es eben diesem zum Vortheil gereichen, wenn die idealer angelegte Frau in der Öffentlichkeit gehört würde. Der Mann sucht der Frau einzureden, sie passe nicht in die Öffentlichkeit. Warum denn nicht? Weil diese Öffentlichkeit, in welcher er bisher Alleinherrscher war, von Rohheit, Lüge, Gewalt und Ungerechtigkeit dampft. Doch wohl? Ein schönes Geständniß und zugleich der beste Beweis, wie sehr es noth thut, daß ein edleres Element darin wirksam werde!

Auch handelt es sich jetzt in Erwerbsfragen für viele gar nicht mehr darum, ob sie in die Öffentlichkeit wollen, sondern darum, daß sie in die Öffentlichkeit müssen. Gerade deßhalb ist es Zeit, daß die Frau etwas mehr Zartheit und Sicherheit für die Frau ins öffentliche Leben bringe. Wir alle wissen, daß die Familienzusammengehörigkeit, in der Ausdehnung, in der sie frühere Culturzustände aufwiesen, nicht mehr möglich ist, daß viele Frauen und zwar aller Stände sich draußen eine Existenz schaffen müssen, die ehemals für Handreichung irgendwelcher Art im Hause ernährt wurden. Für sie erträgliche Bedingungen zu schaffen, ihre Arbeit zu einer ebenso geachteten zu machen, wie die der Männer, ist unser aller Interesse und Pflicht. Die bürgerliche Gleichstellung ist das sine qua non auf diesem Wege, mit ihr vollzieht sich erst die Aufnahme der Frauen in die Menschheit.

Mit der Frau als anerkannter Macht im öffentlichen Leben wird auch die Sittlichkeit in dasselbe einziehen. Kämpfen wir doch dafür, daß unerträgliche Vorkommnisse wie zum Beispiel daß sittenreine, ethisch vornehme und intellektuell hervorragende Frauen vor einen unsittlichen Richter zu treten haben könnten, dessen Schmutzseele noch das einfachste ihrer Motive verkennen müßte, weil er den Schmutz allein kennt, aus der Welt geschafft werden. Schlimm genug, wenn ein edler Mann in die Lage kommt, sich vor einem unedlen zu verantworten. Daß das Gleiche einer Frau widerfahren kann, ist noch viel trauriger. Der Mann der zügellosen Sinnlichkeit ist naturgemäß der Todfeind jeder mit Energie und Geschicklichkeit für die Erhebung ihres Geschlechts thätigen Frau. Hält man das fest, so erklärt sich auch manche, anscheinend durch Widersprüche auf anderen Gebieten entstandene Gegnerschaft. Wehe der Frau, die einen Mann von Einfluß auf solcher Artung ertappte! Sie kann sprechen: ich durchschaute ihn, darum haßt er mich. Wie lange soll das noch schaden können? Die physische Kraftüberlegenheit als ausschlaggebender Faktor wird der Theorie nach in civilisierten Staaten nicht mehr sanktioniert, warum bildet das Verhältnis vom Mann zur Frau eine Ausnahme?

Selbstverständlich ist die Frau nicht nur in sittengerichtliche Entscheidungen einzugreifen in hohem Maße berufen und verpflichtet. Ihr psychologischer Spürsinn wird ihr auf dem Gesammtgebiet der Justiz zu Statten kommen und sie mehr als den Mann tüchtig machen, durch Analyse des genetischen Zusammenhangs den alten Satz *si duo faciunt idem non est idem*[1] praktisch zu beleben. Aber die sittliche Gleichstellung ist das Erste, und sie wird nur auf Grund der bürgerlichen Gleichstellung, durch die Frau selbst, erreicht werden.

---

[1] Wo zwei das gleiche tun, ist es nicht dasselbe.

Selina Chönz
Der Besuch

Der warme Märztag, im grellen Widerschein der Schneeschmelze, hatte uns Kinder verleitet, länger als sonst auf dem Spielplatz herumzutollen. Dann hatten mein Bruder Gian und ich noch bei einem Kameraden in der Stube gesessen. Wir hatten in dicken Schmökern geblättert, die überquollen von fesselnden Bildern.

Es war im Dämmerdunkel, als Gian und ich auf dem Heimweg rätselten, ob es wirklich wahr sei, daß plumpe Krokodile Eier legten und unsere wendigen Kreuzottern, die auch keine Säugetiere waren, lebende Junge zur Welt brächten. Ob es ferner erwiesen sei, daß der Kuckuck sein einziges Ei mit dem Schnabel fasse und es dem Rotkehlchen ins Nest hineinschmuggle, so daß dessen eigene Brut verdrängt und erdrückt zugrundegehe.

Auch an anderem zweifelten wir, zum Beispiel am Instinkt der Tiere. Immerhin hatten wir, mit dem Fernglas von der Laube aus, mehrmals beobachten können, daß die Gemsrudel im Winter schon Tage vor dem Niedergang einer Lawine gefährdete Hänge nicht mehr traversierten. Und der Lehrer hatte erzählt, in Plurs hätten die Bienen ihre Körbe verlassen, wohlwitternd, daß das stattliche Dorf binnen kurzem vom Bergsturz begraben sein werde. Gian und ich schlossen daraus – und es war uns dabei nicht behaglich zumute –, wenn es in der sichtbaren Natur derartige Erscheinungen gebe, die der Vernunft nicht zugänglich seien, dann dürfe man auch nicht an Geistern zweifeln.

Wir waren noch ABC-Schützen damals und hatten völlig vergessen, daß uns die Mutter befohlen hatte, nach Schulschluß sofort heimzukehren. Wir müßten nämlich sauber dastehen, wenn der Besuch zu empfangen sei. Um was für einen Besuch es sich handle, wollten wir wissen, und bekamen zur Antwort, um einen Jugendfreund unseres Vaters, einen Schriftsetzerkollegen. Er sei, genau wie Vater, besonders stolz, der Typographia anzugehören, der ältesten Gewerkschaft der Sozialisten in unserem

Land. Jahrelang hatten in Bern ihre Setzkästen nebeneinander gestanden. Mit ihren Pinzetten arbeiteten sie flink, und was sie setzten, lasen sie auch, und zwar so, daß sie sich Gedanken machten dabei. Sie diskutierten oft miteinander und eigneten sich so schon in jungen Jahren ein Wissen an, welches jenes der meisten Arbeiter übertraf. Darauf waren sie nicht wenig stolz. Manches, was sie hörten und lasen, floß in ihren jungen Köpfen zu einem schwärmerischen Ideal zusammen, das anzustreben sie sich gelobten.

Später hatte es meinen Vater in den oberengadinischen Hauptort verschlagen, und zwar in jene Druckerei, die das damals noch fast geschlossen romanische Tal mit der entsprechenden Zeitung versorgte. Als großer Naturfreund und Berggänger war er glücklich hier oben, obschon er von anderswo stammte. Onkel Briner – so sollten wir den Besuch ansprechen – kehrte in seine Heimatstadt Zürich zurück. Gelegentlich schrieben sie sich. In letzter Zeit war ihre Korrespondenz lebhafter geworden. Der Grund dafür war der, daß Vater, neben seinem Beruf, in unserem Dorf einen Konsumverein gründete. Als Verkaufslokal diente eine ehemalige Werkstatt, und dank dem Einsatz der Mitglieder sah diese schon bald wie ein Laden aus.

Vaters Unternehmungsfreude bescherte der Mutter und auch uns Kindern viele Unannehmlichkeiten. Der Kolonialwarenladen auf dem Dorfplatz gehörte Verwandten, und zu den Bäckern mit ihren »goldenen« Mühlen hatten schon Großeltern und Urgroßeltern freundschaftliche Beziehungen gepflegt. Diese Verhältnisse wurden belastet, denn der neue Laden war Konkurrenz. Zudem konnten die Verleger die Arbeitskraft meines Vaters von einem Tag auf den andern durch Maschinen ersetzen, wenn sie nur wollten. Das hätte bedeutet, daß wir von hier wegziehen mußten, ins Unterland, womöglich in eine enge Wohnung. Das wollten wir nicht. Wir wollten im Engadin im weiten alten Hause bleiben und nicht angefeindet werden im Dorf.

Mutter war geschult und hatte grundsätzlich Verständnis fürs soziale Engagement unseres Vaters. Sie begrüßte, daß den übersetzten Preisen der einheimischen Läden der

Kampf angesagt wurde, doch daß ausgerechnet ihr Mann hier vorprellte, das wollte ihr nicht in den Kopf. Heute abend nun sollte der in der Arbeiterbewegung und in der Gründung von Genossenschaften bewanderte Freund – er weilte in Davos in den Skiferien – bei uns zum Nachtessen erscheinen. Wir freuten uns zu wissen, daß auch Vater Freunde besaß; wir hatten uns nämlich öfter geschämt, weil er ein Einzelgänger war und nie die Wirtschaften aufsuchte wie die übrigen Männer des Dorfes.

Jetzt, da uns einfiel, Gian und mir, daß wir heimgehen sollten, erinnerten wir uns auch daran, daß die Mutter uns eingeschärft hatte, wie wir uns bei Tisch zu benehmen hätten; auch sollten wir unverzüglich gehorchen, sobald es Zeit zur Nachtruhe sei.

All das und noch mehr ging mir durch den Kopf, als wir uns unserem Haus näherten. Sein Giebel überragte die Nachbardächer. Unter dem First saß das Dachzimmerfenster. Sein Anblick rief mir ins Gedächtnis zurück, daß Gian und ich die kommende Nacht dort oben zu verbringen hatten; unser warmes Zimmer war für den Besuch bestimmt. Während ich noch davon sprach, zupfte mich Gian erschrocken am Ärmel und wies in die Höhe. Meine Augen folgten der Hand über Giebelluke und First hinaus bis zum Kamin, aus dem dünner Rauch stieg. »Schau dort«, sagte Gian erregt, »überm Kamin schaukelt schon wieder verkohltes Papier! Sicher hat Caterina, trotz Vaters Verbot, zum Feuermachen Zeitung benutzt und sie oben ins Kamintürchen gestopft. Du weißt, das duldet Vater nicht. Er ist nicht umsonst bei der Feuerwehr. Wie leicht kann das Schindeldach des Nachbarn oder gar unser Haus Feuer fangen!« Gians Stimme klang wie die eines Anklägers.

Gian hatte recht. Doch da der Wind die Papierfetzen vertrieb, wollte ich nicht, daß er die Magd verrate. Darum beschwichtigte ich den Bruder: »Das ist nicht Papier. Das war ein Geist. Wenn du Caterina anschwärzt, wird dir der Geist heute nacht erscheinen!«

Mit dieser handfesten Mahnung zog ich Gian in den Hausflur. Rasch richteten wir uns her und standen kurz darauf in der Stube. Der kleinere Bruder saß schon mit geschniegeltem Haar und umgebundenem Eßlatz hinter dem Tisch. Wir waren natürlich zu spät. Um so gesitteter traten wir auf den spitzbärtigen Herrn zu, der uns durch runde Gläser musterte, und begrüßten ihn mit den Worten: »Guten Abend, Herr Onkel Briner.« Jedermann lachte, und der Fremde sagte: »Den Herrn dürft ihr weglassen.«

Kaum saßen wir, trug Caterina die Suppe auf, und Vater hielt fest, daß wir von jetzt an nur noch im Konsum gekaufte Dinge essen sollten und wollten. Dank dem Konsum sei übrigens vieles auch in den Wucherläden – so nannte er die eingesessenen Geschäfte – spürbar billiger geworden. Er gelte jetzt als der Rädelsführer der Revoluzzer aus dem Unterland. Seine Gesinnungsgenossen seien hauptsächlich unter den von auswärts hergezogenen Angestellten und Arbeitern der Rhätischen Bahn, aber auch unter Gelegenheitsarbeitern, Taglöhnern und Maurern und Mähdern zu finden. Die von der Bahn seien tonangebend. Man verüble es ihnen, daß sie in den komfortablen Wohnungen des neuen Dorfteils rund um den Bahnhof wohnten und fast nur untereinander Umgang pflegten.

Mutter meinte, man solle das Wort Konsumgenossenschaft fallen lassen und den Laden romanisch anschreiben: Consüm. So komme man den Leuten entgegen. Genossenschaft klinge nach Fabrik; hier gebe es keine Proletarier. Indessen stille der Consüm echte Bedürfnisse, und er werde noch attraktiver sein, sofern eine Einheimische bediene. Die Armut der Bauern sei eine stolze Armut. Darüber, daß es »stolze« Armut gebe, lachten Vater und Onkel herzlich.

Als wir mit der Suppe fertig waren, sprach Onkel Briner gar von der Gründung einer Sektion von Sozialdemokraten. Da stand Mutter auf, freundlich, aber entschieden: Ob denn die Feinde nicht genügten, die wir uns mit dem Konsum geschaffen hätten! Dann machte sie kehrt und verließ das Zimmer mit den leeren Tellern und verschwand in der Küche. Ich flehte Vater und Onkel Briner an, die Sache nicht weiterzutreiben.

Mutter blieb länger als sonst in der Küche. Unterdessen sprachen die beiden, eher verlegen, von Klassenkampf und neuem Geist. Das Wort Klassenkampf war mir neu.

Sollten die Schulklassen gegeneinander antreten? Beim Ausdruck »neuer Geist« wandte ich den Kopf zu Gian wegen der verkohlten Papierfetzen, damit er schweige. Dann fiel mir auf, daß Onkel Briner von Vater und sich ständig sagte: »Wir Sozis.« Das traf mich sehr. Im Oberengadin bedeutet »sochi«: ein sonderbarer Geselle, ein Kauz.

Ich dachte, im Grunde paßt das Wort »sochi« durchaus auch auf Briner, obschon er wie ein Herr aussah. Die meisten Städter waren »sochis«. Hatte darum Vater darauf bestanden, wir sollten auf dem üblichen Wachstuch und aus dem gewöhnlichen Geschirr das Essen einnehmen? Mutter hatte den Tisch nämlich festlich decken wollen, doch Vater wollte es ihr verwehren. Er hatte gemeint, Briner werde doch merken, daß der Aufwand nur Theater sei. Mutter hatte indessen erklärt, selbst wenn der Freund keine Ansprüche stelle, zeige man im Engadin mit der Pflege der Tischsitten die Freude über einen Besuch. Und dabei blieb es.

Als wir samt Mutter wieder vor vollen Tellern saßen, hob Vater das Kelchglas und prostete: »Viva!« Er schaute bei diesem romanischen Wort schalkhaft zu Mutter hinüber, und sie lächelte ihrerseits dem Gaste zu. Wir hatten die ersten Bissen im Munde, da konnte sich Gian nicht enthalten, unter dem Tisch sich die Knie zu kratzen. Er ertrug an der Wärme die Strümpfe nicht, die ihm Caterina aus ungewalkter Schafwolle gestrickt hatte. Beim Kratzen blieb er am Tischtuch hangen, es gab einen Ruck, das volle Glas des Gastes kippte, und der dunkle Veltliner aus dem Consüm rann über die Knickerbockerhose, die sich Briner in Davos eigens zum Skifahren erstanden hatte. Mutter griff nach der Karaffe und goß Wasser auf die Serviette. Sie kniete vor Herrn Briner nieder und tupfte ihm den Wein von der Hose. Ich schaute den Bruder vorwurfsvoll an, doch Gian behauptete laut, ich sei die Schuldige, ich säße nie ruhig. Da Vater mir oft dasselbe vorhielt und das peinliche Intermezzo beenden wollte, schickte er mich zu Bett. Auch Mutter wies mich hinaus, noch immer ungehalten darüber, daß ich mit Gian mich verspätet hatte.

Sonst durften wir, wenn wir unter uns waren, in solchen Fällen nach einiger Zeit wieder anklopfen. Man ließ uns dann ein. Auch diesmal war es so gemeint. In mir regte sich indessen der Stolz. Vor dem Gast mich demütigen wollte ich nicht. Ich schlich zu Caterina in die Küche hinaus. Kaum hinter der Tür, begann ich zu schluchzen. Ich drängte mich an Caterina. Sie legte ihren Arm um mich und fragte, was denn passiert sei. Ich berichtete alles. Sie riet mir, zu gehorchen und in die Dachkammer hinaufzusteigen. Sie, Caterina, gebe mir das Essen mit, es sei noch genug da, und nötigenfalls verzichte sie auf ihren Anteil. Nur könne sie mir nicht ihren Teller mitgeben, sonst merke es Mutter beim Schöpfen, und einer der schönen Teller gehe womöglich beim Hinaufsteigen in Brüche.

Einer plötzlichen Eingebung folgend, bückte sie sich und zog der fressenden Katze den Blechteller unter der Schnauze weg. Sie kippte das Futter in den Schweineeimer und schrubbte das Geschirr unterm Wasserhahn. Dann füllte sie es mit Schaffleisch und grünen Kräuterspätzchen auf. Zum Schluß goß sie Sauce darüber und krönte das ganze mit zwei Löffeln hausgemachten Preiselbeerkompotts.

Dankbar streckte ich ihr die Schürzenzipfel entgegen, ergriff mit ihnen den heißen Teller und stieg zur Dachkammer hinauf. Vor der Kammertür angelangt, fiel mir ein, Mutter, die gewiß auch heute zum Gutenachtkuß kommen werde, könne im Zimmer den Speiseduft riechen. Deshalb kletterte ich über die Leiter auf den Oberboden hinauf. Der Oberboden war, der darunterliegenden Kammerdecke entsprechend, gewölbt. Dieses auf den Estrich hinaus offene Gelaß diente uns oft als Spielraum. Unter die seitlichen Dachflügel war viel Bauernramsch gestopft, den wir allerdings liebten, weil er zur Ausstattung unseres »Stübchens« treffliche Dienste leistete. Licht fiel durch das unverglaste Giebelloch ein. Es hatte die Form eines vierblättrigen Kleeblattes. Davor lag ein Stück Wellblech zum Schutze der Kammerdecke. Wenn wir nun einen Tisch nötig hatten, dann legten wir das Blech auf vier Blöcke. Das tat ich auch jetzt. Ich stellte den Teller aufs Blech und richtete mich zum Essen ein. Die grünen Spätzchen mundeten zwar, doch bald wurde mir kalt und ungemütlich. Da half auch das saftige Schaffleisch wenig. Schon nach kurzer Zeit schob ich den Teller von mir. Dann kletterte ich vom Boden in die doch etwas wärmere Kammer hinab.

Als ich die Tür hinter mir schloß, fühlte ich mich plötzlich verlassen. Ich schlüpfte ins Bett und fand darin überrascht Caterinas heiße Bettflasche. Ich wünschte mir Caterina zur Mutter. Sie war ein armes Mädchen gewesen, das nicht hatte heiraten dürfen. Man hatte sie in die Fremde geschickt, und nun, nach dem Ende des Ersten Weltkriegs, überwies sie fast den gesamten Lohn ihren Schwestern im Veltlin, deren Männer gefallen waren und die ganze Scharen von Kindern hatten. Mir sagte sie, ich sei für sie wie ein eigenes Kind. Ich hatte ihren Dialekt gelernt. Sonntags begleitete ich sie manchmal heimlich bis vor den Altar der katholischen Kirche, unter dessen ewigem Licht ich neben ihr den Segen empfing. Nächsten Sonntag wollte ich wiederum mit, nicht zuletzt aus Rache für die ungerechte Behandlung von heute.

Ich kuschelte mich also unter die Decke, und als ich – ich war schon halb eingedämmert – hörte, daß Mutter mit Gian heraufkam, drehte ich mich zur Wand und stellte mich schlafend. So konnte mich Mutter nicht küssen – damit strafte ich sie –, und Gian war ohnehin ein »sochi«, der mich nicht mehr zu sehen brauchte.

Es mag Mitternacht gewesen sein, als mich ein seltsames Geräusch aus dem Schlaf riß. Nein, Feuer war nicht ausgebrochen, gottseidank. Nach einer Weile hob ich den Kopf und rieb mir die Augen. Das Geräusch kam vom Oberboden, genau über mir. Oft tanzten in unserem Haus nachts die Mäuse und huschten in den Wänden hinauf und hinab. Nein, Mäuse waren es diesmal nicht. Das tönte anders. Manchmal schepperte leise das Blech. Sollten noch Ratten da oben nisten, mit Militärstroh eingeschleppt? Kaum, denn der Krieg war zu lange vorbei.

Nun vermutete ich, was es war. Ich hielt mir den Mund zu, um nicht laut herauszuplatzen. Klar, die Katze hatte wie oft keinen Einlaß mehr gefunden und war über den Scheunenbogen geklettert und unter den Dachbalken ins Haus geschlüpft. Jetzt hatte sie oben Fressen gerochen und ihren Teller erkannt! Das also war des Rätsels Lösung. Eben wollte ich mich beruhigt hinlegen, da erwachte Gian. Er setzte sich auf und flüsterte angstvoll: »Hörst du es auch? Hörst du es auch?«

Ich nutzte die Gelegenheit: »Das ist der Geist, von dem Onkel Briner gesprochen hat! Ich habe ein gutes Gewissen und fürchte mich deshalb nicht vor ihm.«

Gian war dem Weinen nah: »Du machst mir Angst. Geh bitte nachschauen! Du bist ja schließlich die Ältere.«

»Hältst du mich für so dumm? Das Gespenst ist deinetwegen da, Duckmäuser du!«

In seiner Verzweiflung drohte er: »Wenn du nicht nachschaust, rufe ich die Eltern zu Hilfe und erzähle, was Caterina getan hat! Doch nein, ich will den Gast nicht wecken. Ich erzähle alles morgen früh. Ich halte mir die Ohren zu, bis es hell wird. Dann wird der Geist die Flucht ergreifen.«

Er verkroch sich unter die Decke. Mich hingegen ließ der Lärm nicht los. Ich mußte hinauf und die Katze verscheuchen, sonst würde das ganze Haus geweckt und mein Geheimnis verraten. Ich stahl mich unsicher zur Tür hinaus, raffte den Saum meines Barchentnachthemdes mit der Linken und hielt mich vor Kälte zitternd mit der Rechten an der Leiter. So klomm ich Sprosse um Sprosse hoch. Auf Augenhöhe blieb ich stehen. Ich schwitzte vor Angst und Aufregung. Was nur, wenn es doch ein richtiger Geist war? Ich mußte mir Gewißheit verschaffen.

Was sah ich im Gegenlicht der Luke? Ein Vogeltier mit Federohren! Es war eine kräftige Eule. Sie scharrte und hackte im Teller herum. Sie kämpfte um die gefrorenen Reste der Mahlzeit, doch Blech und Fressen waren nicht zu trennen. Das wollte der Eule nicht in den Kopf. Sie arbeitete hart. Der Lärm, den sie machte, störte sie nicht. Sie mußte starken Hunger haben. Eine ganze Weile schaute ich zu. Jetzt ging mir auch auf, woher die lockere Losung stammte, die wir immer wieder unter der Luke wegwischen mußten. So war das also: Nacht für Nacht hielt unterm Giebel eine Eule Wacht!

Ausgerechnet jetzt torkelte Gian heulend aus der Kammer heraus. Durch die Tür fiel helles Licht. Die Eule hielt inne. Sie wandte mir die grün leuchtenden runden Augen zu, lüftete stumm ihre breiten Flügel, streckte die Beine und schob sich mit einem Krallenstoß durch die Luke ins Dunkel hinaus.

Nun hatte die Neugier meine Angst überwunden. Ich erklomm die letzten Sprossen, eilte barfuß über den holprigen Boden, stützte die Ellbogen auf die nachtkalte Mauer und schaute aus der Luke sehnsüchtig der Eule nach. Der geheimnisvolle Vogel zog, lautlos schwankend wie ein Schatten, feierlich von der Nacht getragen über die Dächer davon. Bald schon versank er zu meinem Leid im fernen Dunkel des Waldes.

Mit Überwindung, weil es im Hause rumorte und jemand meinen Namen rief, kehrte ich vom Himmel zur Erde zurück. Die ganze Familie war am Fuß der Leiter versammelt, Onkel Briner eingeschlossen. Sie wähnten, ich hätte nachtgewandelt. Ich ließ sie im Glauben. Wiederum im warmen Bett, behielt ich mein Geheimnis für mich. Ich hab' es auch später nicht ausgeplaudert. Onkel Briner sahen wir erst wieder, als wir erwachsen waren, und zwar anläßlich einer Feier, die ihm zu Ehren veranstaltet wurde. Die Zürcher hatten ihn nämlich zum Stadtrat gewählt. Ja, er hatte es zu etwas gebracht. Den Besuch bei uns, den damals noch schlichten Consüm und meine Nachtwandlerei hat er trotzdem nie vergessen.

CÉCILE LAUBER
Dorotheas Bäume

Dorothea, eine junge Spitzenweberin, verbrachte ihre Jugend in der Kellerwohnung eines düstern Vorstadthauses, wo sie neben ihrer Mutter vom Morgen bis zum Abend am klopfenden Webstuhl saß. Wenn sie am Feierabend zum Fenster trat, blickte sie in einen feuchten Hof hinaus, der von einer hohen Mauer abgeschlossen war. In ihren Ritzen und Spalten wohnten Unken und Erdkrebse.

Dorothea konnte zwar, den Kopf erhebend, das Ende der Mauer und die darüber hinaus hängenden Grasbüschel mit dem Auge erreichen und ebenso die untersten Zweige einer riesigen Tanne, auf deren Spitze im Frühling abends eine Amsel saß und ihr das Herz voll Sehnsucht sang. Sie wußte auch, wie der Garten aussah, der sich dahinter hinzog und dessen Duftwellen zuweilen bis ins Höfchen hinunterspülten. Ein Brücklein führte aus einem der obern Stockwerke des Hauses hinüber, und Dorothea war es als kleines Kind oft gegangen, um in diesem Garten zu spielen und sich auf einer Schaukel zu wiegen. Die Erinnerung daran rechnete sie zu ihrem größten Glück.

Mit zwanzig Jahren heiratete das Mädchen einen Beamten und wurde von ihm in eine mehr südlich gelegene Stadt geführt.

Die Mutter blieb zurück. Sie fühlte sich noch zu rüstig, um ihre Arbeit aufzugeben. Auch den Webstuhl ließ Dorothea an seinem Platze stehen; denn sie wollte sich von jetzt ab mit nichts anderm mehr als mit ihrem kleinen Haushalt zu beschäftigen haben.

Ihr Mann mietete etwas außerhalb des neuen Wohnorts ein hübsches Häuschen. Es war gelbbraun, mit grüngestrichenen Läden, und eine gedeckte Laube lief längs der Vorderseite hin. Alte Bäume umstanden das Haus; eine ungewöhnlich hohe Pyramidenpappel ragte weit über die andern hinaus. Ihre Krone blieb bis spät am Abend, wenn alles ringsum schon dunkelte, noch immer wie eine lodernde Fackel von Licht bestrahlt.

Von der Laube aus sah man die Wiesenhänge, mit

Kirsch- und Nußbäumen bestanden, zu den Ufern eines weiten Sees hinabsinken. Gerade vor dem Haus blühten die Beete und Banden eines Gemüsegärtners. Man konnte die Gärtnersleute das ganze Jahr zwischen blauem Lauch, Spargelstauden und Rübenkraut hantieren sehen, und ein moosbehangener Brunnen rauschte Tag und Nacht. Wenn sich Dorothea mit einer Handarbeit in die Laube hinaussetzte, mußte sie alle Augenblicke nachsehen, was der Gärtner drüben eben vornahm, oder sie mußte einem Segelboot nachstaunen und dem Gesang der Finken lauschen. Oft saß sie ganz still, mit offenem Munde, in träumenden Frieden eingelullt und ganz durchstrahlt von wunschlosem Behagen. Sie lauschte und saugte dann alles, was ihre Sinne traf, durstig in sich hinein. Durch alle ihre Träume aber leuchtete die Pappel wie ein Wahrzeichen.

Aber schon im zweiten Jahr ihrer Ehe starb der Mann in wenigen Tagen an einer hitzigen Krankheit, die als Seuche die Stadt verheerte.

Er hinterließ Dorothea ein Kind, Lisa genannt, das etwa ein Jahr zählen mochte, und zwei Monatsgehalte, mit denen sie die Beerdigungskosten decken mußte. Sie war gezwungen, ihre Hausmiete sofort zu künden und zu ihrer Mutter zurückzukehren, um fortan wieder durch Weben den Unterhalt für sich und das Kind zu beschaffen.

Das Unglück brach so unvermittelt über die junge Frau herein, daß sie in den ersten Tagen zu keinem eigentlichen Schmerzempfinden gelangte. Sie fühlte nur, wie ein harter Klumpen in ihre Seele fiel, und sah aus nebelhafter Ferne den Vorgängen zu.

Sie begann ungesäumt einzupacken und auszuräumen. Mit jedem Zimmer, das sich vor ihren erschreckten Augen leerte, stieg der Klumpen aus dem Herz bis in die Kehle hinauf und würgte sie da, als sollte sie ersticken.

Ganz zuletzt, als alle Räume kahl standen, trat Dorothea auf die Laube hinaus, um die Blumenkübel zu holen, in denen sie blaue und weiße Klematis und wilden Wein gepflanzt hatte, der schon stark in die Höhe spann. Aber gerade als sie sich bückte, um sie hinwegzutragen, wurden ihre Arme steif vor Angst, so daß sie sich erheben und zitternd am Geländer festklammern mußte. Schweiß brach aus ihrer Stirne, und sie murmelte verwirrt:

»Ach, die laß' ich hier, bis ich wiederkomme.«

Ohne sich umzusehen, raffte sie hastig das Kind auf und eilte mit ihm dem Wagen nach, der schon ihren Hausrat davonführte.

Wenige Stunden später saß Dorothea wieder in der Kellerwohnung bei ihrer Mutter, die sie so gealtert fand, daß sie den Webstuhl nur noch mit Mühe bedienen konnte.

Sie sah zu, wie Kisten und Möbelstücke hereingeschleppt und an den Wänden aufgestapelt wurden. Ödes Licht fiel vom Hof herein, wischte den Glanz der Politur von ihren Tischen und Kasten und überzog sie mit grauem Filz.

Die Kisten blieben zugenagelt; das Kind kroch zwischen ihnen herum und weinte befremdet, und nur der Webstuhl schien sich wohl zu fühlen. Er stand, den Raum verdunkelnd, vor dem Fenster und grüßte mit seinen harten, breiten Schienen, dem groben Trittbalken und dem listigen Schiffchen, dessen einziges Auge mit giftiger Freude zu Dorothea hinüberschielte.

Die junge Frau sah sich mit entsetzten Blicken um. Sie fühlte eine eisige Kälte über ihre Haut hinstreichen und rief aus ihrer Seele nach dem Schmerz, daß er über sie hereinbräche wie eine Sintflut und sie darin toben und schreien lasse.

Aber der Schmerz kam nicht. Er lag versteint auf dem Grunde ihres Herzens und belastete es. Und nur die Sehnsucht kam, mit Bleigewichten an den Füßen und Augenhöhlen voller Qual.

Da setzte sich Dorothea an den Webstuhl und sehnte sich.

Ihre Finger stolperten, der Zettel lag verschoben. Das Schifflein flog heimtückisch eine falsche Zeile. Sie achtete des Gewebes nicht, sie sehnte sich.

Die Sehnsucht setzte sich fest in ihr. Sie zwang sie, noch einmal durchzukosten, was sie dort drüben im Sonnenlicht der zwei Jahre erlebt hatte, Tag für Tag, vom Anfang der ersten Stunde an.

Es zeigte sich, daß ihrem Gedächtnis nicht das geringste verlorengegangen war. Jede Linie, jedes Lied, die Färbung des Himmels, die Beleuchtung der Tages- und Jahreszeiten fühlte sie zurück in brennender Liebe. Sie ging mit ihrem Mann dem Ufer entlang, sie atmeten den Duft der Akazienblüten ein und bestaunten die Zeichnungen der Nußbaumkronen. Die Bäume hatte er ganz besonders geliebt und jeden verstanden nach seiner Wesensart. Und so auch sie; es ging gleich in ihre Seele über, was er von ihnen sagte, und nach Bäumen, Bäumen sehnte sie sich.

Aber ob sie nun in der Erinnerung über den Abhang sprang oder dem Gärtner zusah, ob sie badend in die Wellen des Sees tauchte oder sich am Strand von der Sonne durchglühen ließ, immer empfand sie das Glück von damals als brennende Wut, die Gegenwart als ätzende Kälte.

Das Furchtbarste dabei war, daß das Feuer der Sehnsucht sie innerlich leerbrannte. Es löste nicht den rechten Schmerz aus, es machte sie kalt, hart und verbittert. Falten gruben sich in ihr Gesicht, das bleicher war als zu der Zeit, da sie als Jungfrau in diesem Raume gekümmert hatte. Ihre Augen wurden starr und matt; die Liebe wich aus ihrem Blick. Sie konnte den toten Mann schon nicht mehr lieben, bevor sie noch den Schmerz um ihn ausgekostet hatte. Sie liebte nicht mehr die Mutter und nicht das Kind. Ein immerwährender Zorn legte sich fest in ihr. Sie litt und schürte das Leiden mit den Bildern ihrer bittern Sehnsucht. Ihre Hände fielen unbewußt in den Schoß hinab; mahnte die Mutter zur Arbeit, so fuhr sie scheltend empor; kam das Kind ihr in den Weg, so schlug sie es. Es war wie eine Krankheit, die von ihr ausging und Unwohnlichkeit, Bedrücktheit und Jammer um sich verbreitete. Und nur die Unken freuten sich, wenn sie nach tropfendem Regen aus ihren Mauerlöchern krochen, die feuergesprenkelten Brüste aufbliesen und ihren bösen, unheimlichen Ruf beharrlich abend- und nächtelang ausstießen.

So dauerte es den Sommer hinaus, einen Herbst und Winter hindurch, und auch der Frühling brachte nur Verschlimmerung.

An einem Samstag im März packte Dorothea ihr Gewebe zusammen, um es in gewohnter Weise dem Unterhändler zu bringen, der die Spitzen weiterverkaufte.

Als Lisa sah, daß die Mutter den Hut auflegte, bettelte sie, mitgenommen zu werden. Schweigend holte Dorothea das Jäckchen und stieß es mit ungeduldigem Griff über die ungeschickten Ärmlein. Dann faßte sie das Kind an der Hand.

Es hatte geregnet und war noch kalt. Lisa begann zu frieren. Ihre Beinchen wurden steif; sie fühlte sich müde, hing sich ein wenig und wurde von der Mutter vorwärtsgezerrt.

Bis zu dem Händler war es weit, und als sie hinkamen, mußten sie warten. Endlich öffnete er das Paket. Er tadelte die Ware, drohte, keine mehr annehmen zu wollen, wenn sie nicht besser und gleichmäßiger ausfalle. Schließlich gab er dem jungen Weib ein Silberstück weniger als sonst. Dorothea zählte das Geld und blitzte den Händler zornig an. Sie ließ die Türe zuschlagen und lief verzweifelt einer verlassenen Anlage zu, die sich dem Fluß entlang zog. Das Kind wurde stolpernd nachgeschleppt. Sie teilte die Weidenbüsche zur Seite, ließ sich auf einen Steinhaufen fallen und blickte finster in das Wasser.

Lisa kletterte auf ihre Knie. Mit ihren kalten Händchen suchte sie die Wangen der Mutter zu streicheln. Ihr Mündchen legte sich tröstend an sie. Dorothea fühlte deutlich, daß Lisa Angst und Kummer mitempfand und ihr Liebe geben wollte. Aber fast gleichzeitig fanden ihre tastenden Hände, daß das frierende Kind die Höschen genetzt hatte.

Es packte sie eine blinde Wut. Sie knöpfte die Höschen herunter und schlug die bloßen Schenkelchen heftiger und länger als sie jemals getan. Sie empfand dabei einen giftigen Schmerz darüber, daß sie so sinnlos schlagen konnte und zugleich eine quälende Lust am Schlagen.

Lisa schrie und strebte fort, aber die Mutter hielt es am Röckchen fest und schlug weiter. In ihre Hand war ein unheimliches Leben gekommen. Sie hob und senkte sich von selbst in zuckender Bewegung wie eine in Gang gebrachte Maschine, und Dorothea sah sich selber zu, ohne ein anderes Gefühl, als im Innersten verdorrt und gestorben zu sein.

Sie dachte: »Ich glaube, ich könnte es jetzt totschlagen, oder ins Wasser werfen, oder gegen einen Stein schleudern, ohne Schmerz dabei zu empfinden.«

Lisa schrie nicht mehr, sie stieß leise Wimmerlaute aus.

Und auf einmal sah Dorothea Blut an ihren Fingern kleben. In der kältespröden Haut der Schenkelchen klafften unzählige Risse.

Sie hielt inne, ihr Arm erschlaffte. Sie ließ das Kind fahren; es glitt zur Erde und torkelte fliehend von der Mutter hinweg. Es strebte weinend zum Sträßchen hinauf und lief immer weiter und schneller davon.

Jetzt bog ein Fahrrad um die Ecke. Dorothea bäumte sich empor.

Der Fahrende schien das Kind zu übersehen; er steuerte gerade auf es los. Die Mutter stürzte rufend auf die Straße. Im letzten Augenblick bog das Rad aus, und Dorothea legte einsinkend den Arm um Lisa.

Ihr Antlitz war gerötet. Sie trug das Kind zurück, sie streichelte es. Sie zitterte und bebte am ganzen Leib. Aber auch der Körper des Kindes erschauerte vor Kälte. Da riß Dorothea ihr Brusttuch herunter und wickelte Lisa hinein. Sie hätte am liebsten ihr Kleid geöffnet und das Kind an ihre Brüste gebettet. Sie flüsterte in ungeheurem Elend:

»Kind, Kind, du armes, armes Kind, hast weder Vater noch Mutter mehr!«

Sie weinte, daß ihre Schultern schütterten; aber dann erinnerte sie sich, daß das Kind fror, sprang auf und trug es laufend nach Hause.

Sie legte es in ihr Bett, eilte zum Herd und wärmte Milch. Sie kochte Wasser für einen Wärmekrug. Noch hatte sie nicht daran gedacht, den Hut abzulegen. Der Mutter nickte sie mit zitternden Lippen zu. Sie setzte sich an das Bett, nahm das Händchen des Kindes in ihre Hand und fing an, mit erstickter Stimme zu singen.

Des Kindes Augen glänzten sie an; es wußte von den Schlägen nichts mehr; es fühlte die Liebe der Mutter wie eine Decke von Behaglichkeit und Wärme über sich. Es strebte mit Ärmchen und Beinchen zu seiner Mutter hin. Es rollte sich auf, kroch mit dem Köpfchen bis unter ihre Schulter und bettete sich an ihre Brust; am liebsten wäre es wohl in ihr Herz zurückgekrochen. Und Dorothea legte sich weit vornüber und schloß den Arm um Lisa. Sie mußte dabei das Gesicht wegwenden und ins Kissen stekken; denn es war naß von rinnenden Tränen. Das Kind schlief ein, die alte Mutter schlich aus dem Zimmer.

Dorothea zog sachte den Arm zurück. Sie legte das Kind zurecht und deckte es mit Sorgfalt zu. Es war ihr dabei, als besorge sie das zum erstenmal.

Auf dem Tisch fand sie die Abendsuppe bereitgestellt. Gehorsam setzte sie sich und aß. Tränen liefen in den Löffel. Sie kleidete sich aus und legte sich steif und reglos auf den Rücken neben das Kind und weinte so weiter, ohne einen Laut von sich zu geben, und nur zuweilen erschütterte ihr ganzer Körper in Zuckungen.

Sie weinte über sich selbst in bitterstem Gram, in einer Verlassenheit ohne Ende. Es kam ihr so vor, als habe sie einmal hoch oben unterm Himmel, vielleicht auf dem Dach dieses Hauses gestanden und sei dann durch alle Stockwerke und alle Böden stückweise hinabgestürzt, bis sie in diesen Keller neben Unken und Ratten zu liegen kam. Jede Enttäuschung war ein neuer bitterer Fall gewesen. Jetzt lag sie auf dem Grunde. Wunsch um Wunsch fühlte sie von sich abblättern. Nichts blieb zurück als Mattigkeit, Todesverlangen und Todesstarrheit.

Eine gewaltige Erschöpfung führte sie schließlich übergangslos in den Schlaf hinüber.

Da träumte ihr:

Sie schritt über den Kirchhof, wo ihr Mann begraben lag. Er war in manchen Teilen verwildert und glich fast einem verlassenen Park. Niedrig geschnittene Platanen säumten die Wege, und ihre nackten Stämme, von denen die Rinde sich löste, blinkten wie Mondschein.

Hinter einem der Bäume trat ihr Mann hervor und begann schweigend neben ihr herzuschreiten. Er war nicht ganz derselbe wie früher. Er trug einen schwarzen, steifen Rock und sein Gesicht war hohl und blaß. Auch verbreitete er eine müde Traurigkeit um sich. Aber obwohl er ihre Hand beim Gehn faßte und sie mit überquellender Güte anblickte, merkte sie doch an seinen Augen, daß auch sie ihm fremd vorkam. Sie hätte ihm gern von ihrer Qual erzählt, aber sie fand nicht den Mut zu sprechen.

Er sah nun wieder geradeaus. Und plötzlich bemerkte sie etwas ganz Eigentümliches an ihm.

Als sein lächelnder Blick die Bäume streifte, kamen diese ihm entgegen und traten in sein Antlitz hinein, das sofort von ganz ungewöhnlicher Freude zu leuchten begann und in einer unbeschreiblich klaren Weise das steife und mondsüchtige Wesen der Platanen zurückstrahlte.

Da sagte sie laut:

»Wenn du die Bäume auf diese Weise liebst, dann mußt du ja verstehen, wie ich mich nach ihnen sehne und wie ich vom Anblick meiner Mauern tot und kalt geworden bin.

Es ist schon furchtbar, daß auch du mir so fern gerückt bist. Aber so weit ist es doch noch nicht mit mir gekommen, daß ich auch mein Kind nicht mehr lieben könnte. Ich habe es zwar geschlagen und mißhandelt, aber aus den Schlägen drehten sich Ruten für mich selber, die werde ich mein Leben lang freudig im eigenen Fleische fühlen.

Was mich am meisten quält, ist, daß unser Kind in keinem Garten aufwachsen und keine Schaukel haben soll, und daß es darum an Leib und Seele verkümmern muß; denn Gärten und Wiesen machen die Seele weit, Bäume ziehen uns hinauf und gießen Kraft in uns, und von den Blumen kommt uns die Liebe. Lebte ich noch in unserm Häuschen, würde ich dem Kind nur von Wiesen und Wäldern sprechen und ihm die Arbeit des Gärtners erklären. Hier muß ich ihm die Unken zeigen. Von den Unken fallen die Gedanken auf Schmutz und Sünde. Nun ist der Weg zum Verbrechen betreten.«

Er antwortete:

»So mußt du selbst unserm Kind einen Garten bauen. Mit jedem lieben Wort, das von deinen Lippen fällt, kannst du eine Blume säen – mit jeder Güte, die du ausgibst, einen Busch einsetzen – mit jeder Arbeit, die du aufopfernd vollendest, einen Baum hineinpflanzen. Es soll dir aber nicht schwer werden, einen ganzen Wald in seinen Garten zu stellen.« –

Kaum hatte er dies gesprochen, so entglitt er ihrem Auge, und ihr Schlummer wurde bilderlos.

Als Dorothea erwachte, war es noch dunkel um sie her, und sie fühlte eine große Ruhe und Entspannung in sich.

Droben im Garten regten sich die Amseln und flatterten in die Büsche. Eine holte ihr Lied tief aus der Brust herauf, und andere setzten ein mit ungeheurem Jubel.

Sie lauschte, ganz so wie als Kind, ein wenig hilflos vor Mattigkeit. Und gerade so wie ehmals empfand sie die Art, wie die Amseln in der Morgenfrühe singen, als eine gewaltige Prophezeiung und überließ sich der süßen Freude und lebensstarken Hoffnung, die von den Tönen in sie hinüberströmte.

Sie begann ganz zart zu lächeln; sie lispelte halblaut: »Es ist wohl klar, daß ich in zwei Jahren nicht satt geworden bin in meinem Herzen. Aber ich darf deswegen aus meinem Hunger keinen Wolf machen, der andere und mich verschlingt.«

Der Traum rückte in ihr Bewußtsein. Sie nickte, streckte die Hand aus und empfing den Druck einer andern, unsichtbaren, mit stummem Versprechen.

An diesem Tage spannte sie die feinsten Seidenfäden in die Kette und nahm ein Lilienmuster vor.

Auf die Frage der Mutter antwortete sie geheimnisvoll: »Ich will ungesäumt mit dem Garten beginnen.«

Darauf bat sie die alte Frau, heute selber nicht zu arbeiten, sondern mit Lisa an die Sonne zu gehn.

Die schweigende Art, mit der die Mutter gehorchte, machte sie stutzig und bestürzt. Die Arbeit mußte sie härter ankommen, als sie wohl zeigen mochte. Dorothea fühlte klopfenden Herzens, daß die Zeit drängte, um gutzumachen.

Sie beugte sich über den Webstuhl mit schwerem Blick. Da wuchs unversehens eine Lilie zwischen den gespannten Fäden empor. Eine Lilie, ein Beet von Lilien, ein ganzes, wogendes Lilienfeld! Sie wiegten sich, sie schwankten, reckten glühende Zungen aus kühlen Kelchen. Ihre Blätter und Schäfte säuselten wie gestreifte

Bogensaiten. Sie nahmen ihren Duft wie einen Rausch um sich und strömten ihn aus wie Weihrauch.

Dorotheas Finger flogen. Sie änderte das Muster willkürlich ab, beugte hier eine Lilie und bog die Spitze jenes Blattes um, so wie die Blume vor ihren Augen stand, unsichtbar hingezeichnet über die flirrenden Fäden.

Plötzlich sprang sie auf, holte einen Knäuel Silberfaden und begann die Konturen mit der Nadel nachzuführen, bald breit betonend, bald flüchtig umziehend.

Sie stand auf und prüfte das Gewebe mit blinzelnden Augen; dann stellte sie die Kette so, daß der Tüllgrund flüssiger rieselte.

Sie setzte sich wieder mit pochenden Schläfen. Sie arbeitete bis tief in die Nacht hinein. Als sie sich endlich niederlegte, leuchtete die Pappel zum erstenmal wieder durch ihre Träume.

Nach sieben Tagen vollendete Dorothea die Spitze und trug sie zum Händler. Er äußerte Mißtrauen, verbarg ein leises Staunen und zahlte den gewöhnlichen Preis.

Aber das nächste Mal brachte sie ein Farnmuster, um das sich ein weiterverästeltes, prächtiges Ornament rankte.

Der Händler stand unter der Türe, lobte die Arbeit und gab ein Goldstück über den Preis hinaus. Das ging so fort, viele bange Wochen lang. Dorothea legte die Goldstücke beiseite und dachte:

»Es sollen meine Büsche werden.«

Einmal fragte sie der Händler, ob sie nicht rascher arbeiten könnte.

Sie besann sich. Dann sagte sie:

»Das kaum; wenn Sie aber meine Muster bekämen, fänden Sie leicht flinkere Finger zur Ausführung.«

Da schlug er ihr vor, ihm ihre Muster zu bringen.

Nun zeichnete und stach sie daheim glühend vor Eifer. Linien, Ornamente, Blumen und Gedanken standen ihr in verwirrender Fülle zur Verfügung. Sie durfte jetzt aus dem Erlebten schöpfen, ohne Schaden zu nehmen. An jeder Erinnerung, die sie auf diese Weise hob, wurde sie heller und heiterer.

Schon sprang ein Liedchen auf ihre Lippen; Lisa jauchzte, die Mutter blickte verwundert auf. Dorothea mußte tief in die beiden Gesichter starren, sie trugen noch die durchscheinende Zartheit der Genesenden an sich.

Sie arbeitete rascher.

»Die Muster müssen meinen Reichtum ausmachen«, dachte sie.

Das nächste Mal nahm sie Lisa mit sich, als sie zum Händler ging. Ihre Knie zitterten.

Der Händler prüfte eine Ewigkeit lang die Zeichnungen des blauen Papiers. Schließlich nannte er als Bezahlung eine dreistellige Zahl. Er fügte hinzu:

»Ich rate Ihnen, sich auf das Musterentwerfen zu legen. Geben Sie das Weben auf. Sie können drei Muster für eine Spitze anfertigen und das Fünffache verdienen.«

Dorothea wankte um die Ecke.

»Das war ein Baum, das war ein Baum«, murmelte sie; ihr war schwindlig zumute.

Die Pappel leuchtete vor ihrer Seele.

Sie wußte nicht, daß sie den Anlagen zustrebte. Jetzt stand sie am Wasser und sank in die Knie. Das helle Gesichtchen des Kindes lag dicht unter ihr an ihrer Brust, und sie ließ ihre Worte weinend und wie Schwüre auf es niederfallen:

»Lisa, ich miete unser Häuschen zurück; die Blumen, – meine Blumen sind schon dort. Einen Garten sollst du haben, Kind, und in deinem Garten soll eine Schaukel bis in den Himmel steigen.«

Lisel Bruggmann
Wohltätigkeit

»Wissen Sie«, sagte mir Frau Häbig, »wir müssen auch Rücksicht nehmen auf die vielen arbeitslosen armen Frauen, die wir in der Gemeinde haben. Wovon sollen die leben, seit der Betrieb geschlossen ist? Keine Arbeit, kein Brot ... Ich zum Beispiel hatte früher ein Dienstmädchen, jetzt nehme ich mir eine Stundenfrau aus dem Dorf. Und sie ist wie froh über diese Arbeit.«

Frau Häbig hat eine große Vier- oder Fünfzimmerwohnung, schwere Teppiche zum Reinigen drin, immer gibt's zu putzen, immer abzustauben, immer zu schaffen. Einen Staubsauger will sie keinen kaufen, denn »wozu nehme ich mir die Stundenfrau?, die muß auch etwas zu tun haben.«

Am anderen Tag komme ich zufällig zu dieser Stundenfrau der Frau Häbig, zu Frau Hager. Vierzig Jahre lang, noch darüber, hat sie als Textilarbeiterin immer im gleichen Betrieb gearbeitet, hat ihre Jugend, ihre Kraft dorthin gebracht, für ihre Ausbeuter aufgebraucht; die Aktionäre haben ihre Dividenden bekommen und wurden reicher und reicher; Frau Hager hat ihren Lohn bekommen und wurde ärmer und ärmer. Nach vierzig Jahren schloß der Betrieb wegen der Krise, mit allen Arbeitern wurde auch Frau Hager auf die Straße gestellt. Ohne Pension. Ärmer im Alter als je, denn sie konnte nie etwas von ihrem Jammerlohn ersparen und hat heute keine Aussicht mehr, Arbeit in einem Betrieb zu finden. Und für die Arbeiten im Haushalt glücklicherer Frauen, für Waschen und Putzen und Betten sonnen, reichen die Kräfte nicht mehr aus.

Wie gut ist es darum, daß es Frauen gibt wie Frau Häbig, die ein mildes Herz und Verständnis für die traurige Lage der Arbeitslosen haben! Frau Häbig läßt also Frau Hager im Haushalt arbeiten, jeden Tag fünf Stunden lang, manchmal mehr. Und bezahlt ihr für 29 Tage, also 29 mal fünf Arbeitsstunden, den Lohn von dreißig Franken.

Ja, dreißig Franken. Und auch diese dreißig Franken empfindet sie als erwiesene Wohltat gegenüber Frau Hager!

Frau Häbig hat viele Gesinnungsschwestern. Eine davon beschäftigt ebenfalls Frau Hager jeden Tag ungefähr eine Stunde lang zum Geschirrwaschen und Schuhputzen. Für diese tägliche Arbeitsstunde bezahlt sie fünf Franken in vierzehn Tagen. Auch sie fühlt sich als Wohltäterin.

Und Frau Hager? Frau Hager ist nahe daran, vor lauter erfahrener Wohltat zu verhungern.

Ruth Blum
Verhüllter Himmel

> Die Mauern stehen
> sprachlos und stumm.
> Im Winde klirren die Fahnen.
> Hölderlin

Als die Rentnerin Fräulein Bertha Meierhans, wohnhaft Falkenstraße 11, Zürich 1, im Frühling 1937 ihren siebzigsten Geburtstag gefeiert hatte, beschloß sie, ihre große Wohnung im obersten Stock des Hauses aufzugeben, alles überflüssige Mobiliar abzustoßen und sich danach behaglich einzurichten in einem modernen Apartment-Haus am Rande der Stadt. Ende August erschien im ›Tagblatt‹ ein Inserat, in welchem die obgenannte Dame für Pack- und Umzugsarbeiten auf den 1. September eine tatkräftige, intelligente Hilfe mit Organisationstalent suchte.

Die Zeitung in der Hand, eilte ich nach Feierabend – ich arbeitete als Abwaschmädchen in einer Spanischen Weinhalle im Kreis vier – in die Kernstraße zu meinem ungarischen Freund Imre Dénes, der an der ETH studierte und eine Diplomarbeit über die Gaußschen Maßsysteme schrieb. Nach anderthalb Jahren Bekanntschaft hatte ich mir angewöhnt, Imre in jeder Lebenslage um Rat zu fragen.

Imre saß, um seinen letzten guten Anzug zu schonen, im Schlafrock auf dem Boden seiner armseligen Mansarde und machte in der »Ilusch« zwei Würstchen heiß. Diese »Ilusch«, zu deutsch »Helenchen«, war eine mit elektrischen Drähten umwickelte Eimalzinbüchse, die sich nach dem Prinzip des Ohmschen Widerstandes erhitzen ließ.
»Soll ich mich melden, Imre?« fragte ich und legte ihm die Zeitung auf die Knie. »Glaubst du, daß ich geeignet bin? Domingo, der neue Kellner, wird immer aufdringlicher. Heute morgen mußte ich ihn mir mit einer heißen Bratpfanne vom Leibe halten.«

»Ja«, entgegnete Imre in seinem beinahe fehlerlosen Deutsch, »ich bin auch deiner Meinung, das sind keine Zustände mehr. Tu alles, um dem würdelosen Dasein in der Kneipe ein Ende zu bereiten! Daß Fräulein Meierhans Intelligenz und Organisationstalent verlangt, spricht für sie. Eine Dame mit Niveau, schätze ich. Aber bist du für die Packerei auch stark genug? Du bist blaß und mager geworden in den letzten Monaten. Zuwenig frische Luft, zuwenig vitaminreiche Nahrung ...« Er fischte die beiden Würstchen aus der Büchse und legte je eines auf einen Teller mit Blümchenmuster. »Mehr kann ich dir heute nicht anbieten, Regine«, fuhr er bedauernd fort. »Mein Geld ist weg und das Freßpaket aus Szegedin noch nicht eingetroffen. Es ist nicht einmal genügend Brot vorhanden ... So nimm denn vorlieb mit dem, was uns armen Teufeln gegenwärtig beschieden ist!« Und mit einem zugleich reizenden und melancholischen Lächeln hielt er mir den Teller hin, der wie alles übrige Geschirr in seinem Studentenhaushalt aus dem Küchenschrank meiner Mutter stammte. Auch den Teppich vor dem Bett und die gestickte Decke auf der zerwurmten Kommode hatte ich hierher geschleppt. Es war uns nach der konkursamtlichen Liquidation unserer Unglückspension, als es galt, eine große Wohnung am Zürichberg mit einer kleinen in der Altstadt zu vertauschen, noch viel zu viel Hausrat übriggeblieben, vor allem der billige. Denn die Herren vom Betreibungsamt hatten sich zur Tilgung unserer Mietzinsschulden auf wenige gute Möbelstücke beschränkt und mir sogar die Bücher gelassen. Ja, Großmutter hatte richtig orakelt: mit dem Kochen allein war es nicht getan, und Mutter und ich, wir hätten ganz anders wirtschaften und rechnen müssen, um die Katastrophe abzuwenden. Wir hätten die teure Wohnung im vornehmsten Stadtquartier überhaupt nie mieten sollen, weil uns das Geld für eine entsprechende Einrichtung fehlte. Immer standen zwei oder drei der zu dürftig ausgestatteten Zimmer leer, und der Karren sauste auch hier der Tiefe zu. Nun, geschehen war geschehen, und unserem pompösen Plüschdiwan weinte ich sowenig nach wie dem Vertiko im Jugendstil. Zum Glück hatte ich das Klavier aus dem Zusammenbruch gerettet. Als ich merkte, was die Glocke nächstens schlagen würde, hatte ich es leihweise zu meinen alten Schulfreundinnen Iris und Rotraut, die gemeinsam in einer kleinen Wohnung an der Trittligasse haushalteten, transportieren lassen.

»Sofort nach dem Essen mußt du dich vorstellen«, sagte Imre, während er den Wurstsaft mit einer Brotrinde zusammenstrich. »Was dir an körperlichen Kräften fehlt, ersetzen deine geistigen Gaben, die gewünschte Intelligenz und das Organisationstalent. Wenn ich bedenke, wie wohnlich du meine Bude eingerichtet hast! Und vergiß nicht, du hast einige Erfahrungen im Umziehen gesammelt. Erst vom großen Bauernhaus in die kleine Wohnung in euerm Dorf, dann in Zürich zweimal ... Du bist die ideale Hilfe für Fräulein Meierhans.«
»Rühme mich nicht auf Vorschuß«, wehrte ich ab. »Organisationstalent ist keine erworbene Tugend, sondern eine Naturanlage. Mutter Meylan macht sogar die Sterne dafür verantwortlich. Sie ist wie ich im Zeichen der Jungfrau geboren.«
»Und?«
»Wir sollen samt und sonders organisationsbegabt sein. Ob's stimmt? Bei uns daheim ist's kein berühmtes Sternbild. Jungfrau-Geborene geben immer nur Blust und nie Frucht. Keine Bäuerin stupft Bohnen in diesem Zeichen; immer nur in der Waage, dann schenken sie voll ein.«
»Glaubst du etwa auch an den faulen Zauber?«
»Manchmal, manchmal nicht. Ich habe schon merkwürdige Beobachtungen gemacht ...«
»Alles Zufall. Du mit deiner Intelligenz ...«
»Rede nicht weiter, Imre! Gibt es eine wirkliche Intelligenz ohne mathematische Begabung? Erinnerst du dich, was herausschaute, als du mir zum Spaß eine trigonometrische Aufgabe stelltest?«
»Und ob! Eine Winkelsumme von 785 Grad.«
»Dabei hast du mir noch den Weg zur Lösung angegeben. Gut, daß der alte Weh das Resultat nicht vor Augen bekam!«
»Dafür haben wir unsern Spaß daran gehabt, meine Freunde und ich. Seither nennen dich alle ungarischen Studenten am Poly ›das Mädchen mit der Winkelsumme

von 785 Grad‹. – Aber schau mich nicht so böse an, das ist keine Schande, sondern eine Auszeichnung. Mathematisch begabte Frauen sind in der Regel so unweiblich wie politisierende. Mir sind deine irrsinnigen Winkelsummen hundertmal sympathischer als deine fixen Ideen über das Frauenstimmrecht. Hoffentlich bleibt euer entzückendes Land von dieser Pest befreit!«

Ich atmete dreimal tief und schwieg. Wir hatten über diesen Punkt genugsam gestritten, und sowohl Imre wie die meisten meiner ehemaligen Schulkameraden hatten mir mit sehr viel Logik dargetan, daß Stimmen und Wählen Männersache sei. Alle zusammen, ob sie nun links oder rechts oder in der Mitte standen, wollten uns Frauen bewahren vor der »schmutzigen« Politik. Ja, sie hatten mich völlig kopfscheu gemacht mit der Behauptung, die Frauen hätten Hitler zur Macht verholfen. Und wie lange hatte ich mich innerlich dagegen gesträubt zu glauben, daß das Volk der Dichter und Denker einem Bösewicht auf den Leim gekrochen sei! Wo eine blaue Blume blühte, konnte doch der Teufel nicht am Werke sein? O Regine, du altes Kalb!

Das war ein ungutes Erwachen aus allerlei romantischen Hirngespinsten und ein brutales Hinausgeworfenwerden in nackteste Not. Ich konnte noch von Glück reden, daß der Sturz in den Armen eines so schönen und zärtlichen Jünglings wie Imre endigte. Bei ihm vergaß ich alles, was mich quälte und niederdrückte, alle äußere und innere Not. Wie lange? Vor einem halben Jahr hatte Imres herzkranker Vater den Sohn wiederholt aufgefordert, das Studium abzubrechen und heimzufahren. Er brauche die Hilfe des Einzigen für die Leitung seiner Essigfabrik, da er mit Absatzschwierigkeiten ringe und finanziell nicht zum besten stehe. Doch Imre hatte sich geweigert, den väterlichen Wunsch zu erfüllen, und nach Ungarn zurückgeschrieben, er interessiere sich für die Gaußschen Maßsysteme und nicht für die Herstellung von Obstessig. Darauf hatte der alte Herr, der nach den Schilderungen seines Sohnes ein tyrannischer Hitzkopf war, die regelmäßigen Geldsendungen nach Zürich eingestellt, überzeugt, den Ungehorsamen dadurch in die Knie zu zwingen. Er hatte sich verrechnet. Imre schlug sich mit Privatstunden und mit der Hilfe ungarischer Kommilitonen durch, und mindestens alle Monate einmal sandte ihm die Mutter eine Sendung geräucherter Würste, Schinkenstücke und Grieben aus Gänseschmalz. Getreulich teilte er diese Leckerbissen mit mir, und dann saßen wir ein paar Tage lang im Fettnäpfchen und vergaßen alle Entbehrungen unserer mühseligen Jugend ohne Zukunft und Sicherheit.

Mutter war sehr ungehalten über meine Studentenliebschaft, bei der ich nach ihrer Ansicht meine besten Jahre vertrödelte. Sie zürnte mir insgeheim, weil ich vor einiger Zeit den Heiratsantrag eines ehrenwerten Briefträgers abgewiesen hatte mit der fadenscheinigen Begründung, ich könne nicht mein Leben lang ausharren an der Seite eines Menschen, der kein einziges Gedicht von Goethe kenne. Als ob vor drei Jahren in meiner Beziehung zu Charles Meylan Goethe die mindeste Rolle gespielt hätte! Und wie versessen war ich damals darauf gewesen, die Frau eines einfachen Arbeiters zu werden! Aber dieser Arbeiter hatte mich eben mit funkelnden Gletscheraugen betört, indes der biedere Zürcher Postbote unsäglich schläfrig in die Welt hinausschaute. Nie und nimmer opferte ich einer so farblosen Gestalt meine Studentenromanze!

Meine Schreibversuche hatte ich aufgegeben. Ich hatte keine Zeit und keine Lust mehr dazu. Ich mußte Geld verdienen, um leben zu können, und geringe Arbeit verrichten, weil ich keinen richtigen Beruf gelernt hatte. Verzweifelt irrte ich von einer Gelegenheitsarbeit zur andern. Ich hütete Kinder, füllte Zucker in Säcke ab, verkaufte Staubsauger, oder vielmehr keinen einzigen, weil überall, wo ich vorsprach, schon einer vorhanden war. Drei Monate lang arbeitete ich auf einem Heiratsvermittlungsbüro ohne große Aussichten, dabei selbst unter die Haube zu kommen; denn da war unter allen Angemeldeten auch nicht einer, der eine Frau ohne Vermögen begehrte, und gerade an dem Tage, da mit der Morgenpost die erste Bewerbung eines Idealisten ohne materielle Ansprüche einging, kam abends die Polizei und machte den Laden wegen betrügerischer Geschäftsführung zu. Zwei

Tage später fing ich in der Spanischen Weinhalle an, in der nüchternen Erkenntnis, daß ein Sperling in der Hand besser sei als eine Taube auf dem Dach.

Auch die Mutter mußte nach der Aufhebung der Pension dem Gelderwerb nachgehen. Sie arbeitete als Köchin bei zwei alleinstehenden Herren, von morgens neun Uhr bis mittags drei. Die Arbeit war angenehm, die Behandlung freundlich, die Bezahlung jedoch knapp. Wir konnten damit nicht einmal den Hauszins für unsere armselige Wohnung in der Froschaugasse begleichen. Zum Glück gelang es uns, eine von den drei Stuben weiterzuvermieten an einen blinden Hausierer, der für seine Verhältnisse eine ungewöhnliche Bildung besaß. Er hatte mit Hilfe einer Stiftung an der Blindenuniversität Marburg Literatur studiert, war aber ins Trinken gekommen und jämmerlich durch die ersten Examina gefallen. Die Kraft, sich aufzufangen und neu zu beginnen, hatte er nicht mehr aufgebracht und es am Ende vorgezogen, mit Köfferchen, Stock und gelber Binde Druckknöpfe und Schuhriemen zu verkaufen. Er war ein angenehmer, rücksichtsvoller Zimmerherr, dem wir gerne nachsahen, daß er von Zeit zu Zeit ein Gläschen über den Durst trank und dann in seiner Kammer Studentenlieder sang. Aus Mitleid gaben wir ihm Logis und Essen sehr billig ab, und da sein Appetit bemerkenswert war, machten wir auch hier kein gutes Geschäft. Von Hans, dem Bruder, war ebenfalls keine Hilfe zu erwarten. Der verdiente als Bäckergeselle im Hause des Onkels wenig genug und legte jeden ersparten Rappen beiseite, um eines Tages auswandern zu können, nach Kanada oder Australien, je nachdem. So schnell wie nur möglich, sagte er, bevor es in Europa wieder losgehe, was ziemlich sicher sei. Und wenn er sich jenseits des großen Wassers eine gute Position geschaffen habe, lasse er uns nachkommen, und wir seien alle zusammen der europäischen Misere ledig.

Aber das blieben leere Reden, und er buk weiterhin Brote, Nußgipfel und Hefenkränze und schickte uns jede Woche ein Paket »Altbackenes« zur Stärkung des Magens und des Gemütes. Wir tunkten es in den Malzkaffee und fanden es doppelt köstlich, weil es ein Gruß aus der

Heimat war. Sonst darbten wir weiter, manchmal hungernd, manchmal frierend, gelegentlich weinend, wenn wir keinen Ausweg aus der Not sahen. Ich weiß nicht, wie ich es ohne Imre durchgestanden hätte – und Mutter ohne ihre alte Zither, auf der sie stundenlang spielte und sang, Volkslieder und geistliche Choräle. Ich konnte es schon nicht mehr mitanhören, weil ich wußte, aus welch bedrängtem Herzen es kam, und ich lief, wenn immer möglich, davon in die Kernstraße, um bei Imre unser Elend vergessen zu können. Aber war ich wirklich glücklich an seiner Brust? War diese Liebe echte Erfüllung oder nur Flucht aus den Erniedrigungen und Beleidigungen eines häßlichen Alltages? Was wußte ich im Grunde von Imre, was wußte er von mir? Wir lebten geistig wie auf zwei verschiedenen Sternen, und nicht viel mehr kettete uns zusammen als sinnliches Verlangen und die gemeinsame Angst vor einer bösen Zukunft. Ich hatte nichts anderes vor mir als endloses Weitertappen im Nebel der Armut, und ihm graute vor der Aussicht, sich nach Abschluß seines Studiums entscheiden zu müssen zwischen der Emigration und der Essigfabrik. Eines war so schlimm wie das andere. Das erstere bedeutete Arbeitsverbot und Bettelleben, das zweite Arbeitsunlust, Geldsorgen und schwere politische Unsicherheit. Imre sah Hitlers Würgegriff nach Osten voraus, und er hatte alle Ursache, davor zu zittern; denn es floß, obwohl er katholisch getauft worden war, viel jüdisches Blut in seinen Adern. Man konnte ihm seine israelitische Herkunft vom Gesicht ablesen, vom Schnitt seiner dunklen Augen und vom Schwung seiner leicht semitisch geprägten Nase, und er hatte deswegen von frontistischen Studenten schon viel Übles erfahren müssen. Mich störte sein orientalisches Aussehen nicht, ganz im Gegenteil! Meine Liebe für die deutschen Dichter von Grimmelshausen bis Hermann Hesse kannte keine Rassenfrage; sie schloß uneingeschränkt auch Stefan Zweig und Franz Werfel ein. Und als ich Imre zum erstenmal sah, starrte ich so gebannt in seine schwarzen Augen wie drei Jahre früher in die blauen Karls. Und nicht die Augen allein, seine ganze Erscheinung betörte mich, der grazile Körperbau, die Anmut seiner Gebärden. Ich mußte immerfort an den jungen David denken, von dem die Bibel sagt: »Er war ein Knabe, bräunlich und schön.«

Auf dem Weg in die Falkenstraße kehrte ich rasch bei meinen alten Schulfreundinnen Iris Rosenbaum und Rotraut Köberle in der Trittligasse ein. Iris machte gerade das obligatorische Praktikum in einer Apotheke der Stadt. Rotraut war im Frühling von einem Studienaufenthalt in England zurückgekehrt.

Schon vor der Korridortüre hörte ich Plaudern und Lachen, darunter bekannte Männerstimmen. Fredi Weber vulgo Anker und Bruno Bernasconi vulgo Scherzo gingen hier ein und aus. Die dritte Stimme hatte ich seit Monaten nicht vernommen, und als sie jetzt so unerwartet erklang, ergriff mich ein ungestümes Freudegefühl. Während ich aber an mir heruntersah, auf meinen abgetragenen Mantel und die ausgelatschten Schuhe, verwandelte sich meine Freude in Abwehr, ja Trotz, und ich sagte zu mir selbst: »Kehr lieber gleich wieder um und störe ihre Kreise nicht! Wenn sie dich sehen in deiner Dürftigkeit, trübst du ungewollt ihre Heiterkeit.« Der Gedanke an die Vorstellung bei Fräulein Meierhans hielt mich zurück und gab mir den Mut, auf den Klingelknopf zu drücken.

Iris öffnete. »Wie schön, daß du auch kommst«, rief sie vergnügt. »Das wird unsere Gäste freuen, den einen besonders. Es ist Birchermus im Überfluß da.« Und sie führte mich am Arm in die kleine Stube, die im Hinblick auf das befristete Hiersein ihrer studierenden Bewohnerinnen nur behelfsmäßig ausgestattet war. Neben dem alten Kasten und den aus Brettern und Ziegelsteinen aufgebauten Bücherregalen wirkte mein dunkelbraunes Klavier provozierend bürgerlich.

Rund um den mit Wachstuch bedeckten Tisch saßen auf Küchenstühlen Rotraut, Anker, Scherzo, Chärrili und – Florian.

»Bist du schon zurück aus Berlin?« fragte ich Florian.

»Schon? Es war allerhöchste Zeit, Freundin meines Herzens«, entgegnete er und lief mir mit ausgebreiteten Armen entgegen. Ich kannte die Gebärde und wußte, daß sie nicht ernst zu nehmen war. Sie endigte jedesmal mit einem kameradschaftlichen Händeschütteln, diesmal, nach langer Trennung, mit einem sehr ausgiebigen.

»Du wolltest doch bis zum Herbst fortbleiben?« fragte ich.

»Ursprünglich ja, und dem regulären Semester noch zwei Ferienkurse beigeben. Nun, nach dem ersten hatte ich genug davon. Was hat Luther in Marburg zu Zwingli gesagt? ›Ihr habt einen andern Geist als wir!‹ Das haben wir Schweizer draußen täglich zu spüren bekommen. Ich sage dir, der Graben wird tiefer von Jahr zu Jahr.«

»Einmal«, warf Anker ein, »haben die deutschen Kommilitonen ihn schier verprügelt, weil er den Arm nicht hochstreckte, als Goebbels der Universität einen Besuch abstattete. O Regine, es sieht finster aus am politischen Horizont!«

»Und bald ist es wieder soweit«, orakelte Scherzo, »wie vor zwei Jahrzehnten: On creuse là-dessous! Aber diesmal, fürchte ich, sprengen sie auch uns in die Luft.«

»Müßt ihr immer wieder damit anfangen«, sagte Rotraut gequält, »und mir zu bedenken geben, daß ich auch so eine – blonde Bestie bin! Und bin doch hier geboren und aufgewachsen und rede und denke wie ihr alle.«

»Ich habe dir ja immer geraten, dich einzukaufen«, sagte Iris. »Hol's nach, solange es noch möglich ist!«

»Damit eine Papierschweizerin mehr das Zürcher Pflaster tritt, eine, auf die alle Alteingesessenen mit Fingern zeigen? Nein.«

»Du könntest einfacherweise einen Schweizer heiraten«, meinte Scherzo.

»Einfacherweise? Zuerst müßte ich einen lieben«, klang es gereizt zurück. »Und vorerst habe ich nicht zu lieben, sondern zu studieren. Ich mag überhaupt nicht ans Heiraten denken. Englischlehrerin werde ich – und damit Schluß.«

»Schade, schade«, meinte Florian. »Theodor Hünerwadel würde dich so gern zur Helvetierin machen!«

Alle brachen in Gelächter aus, Chärrili mitinbegriffen, während ich, immer noch mitten im Zimmer stehend, nervös an meiner Handtasche herumnestelte. »Komm, Regine«, rief der Spaßmacher vergnügt, »steh nicht länger so ungemütlich da! Ruck an meine grüne Seite und erzähl, wie es dir in der Zwischenzeit ergangen ist. Hast du eine Bürostelle gefunden?«

»Leider nein, Flor. Überall muß man blind und mit zehn Fingern schreiben können, und bei mir sind's nur vier oder fünf. Und das eigene Stenogramm kann ich nie entziffern. – Doch ich darf nicht bleiben. Ich muß wegen einer Stelle in die Falkenstraße, möchte vorher Iris aber noch etwas fragen. Im Vertrauen, verzeiht!«

Iris begriff und ging mit mir in den Gang hinaus. »Wo drückt dich der Schuh?« fragte sie. »Der Schuh nicht«, antwortete ich, »den verliere ich eher. Aber schau meinen unmöglichen Mantel an! Und der erste Eindruck ist ja immer entscheidend. Könnte mir eine von euch beiden für eine Stunde einen bessern Mantel leihen?« – »Selbstverständlich«, sagte Iris und suchte ihr Schlafzimmer auf. Sie kehrte mit einem gut erhaltenen dunkelblauen Mantel zurück. Er paßte mir ausgezeichnet, nur die Ärmel waren etwas zu lang. Iris wollte in Eile einen Aufschlag anbringen; doch wagte ich keine Zeit zu versäumen. »Ich mache einfach Ellbogen, während ich mit Fräulein Meierhans rede«, sagte ich. »In einer Stunde bin ich zurück. Darf ich meinen alten Mantel solange hier lassen?« – »Freilich. Aber den blauen da mußt du mir gar nicht zurückgeben. Ich trage ihn schon lange nicht mehr. – Viel Glück!«

»Mit deinem Mantel kann's nicht fehlen, Iris. Und das Kleid darunter ist von Rotraut, und die Wäsche von Huldine. Bis in ihr abgelegenes Pfarrhaus im Leimental ist der Ruf meiner Armut gedrungen, und sie hat mir letzte Woche eine große Schachtel voll Zeug geschickt. Von Kopf bis Fuß in Wohltätigkeit gehüllt! Gut, daß Großmutter es nicht erleben mußte! Adieu Iris, vielen herzlichen Dank. Und bitte, sag Florian nicht, daß ich bis zur Spanischen Weinhalle hinabgesunken bin.«

Der hübsche Mantel tat seine Wirkung, und ich vergaß während der ganzen Vorstellung nicht, meine Arme stramm zu winkeln. Es seien zwar, sagte Fräulein Meierhans, bereits fünf andere Frauenzimmer dagewesen, aber keines hätte ihr in den Kram gepaßt. »Sie machten alle einen so sozialistischen Eindruck«, erklärte sie, »und das schreckte mich ab. Papa selig war Professor an der Universität Basel. Vor Sozialisten hat er uns stets gewarnt. Sie seien die Totengräber des christlich-humanistischen Abendlandes. – Sie sind doch nicht rot angehaucht, Fräulein?«

»Ich glaube, das entschieden verneinen zu dürfen«, entgegnete ich.

»Auch nicht braun, was gegenwärtig leider möglich ist?«

»Bewahre! Höchstens grün, grasgrün sogar. Ich entstamme einer alten Bauernfamilie, und meine ganze Verwandtschaft gehört dem ehrwürdigen Bauernstand an. Leider sind Mutter und ich durch den frühen Tod des Vaters und verschiedene andere Schicksalsschläge in finanzielle Schwierigkeiten geraten ...«

»Wie interessant«, unterbrach mich Fräulein Meierhans, bevor ich fortfahren konnte: »... und es wurde mir auch nicht an der Wiege gesungen, daß ich mich eines Tages als Frauenzimmer und Packerin verdingen müßte.« Immer, wenn ich auf Arbeitssuche war, schwebte ich in Gefahr, Dummheiten zu sagen und mit meiner guten Herkunft und drei Jahren Mittelschule zu prahlen. Dabei erreichte ich stets das Gegenteil von dem, was ich beabsichtigt hatte, nämlich Mißtrauen einer Person gegenüber, die nicht bis zum Ende der Schulzeit auszuharren vermochte und so weder Fisch noch Vogel war.

Indessen schien Fräulein Meierhans gar kein Verlangen zu haben, meinen wirren Lebenslauf in allen Einzelheiten zu erforschen. Beim Wort »Bauernfamilie« ging es wie Sonnenschein über ihr Gesicht, und sie begann sofort von den Problemen des bevorstehenden Umzuges zu sprechen. Wahrhaftig, sie wisse nicht, wie sie alles hinter sich bringen solle, falls ihr nicht eine unbedingt verläßliche Vertrauensperson mit Tatkraft und Grütze im Kopf an die Hand gehe. Vierzig Jahre lang habe sie in dieser großen Wohnung gelebt. Ob ich mir vorstellen könne, was sich in dieser Zeit in fünf Zimmern angesammelt habe.

»Aber sicher«, antwortete ich teilnehmend. »Wir mußten vor vier Jahren auch ein ganzes Bauernhaus räumen. Und seither habe ich die Mühseligkeiten des Umziehens noch zweimal durchkämpfen müssen.«

»Also dreimal in kurzer Zeit? Schauderhaft.«

»Man gewöhnt sich an alles, Fräulein Meierhans, bekommt Übung, Erfahrung ... Kurz, beim drittenmal ging nicht eine Tasse entzwei.«

»Großartig. Wie haben Sie das fertiggebracht?«

»Ich bin eben im Zeichen der Jungfrau geboren. Da ist etwas Organisationsbegabung von selber dabei.«

»Glauben Sie an die Sterne? Haben Sie sich schon mit Astrologie befaßt?«, fragte Fräulein Meierhans.

»Ein wenig, aus Zeitvertreib.«

»Was halten Sie vom Charakter der Wassermann-Geborenen?«

»Es sind in der Regel tief religiöse, sensible Typen.«

»Ganz genau. Ich bin nämlich auch von dieser Sorte. Ich glaube, Fräulein, wir verstehen uns, und ich kann's mit Ihnen wagen, schon weil Sie nicht sozialistisch sind. Am Montagmorgen um neun Uhr fangen wir an. Bitte nicht früher, weil ich sehr lange schlafen muß. Wie alle Wassermann-Geborenen habe ich ein zartes Nervensystem. Von morgens neun bis abends fünf Uhr, habe ich mir vorgestellt, den ganzen September hindurch. Es sind noch Berge zerrissener Leintücher und Wäschestücke da, die ich nicht ungeflickt verschenken will. Neue Vorhänge nähen müssen wir auch. Zwanzig Franken in der Woche und das Mittagessen. Ist es Ihnen so recht?«

Ich dachte an die fünfzig Franken Monatsgehalt, die ich bei längerer Arbeitszeit in der Spanischen Weinhalle bekam, und nickte dankbar Zustimmung. »Zum Einräumen in der kleinen neuen Wohnung«, sagte Fräulein Meierhans, »brauche ich Sie nicht mehr. Das besorgt eine Nichte, die auf den Anfang Oktober Ferien bekommt. Auf Wiedersehen!«

Ich war entlassen. Da der Lift gerade besetzt war, stieg ich zu Fuß die Treppen hinunter. Auf der zweiten Etage gewahrte ich an einer großen Glastüre ein Messingschild mit der Aufschrift:

»Neue Zürcher Zeitung. Redaktion.«

Feiner Regen fiel, als ich nach Hause eilte, froh, daß ich unter den Arkaden am Limmatquai im Trockenen gehen konnte. Ich hatte keinen Schirm bei mir und fürchtete für den schönen, dunkelblauen Mantel sowie für meine durchgelaufenen Schuhsohlen. Ich durfte jetzt keine nassen Füße bekommen und mich erkälten, nachdem mir eine neue und zweifellos bessere Stelle in den Schoß gefallen war. Achtzig Franken, viel Geld für uns! »Sobald ich sie ausbezahlt kriege«, überlegte ich, »lade ich einmal meine alten Schulkameraden zu belegten Brötchen ein. Ich will nicht stets die Empfangende sein.« Aber dann dachte ich an die windige Wohnung, in der wir Unterschlupf gefunden hatten, und der Mut, Gastgeberin zu spielen, entsank mir wieder. Vor Iris und Rotraut brauchte ich mich zwar nicht zu schämen, die hatten mich schon öfters besucht und Mutter einen Kuchen oder eine Flasche Wein gebracht. Die Burschen aber waren noch nie bei uns gewesen, und mir war lieber, wenn sie ferngeblieben und wenn vor allem Florian nicht sah, wohin wir uns verkrochen hatten. Ein richtiges Armeleutehaus, mit engen, feuchten Gängen und steilen Treppen. Zum Glück wohnten wir zuoberst, bekamen etwas Sonne in unsere drei Zimmer und hatten von der Stube aus eine weite und freie Sicht über die Dächer der Altstadt hinweg und hinüber auf die grüne Kuppel der Universität. Einzig dieses Blickes wegen hatte ich die Mutter überredet, die erbärmliche Wohnung zu mieten, obschon uns zum gleichen Preis in Altstetten unten etwas viel Netteres angeboten worden war. Und da ich selbst nicht unter dieser grünen Kuppel lernen durfte, wollte ich ihr wenigstens mit den Augen nahe sein, und nahe auch den studierenden Freunden und Freundinnen. So tröstete mich der Blick aus dem Stubenfenster hinweg über alle Jämmerlichkeiten unserer Unterkunft, die kaum den Namen Wohnung verdiente. Keine Türe, kein Fenster schloß ordentlich, der Holzofen in der Stube qualmte, aus den Spalten der Dielen wirbelten bei jedem kräftigen Tritt Staubwolken auf. Ein Bad gab es natürlich keines, und die düstere Küche auf den Hinterhof hinaus mußten wir mit einer Schaustellerfamilie teilen. Eine problematische Nachbarschaft. Frau Petruzzi war zwar gutmütig und hilfsbereit, konnte aber Mein und Dein nicht unterscheiden. Es war ratsam, die Lebensmittel in der Stube aufzubewahren. Auch bediente sie sich nach Lust und Laune unserer Töpfe und Pfannen, und einmal kamen wir dazu, wie sie ihren Köter in unserm Abwaschbecken badete. An einen weitern Wohnungswechsel war vorerst aber gar nicht zu denken. Schon für den letzten Umzug hatten wir beim Wohlfahrtsamt um Geld bitten müssen. Mutter hatte vor dem Gang ins Stadthaus geweint vor Scham, obwohl ich ihr klarmachte, daß es sich nicht um Almosen, sondern um ein Darlehen handle. Wir hatten nämlich aus einer noch unausgeschiedenen Erbschaft ein paar hundert Franken zugut, und mit diesem Geld im Rücken war uns denn auch anstandslos der Betrag für die Umzugskosten vorgestreckt worden. »Dennoch«, sagte die Mutter, »hat mich der Mann am Schalter, der mir die Banknote aushändigte, so angeguckt, daß ich mich am liebsten in ein Mausloch verkrochen hätte. Wie gut, daß Großmutter es nicht mitansehen mußte!«

Immer und immer derselbe Satz, dasselbe qualvolle Zurückschauen auf bessere Tage, sooft das Elend uns die Faust in den Nacken schlug! Würde es einmal anders werden? Vorerst sah es nicht danach aus. Es gab Tage, an denen wir Milch und Brot auf Kredit holen mußten, und längst hatten wir begonnen, allerlei Entbehrliches aus unserm Haushalt zu Geld zu machen, wenn unvorhergesehene Ausgaben uns in die Enge trieben. Mutters flächsene Paradeleintücher, meine silbernen Patenlöffel, eine Anzahl Unterhaltungsromane hatten wir Stück für Stück abgesetzt. Aber das waren immer nur Tropfen auf einen heißen Stein gewesen, und ich weiß nicht, wie wir uns durchgemausert hätten ohne Hansens Altbackenes und die Obst- und Kartoffelsendungen aus dem Keller meiner Patentante. Es gab so noch magere Tage genug, Tage, an denen wir froh waren um Küchenabfälle aus Mutters Arbeitsstelle. Sie trug immer in der Tasche ein Kesselchen mit, und wenn abends ein Restchen Fleisch darin lag, machten wir eine kräftige Suppe daraus. Dazu kamen für mich die Fettnäpfchentage bei Imre und regelmäßig einmal in der Woche ein Birchermus in der Trittligasse. Auch Mutter wurde gelegentlich an einem Sonntag, wenn ihre Herren auswärts essen gingen, bei einer Nachbarin zum Mittagsmahl eingeladen. Oder die Petruzzi, die immer etwas Leckeres in ihrer – oder auch in unserer –

Pfanne zusammenschmorte, schob ihr bisweilen ein Hasenschenkelchen zu. Ich überließ den Leckerbissen gerne der Mutter, befürchtend, es könnte das Bein einer Katze sein. Ich wunderte mich insgeheim, daß Mutter nie dergleichen Bedenken hegte. Vielleicht verstellte sie sich auch nur, niedergebeugt von der Tatsache, daß Hunger der beste Koch ist.

Und nun waren für mich achtzig Franken in vier Wochen in Sicht! »Es geht uns alle Tage und in jeder Hinsicht besser und besser«, murmelte ich fröhlich vor mich hin. Am liebsten wäre ich sofort zu Imre gerannt, um ihm mein Glück zu berichten. Ich mußte jedoch an den schönen Mantel und an die schlechten Schuhe denken und mich rasch ins Trockene bringen. Ich nahm mir nicht einmal Zeit, meinen alten Mantel in der Trittligasse abzuholen. Und auf dem ganzen Heimweg freute ich mich darauf, morgen der Besitzerin der Spanischen Weinhalle kündigen zu können.

Indessen währte meine Freude nicht lange. Vier Wochen, sagte ich mir, sind schnell vorbei, und es war ratsam, sich rechtzeitig nach einem neuen Arbeitsplatz umzusehen. Noch hatte ich die Hoffnung auf eine Bürostelle nicht aufgegeben und plagte mich darum in jeder freien Stunde mit Stenographieren und Maschinenschreiben ab. Ich kam aber mit beidem nicht vom Fleck. Meine Kurzschriftkünste blieben stümperhaft, die Tipperei gedieh nicht viel besser. Zwar hatte mir Hildebrand zum Üben seine alte Remington überlassen; doch diese war sehr klapperig und mühsam im Gebrauch. Die Q-Taste fehlte und die Farbbänder schalteten schlecht. Ich hegte schon lange den Wunsch, mir eine gute, neue Maschine auf Abzahlung erwerben zu können, nicht ohne den Hintergedanken, sie eines Tages auch schriftstellerisch zu strapazieren. Doch eine Monatsrate von zwanzig Franken war für mich unerschwinglich. Was Mutter und ich zusammen verdienten, miteingeschlossen das Geld für die Untermiete der dritten Kammer, reichte knapp zum Essen und Wohnen, und die geringste unvorhergesehene Nebenausgabe brachte uns in Verlegenheit. Bereits hatten Rotraut und Iris mir eine Zahnarztrechnung beglichen und Florian der Mutter eine Brille gekauft. Unter keinen Umständen wollte ich die Freunde um weitere Hilfe bitten. Es blieb mir nicht erspart, ich mußte wieder etwas aus meiner Bibliothek in eines der Buchantiquariate an der Limmat tragen. Vater Knüsli zahlte am besten; er hatte mir letzthin für zwei Bände Rilke fünf Franken gegeben. Ich hatte den beiden Büchern nicht nachgeweint, weil ich Rilke nicht besonders liebte.

Noch weniger reuten mich die sentimentalen Mädchenbücher, die ich längst im wahren Sinne des Wortes verschlungen, nämlich in Eßbarkeiten umgewandelt hatte. Von den »richtigen« Dichtern jedoch, von all jenen, deren Werke ich mir während meiner Kantonsschulzeit mit Aufsatzschreiben erworben, konnte ich mich nicht trennen. Wie aber, wenn Vater Knüsli gewillt wäre, meinen Schiller in Saffian pfandweise anzunehmen, solange, bis Fräulein Meierhans mir die achtzig Franken übermittelt hatte? Dann könnte ich sofort die ersehnte Maschine anschaffen und meine abendlichen Schreibübungen ausgiebiger hinter mich bringen ...

Als ich atemlos vom langen und schnellen Treppensteigen in unsere Stube trat, saß Mutter weinend am Tisch, einen Brief in der Hand. »Da, lies«, sagte sie, »jetzt ist es sogar mit dem Altbackenen vorbei.«

Es war ein ziemlich langes Schreiben von Hans und alles andere als ein frohes. Er sei, berichtete er, an einem schweren Bäckerekzem erkrankt, und beide Vorderarme und Hände hätten sich mit nässenden Blasen bedeckt. Eine Allergie auf Brotteig, und der Spezialarzt habe ihm dringend geraten, sofort den Beruf zu wechseln. Bäckerekzeme seien in der Regel unheilbar. Auch sei es begreiflicherweise aus hygienischen Gründen gar nicht gestattet, mit kranken Händen zu kneten, und es bleibe ihm nichts anderes übrig, als irgendeine andere Arbeit zu suchen. »Und dies«, schrieb Hans weiter, »bevor ich nur die Hälfte meines Fahrgeldes über den großen Teich zusammengekratzt habe. Alle Zukunftspläne haben sich zerschlagen. Was soll ich nun beginnen? Onkel und Tante sind sehr freundlich und behalten mich im Hause, bis ich gesund bin und etwas Passendes gefunden habe. Aber was wird für mich passend sein außerhalb des gelernten Berufes, den ich – notabene – seinerzeit auch nur gezwungenermaßen ergriffen habe, weil die ganze heilige Verwandtschaft es haben wollte? In Übersee hätte ich bestimmt einen interessanten Job gefunden. Hier? Die Arbeitslosigkeit ist noch lange nicht behoben, und wer nicht auf seinem gelernten Beruf arbeiten kann, ist beinahe ein toter Mann. Lediglich für die Gießerei der Stahlwerke in der Stadt werden noch Leute gesucht.«

Ich legte den Brief auf den Tisch. In der Schule hatten wir einmal eine Gießerei besucht. Es war entsetzlich gewesen, diese Hitze, diese stickige Luft – und all die schwarzen Männer vor den Riesenkesseln mit dem rotflüssigen Eisen ... Ich konnte mir den schmächtigen Bruder in diesem Inferno einfach nicht vorstellen, ihn, der so geschmackvoll die Torten seines Onkels garnierte und in der Freizeit so duftige Aquarelle malte. Es war ein schlechter Trost zu wissen, daß er nicht mit Leib und Seele Bäcker war. Immerhin konnte er beim Tortengarnieren seiner künstlerischen Begabung Ausdruck verleihen, indessen die Arbeit in einer Gießerei für ihn ungefähr dasselbe sein mußte wie früher die Galeerenstrafe für einen unschuldig Verurteilten ...
Ich trat ans Fenster und blickte in die Nacht hinaus. Kein Stern tröstete mich. Über die Dächer der Altstadt hinweg erkannte ich nur schwach die Umrisse der Universitätskuppel. Alle, die mir lieb waren, hatten ihre geistige Heimat dort. Ich aber, die ich inbrünstig nach dieser Stätte des Wissens und der Bildung verlangt hatte, war eine hoffnungslos Ausgesperrte. Auch eine Galeerenstrafe, dachte ich voller Verbitterung. Hans und ich, wir waren beide unschuldig zu den Galeeren verdammt ...

ANNEMARIE SCHWARZENBACH
Das glückliche Tal

Aber ich lerne furchtbare Ermüdungen kennen. Manchmal, wenn ich einen Hügel erklimme, muß ich atemlos Halt machen, meine Füße tragen mich nicht mehr, und die Dunkelheit kommt zu früh. Dort, der gelbe Streifen am Horizont, am erkaltenden Himmel – welche Landschaft empfängt seine letzten Flammen? Noch ehe ich einen Blick tun konnte, wird sie versinken, für immer. Und die Schiffe auf dem Grund des Meeres, die begrabenen Städte, die Paläste unter dem Wüstensand – meine Ohnmacht erstickt mich! Und die Zeit verrinnt, ungenützt – jede Stunde mit ihrer einzigen Erkenntnis, die ich versäumt habe. Verlorene Gesichte, verschwendete Hoffnungen, soviel vergebliche Qual – und ich bäume mich auf: schneller! Die galoppierenden Pferde, die fliehenden Wolken einholen! – Ach, in der Morgendämmerung die seligen Inseln, ihre Ufer, gebadet in Licht! – Wo erwarten mich die großen Tröstungen – wo endlich?

Ich bin allen Demütigungen ausgesetzt. Das kleinste Hindernis wird mich zu Fall bringen. War ich vermessen? War es zu früh, die himmlischen Scharen zu begrüßen, die Vision der Zukunft? – Meine Erschöpfung kann kaum den Tag überstehen! Und ich mahne mich zur Vorsicht: »Dämpfe deinen Jubel. Lege deiner Ungeduld Zügel an. Beschwichtige dein Herz. Laß ruhen ...« Aber was hilft mir alle Voraussicht? Inzwischen hat der Schmerz die Dämme eingerissen und ist uferlos geworden. *Uferlos:* die morgigen Wege überflutet.

Ich muß lernen, auf dem Wasser zu gehen und mit unverletzten Füßen das Feuer zu durchschreiten. Ich lerne, an Wunder zu glauben: *das Wunder ist mein tägliches Brot.* So nur harre ich aus, so nur ertrage ich es, ohne Hoffnung und ohne Voraussicht zu sein. Der Tag hebt erst an: Entzückungen auf allen Fluren.

In diesen Ländern durchwandere ich alle Zeitläufe. Die Trennungen der Jahrhunderte sind aufgehoben, die alten Denkmäler werden zu Bildern des unaufhörlich Wiederkehrenden, und die flüchtigen Spuren der Stunde sind Zeichen einer ewigen Übereinkunft. Könnte man auf solche Weise die Gesetztafeln wiederfinden? Welche Entdeckungen sind mir noch zugedacht? – Geduld! Manchmal weiß ich nicht, ob ich einem Martyrium ausgeliefert wurde oder einer namenlosen Freude. Die Fülle bestürzt mich, ich kann keine Auswahl mehr treffen, ich irre durstig in den Weinbergen und schlafe unter Dattelpalmen, die mich mit ihren Früchten überschütten. Ich berühre alles: Gras, Rinde, Schale und Kern, die rauhe Wolle der Schafe, den in der Sonne gebackenen Lehm, die Kühle des bauchigen Tonkruges, die flachen Brote, die ungesalzen und warm aus den runden Öfen kommen, das zischende Eisen, die Löwenhäupter aus Stein, die blauen Perlen, die Amulette – alles mit ungeteilter Zärtlichkeit. Ich halte den Wind in den Büschen und neige mich über die dunkle Brunnentiefe. Keine Erinnerung knüpft Fäden, kein Name Bekanntschaften, und das Licht dieser gesegneten Tage ist so klar, daß sich kein Schatten zwischen mich und die Gegenstände schiebt: ich begegne ihnen unvermittelt. Die Schwere einer Felswand stürzt auf mich – sie ist zu hoch, mein Auge kann sie nicht ermessen. Ich gehe weiter, ein Tal öffnet sich, die Abhänge zur Linken sind von Terrassen gestreift, zur Rechten viereckige, ährengelbe Felder, eine zusammengedrängte Herde von Lehmhäusern, darüber eine weiße Moschee, gekrönt von einer blaugrünen Kuppel. Den Talausgang verschließt eine weiße Bergwand. Der Himmel ist durchsichtige, zerfließende Helle.

Und ich schaue – Versunkenheit, schmerzlose Stille – und höre die Sphären kreisen. Wunderbares Ineinander von Lichtstreifen, die mit dem Abend geboren wurden und durch das unbefleckte Gewölbe geistern, unschuldig wie junge Tiere, unheimlich anmutig wie Nebeltänze am Waldsaum, schnell und sprühend wie Feuerkugeln. Die Bergwand ist ein eherner Schild geworden, auf seinen Rand prasseln die Blitze der Einsamkeit. Meine ermüdeten Augen kehren in die versammelte Talnähe zurück, da sind die Abhänge in Dunkelheit getaucht, die Terrassen erloschen, die Felder in Schlaf gesunken, die weiße Moschee – eine blasse Mondsichel –, der Nachtfrieden ist sanft wie Tau.

In einer frühen Stunde vernehme ich den Gesang der Noriahs und begegne den Ersten Menschen. Ich komme aus der Steinwüste, aus einer langen Dämmerung – die Sonne war eine Larve und lag unbeweglich an der Scheide zwischen Tag und Nacht. Kälte und kraftloses Licht hielten die Ebene in bleierner Umarmung. Steinwüste: das ist armes Land, worin welke Grasbüschel beständig nach Atem ringen und ihre Samen in den Wind streuen wie durstige Rufe ... Zuletzt wand sich mein Weg über nackte Felsplatten, die den Rücken von Schildkröten glichen. Im Osten, wo noch immer der Sonnenball leblos verharrte, wußte ich die Welt ungeboren, unter Sandfluten. So lange dauerte die Reise im Zwielicht – mir wollte der Mut sinken. Da hörte ich von weit her, aber deutlich und unmißverständlich das Singen großer Wasserräder: ein Balken, der sich mühsam um seine Achse dreht, das Knarren hölzerner Speichen – und gurgelnde Flut, aus der Flußströmung gefangen und in klappernde Schaufeln geschöpft, emportgetragen im Schwung des mächtig kreisenden Rades, ausgeschüttet und in geglätteten Holzrinnen den Kanälen zugeführt, den Feldern, den wartenden Gärten. Ein ganzes Netz von Kanälen verteilt sich über die grünende Erde, da erklingt die Musik des Wassers wie liebliches Saitenspiel!

Und die serene Heiterkeit des Morgens ... Lämmer tummeln sich auf einem Wiesenstreifen, wollige Schäferhunde umkreisen die Herde, die langsam zu den Hügeln zieht. Die Hirten in großen Mänteln aus steifem Filz und die Bauern hinter dem Stachelpflug, der, von einem Ochsenpaar gezogen, einen dünnen Saum schäumender Schollen wirft. Zum Flußufer steigen unverschleierte Frauen hinab, den Nacken gebeugt unter dem federnden, von zwei Eimern beschwerten Joch. Andere, den Tonkrug auf dem Haupt, eine Hand in die Hüfte gestützt, wandeln auf den Pfaden zwischen Bananenblättern. Und überall das Gespinst silbriger Adern, so weit der Blick reicht ... Auf einem entfernten Acker geht ein Mann in weißem Tarbusch und treibt mit rauhen Rufen seine Esel an. Der breite Schatten der Noriahs bewegt sich langsam über die Felder wie der Zeiger einer Sonnenuhr. Schon nähert sich die Erschlaffung der Mittagsstunde, die sieben Ährengarben ruhen unter einem staubigen Feigenbaum. Jenseits des Flusses, auf den Hügelstufen, liegt, von kobaltenem Licht umflossen, die weiße Stadt.

Wundere ich mich, daß meine Augen manchmal blind werden möchten und Einkehr halten in ein regloses Mondtal?

Aber bald jage ich Schakale in den Wüsten Mesopotamiens, wo die alten Kanäle versanden, die alten Dämme eingestürzt sind, die Flüsse ihren Lauf verändert haben und die Städte, die sie einst an ihren Ufern speisten, in Staub zerfielen und versanken. Ich schieße Wildenten in den Sümpfen von Birs Nimrod, ich ruhe im Schatten des Babylonischen Turmes, und am Morgen betrete ich die erstorbenen Gassen, steige auf den zerfetzten Hügel, wo einst Burg und Tempel thronten, und halte vergeblich Ausschau nach den hängenden Gärten. Da ist die mit Gold gepflasterte Straße der Prozessionen: Gras überwuchert die Fliesen, darauf schläft ein Hirtenknabe, der Kopf ruht auf dem Rücken seines Lammes. Knabe Daniel, schau auf, daß ich der Unschuld Deiner Augen begegne!

Ich bin schon zu lange an diesem Ort geblieben, der die sieben Wunder der Welt versammelte und die Pracht der Sünde. Einst ging der Held Gilgamesch über die Roßweiden, die Schenkel mit Erz umkleidet, und die Menschen wohnten in geflochtenen Hütten aus Stroh und Schilf. Abel hütete die Herden seines Vaters und zündete sein Opferfeuer an. Und bärtige Engel wachten an den Löwengruben. Aber seitdem der junge Abel erschlagen wurde, brennt das Mal des Bruderverrates auf unseren Stirnen. Unauslöschliches Vermächtnis! Jakob hinterging Esau, die Elf verkauften Josef, die Heimtücke geht um im Schutz der Nacht und malt die Türpfosten rot. Sucht die Schuldigen! Soldaten, schwärmt aus und erwürgt die Kindlein von Bethlehem! Richtet die Kreuze auf, und daß ihr mir Keinen verschont ... Im Namen der Gerechtigkeit, im Geiste des Erbarmens, denn wir sind alle schuldig voreinander, Hörige des ersten Sündenfalls. Fragt eure Pharisäer, eure Priester, Richter, Schriftgelehrten: so nur erklären sich alle Frevel. Und die ungesühnten Heerscharen unserer erschlagenen Brüder ziehen vorüber...

Welches Entsetzen breitet sich aus? Pharisäer, welche Versöhnung bietet ihr, mit welchem Gott, um welchen Preis? – Ich hatte vergessen, vergessen die furchtbare Handelseinigkeit der Welt! Knabe Daniel, schau auf! Du und ich, wir wollen uns nicht fürchten. Der König von Babylon hat sein Recht verloren, der Stein Hammurabis liegt in Trümmern, Gras wuchert in Tempelhöfen, die Prinzessinnen schlafen neben den Schuldknechten, die Tore der Gefängnisse stehen offen, und Du stiegst unverletzt aus der Grube. Fürchten wir uns nicht, fürchten wir uns nicht! Ach, die Verwirrung der Sprachen, die Pracht der Sünde! – David, Deine Stimme vermag das Herz des Königs nicht mehr zu rühren...

Auf was lausche ich noch? – Über diesen Ruinen herrscht eine unmenschliche Stille, und draußen weht der Wüstenwind, beständig wie Flut und Ebbe, den gelben Sand über die letzten Wälle. Ich muß den Staub von den Füßen schütteln, mich hat Furcht angerührt – welche Furcht? Vor einer längst verdorbenen, längst in Asche gesunkenen Welt? Was kümmert mich der Flammenpfuhl von Babel. Ich trete die Reise nach Süden an, dort harren Königsfriedhöfe, Gräber, bis zum Rande gefüllt mit herrenlosen Reichtümern. Es wird eine Lust sein, im Gold zu wühlen, das die Diebe genarrt hat, und die Edelsteine, Perlen, Halsbänder, Arm- und Stirnreifen, die Schlangenhäupter kostbarer Spangen durch die Hände gleiten zu lassen. Die Kette aus Lapis Lazuli, für die bleiche Schönheit einer Prinzessin bestimmt – unnütz wie ein Rosenkranz –, und das diamantene Diadem, das keine gekräuselten Locken mehr schmückt: ich werde mich berauschen an der Vergänglichkeit der Herrscherhäuser, ich werde den Weihrauchduft verwehter Asche atmen. Und endlich werde ich in das tote Flußbett hinuntersteigen, zu den raschelnden Eidechsen, und werde des Nachts die Schakale bellen hören. Im Schatt-el-Arab wird die Reise enden, in den Fiebersümpfen von Bassorah. Dort stoßen im Mondschein die Fähren ab, und die Perlenfischer von Kuwait entfalten die Segel ihrer gebrechlichen Boote. Ja, diese Reise wird einmal ein Ende nehmen, eines Tages werde ich den Strand des Meeres erreichen, die Küste des Golfes von Persien, und meine Augen werden nichts mehr sehen als den runden Horizont. Dort steigen, zwischen Himmel und Wasserspiegel, schräge, mit gedämpftem Licht gesättigte Strahlen auf und nieder, Leitern der letzten Vermählung. Ich werde ruhen auf den Dächern von Kuwait und die Fische des Sultans essen. An seinem Hof, in seiner Stadt soll ein buntes Leben herrschen. Die geschmeidigen Söhne schwarzer Sklaven vermischen sich mit arabischen Buhlknaben, und die Familienväter verkaufen ihre Kinder an ungeschlachte Würdenträger. Nicht der Not gehorchend – nur den alten Gesetzen der Freude. Denn in der Stadt herrscht Überfluß, das Meer trägt Perlen und schillernde Nahrung an den Strand, mühelos ziehen die Fischer ihre schweren Netze ein, und im Basar häufen sich die Schätze Arabiens; Trägheit und Flötenspiel paaren sich im Schatten der Häuser, Gastfreundschaft empfängt den Fremden. – Meerblaues Kuwait! Ich werde meinen Durst mit Eselmilch löschen und meinen Hunger mit unbekannten Gewürzen reizen. Ich erwarte die Glut Deiner Winde, die Erfrischungen Deiner bemalten Fächer – eine bleiche Ohnmacht erwartet mich...

Und ich werde zum Hafen schlendern, abends wenn die Schiffe heimkehren. Mit flatternden weißen Segeln sehe ich sie einbiegen in die anmutige Bucht. Lichte Heiterkeit des Abends...

Ein Ziel erreicht, überstanden Mühsal und Gefahr. – Und was? – Verhallt das dumpfe Dröhnen der Karawanen? – Und ich werde entlöhnt wie ein Kameltreiber am Tor der Totenstadt? – Meine Spuren im Sand verweht, meine Anstrengungen vom Wind weggetragen? – Viel Aufwand um die Fische des Sultans! – Herr, ich habe keinen Lohn verlangt, und es war von keinem Ziel die Rede. Welche Verfehlung habe ich also auf mich geladen?

Keinen Götzendienst getrieben, mir keine falschen Bilder gemacht – ach, marternde Erschöpfung! Die Vögel des Himmels speisen mich nicht mehr – und jetzt: Zuckerwerk und Flötenspiel? Welchen Bezauberungen soll ich mich zuwenden? – In jener Stadt soll es unerhörte Gifte geben, ich werde in einen nie gekannten Schlaf sinken, Gelächter wird meine Träume schütteln, ich werde ein Seiltänzer sein in schwindelnder Höhe über dem Volk des Marktplatzes. In welchen Künsten werde ich mich üben, in welchen Freuden, in welcher Vergessenheit!

Gaukler, Magier, Feueranbeter, Schlangenbeschwörer, ich mißtraue euren Kenntnissen nicht mehr, sie sind erlernbar. Ich nehme teil an den Mahlzeiten der Haschischesser und Opiumraucher, ich schmecke den Tod der irdischen Genüsse ... ach, fürchterliche Linderung!

Meine Schläfen zerspringen, ich muß die angesammelten Bilder, die gehäuften Qualen zerstreuen, mich auf Hängebrücken wiegen, baden in kühlen Schaumkronen. Seht den Schweif der Kometen und wie sie zischend verlöschen – das Meer glättet sich und verlangt nach dem Mond –, ich spiele mit silberbärtigen Delphinen, ich versinke – kein stechender Atem mehr, eine sanft rollende Flut trägt mich hinweg. – Und es ist noch nicht aller Tage Abend geworden? – Betrug, Ohnmacht, Angst – was erwarte ich, welche Umarmungen sind noch für mich bereit? Fliehen, fliehen – *fliehen* –, schweißüberströmt knie ich im Wind, wohin mich wenden? – Mutter! – So lebt man nicht ...

Die Samariter kamen des Weges und lasen mich auf. – »Dein Ziel, arme Seele?« – Ich mußte lügen: Die Stadt Kuwait, die glücklichen Küsten – schlechter Trost! – Kein höhnisches Lächeln auf euren Lippen? – Warum waltet ihr nicht eures Amtes und übt Barmherzigkeit? – Einen Schluck Wasser für meine durstigen Augen!

Das Fieber vorbei – ich habe geweint, bis mein Herz erschöpft, mein Kopf ganz leer geworden war. Als ich dann aufstand, um meinen Weg fortzusetzen, sah ich die leeren Horizonte in einem unnachsichtig klaren Licht. – *Ja, um den gleichen Weg fortzusetzen* – was anderes bliebe mir zu tun übrig? »Aber du kannst Halt machen, kein Gesetz zwingt dich, du hast niemandem dein Wort gegeben, bist an kein Ziel und an keine Zeit gebunden – warum so eilig? Zehre ein wenig vom Reichtum deiner Erinnerungen, gönne dir ein wenig Beschaulichkeit, erlaube dir den Umweg zu grünen Oasen, nimm in ihren lauschigen Gärten teil an den einfachen Freuden des Mahls: du wirst satt werden und eine angenehme Ermüdung verspüren. Lockt es dich nicht, in den aufgeschlagenen Büchern Heldengedichte und Liebeslieder zu lesen? Die Lust goldroter und persischblauer Miniaturen zu entdecken? – Äußere einen Wunsch, aber laß ihn erfüllbar sein, stell dir neue Aufgaben, aber sei sicher, sie zu lösen, nenne einen Feind, den du besiegen wirst in ritterlichem Spiel. Wieviel Zerstreuungen wären leichten Herzens einzutauschen gegen die Mühsal des einförmigen Weges – lockt dich der Vorteil nicht? Losgelöst vom starren Brand mittäglicher Wüsten, werden sich deine Augen ergötzen an der unverhohlenen Lieblichkeit unserer zahmen Gazellen in der Waldlichtung. Dein Trotz ist besorgniserregend: was erwartet dich am Rand eisiger Nächte?«

Laßt mich! – Mich ergreift, ich weiß nicht, welche Verzweiflung beim Anblick eurer frischgefärbten Teppiche. Ich bin nicht trotzig, sondern ratlos. Entlaßt mich aus eurer Sorge!

Meine Pferde sind nicht schnell genug? Meine Waffen nicht geschliffen, mein Schild nicht gehärtet? Die ungezähmten Falken, die ich aussandte, werden nicht zurückkehren? – Ach, ich rühme mich keines besonderen Schutzes! Mein Mut reicht nicht besonders weit, manchmal halte ich kaum meine fünf Sinne beieinander, ein Rauschen in den Zweigen macht mich zittern. Die Windmühlen des Don Quichote sind noch greifbar gegen die Schrecknisse, denen ich ausgesetzt bin, meinen Zweifeln drohen täglich neue Bestätigungen. Und die Furcht hat mich angerührt – die Furcht ohne Antlitz, ohne Namen. Sie geht manchmal vor mir her wie ein Todesengel, dann erlöschen die Fluren, und die weißkrustigen Ufer der Salzseen breiten sich aus. Was bleibt mir? Der Abdruck zierlicher Hufe, Muscheln, Gräser, versteinerte Salamander, der Trauerruf ziehender Vögel. Ich weine – niemand hört mich. Schreckliche Vergeblichkeit jeder Auflehnung? Die lastende Schwermut fremder Zonen! Die Furcht, das einsame Verlangen ...

Ich muß die Bilder wiederfinden, die meine Seele liebt. Weiß ich, an welchen Horizonten sie suchen?

Ich erhielt das Geschenk einer fürchterlichen Freiheit ...

Ella K. Maillart
Die Idee

»Hoffentlich ist es morgen wärmer, wenn ich dich zum Bahnhof bringe, sonst kann's passieren, daß der Wagen zusammenkracht, denn diese Kälte wird er nicht mehr aushalten.« Christina sagte das ganz beiläufig, ich hörte es kaum, denn ich war mit meinen Gedanken noch immer in Prag: sie hatte gerade die Seele jener Stadt beschrieben, das Leben ihrer tschechischen Freunde, deren völlige Verzweiflung und Hilflosigkeit, da Hitler erbarmungslos, unaufhaltsam näherrückte.

Wir blickten aus dem kleinen Fenster ihres Bauernhauses im Engadin. Es war tiefster Winter. Wolken verhüllten die gegenüberliegenden Hänge des Fextales, wo wir am Morgen zwischen schimmernden rotbraunen Lärchen Ski gelaufen waren. Ein niederer, düsterer Himmel drückte auf das Tal – schattenlos lag es da, tot. Trotz der hohen Gebirgslage sah das Land flach aus und weit, denn das Haus stand am Ufer eines Sees, der jetzt unter einer dicken Schneeschicht fest zugefroren war. Nur diese trostlose, weite Fläche lag zwischen uns und dem Horizont im Süden, wo der Malojapaß nach Italien führt.

Christina hatte wohl hinzugefügt: »Der Wagen ist ausgeleiert, Vater hat mir aber einen Ford versprochen.« Ich hörte nur den letzten Namen, und dadurch kam alles.

Dieses eine Wort genügte – herumflatternde Gedanken vereinten sich zu richtiger Folge, vage Wünsche kristallisierten sich zu einem festen Plan. Wie ein langgezogenes Echo hörte ich eine Stimme sagen, die die meine zu sein schien:

»Einen Ford! Das ist der Wagen, mit dem man die neue Hasarejdschatstraße in Afghanistan hinauffahren sollte! Auch Persien sollte man im eigenen Wagen durchqueren. Vor zwei Jahren bin ich in Lastautos von Indien nach der Türkei gerattert – diese Reise werde ich wohl nie vergessen, mit all dem Staub und Dreck, den vielen Pannen, der Inbrunst der Pilger, dem Übernachten im Freien neben der Straße oder in überfüllten Karawansereien, den Polizeikontrollen in jedem Dorf und – das schlimmste – dem Zwang, bei den Camions zu bleiben, statt nach Belieben umherziehen zu können.«

Ein diffuses Licht in den Wolken über dem Malojapaß schien den Weg zu weisen: nach einem Abstieg von fünfzehnhundert Metern in die Wärme der Lombardei würde er sich durch den Balkan winden und uns zum Bosporus führen, dem Tor zur Unendlichkeit Asiens – mein Geist befand sich bereits in Persien.

»Im Osten des Kaspischen Meeres werden wir zum alten Turm Gumbad-i-Kabus fahren und unter den persischen Turkmenen kampieren; möglicherweise haben die noch ihre alten Sitten und Bräuche bewahrt, die ich bei ihren von den Sowjets modernisierten Stammesbrüdern vergebens gesucht habe. Wir werden die goldene Kuppel des Grabmales von Imam Reza sehen – eine kompakte, glatte, kostbare Schale, die zum Himmel ragt. Dann kommen wir zu den riesigen Buddhas im klaren Bamiantal und zu den unwahrscheinlich blauen Seen des Bend-i-Emir. Danach geht es weiter die Nordseite des Hindukusch hinunter, das Tal des mächtigen Oxus hinauf, wo wir in den Bergen verschwinden werden, bevor uns ein Verbot aus Kabul daran hindern kann. Dort leben in einer Gegend, in der ich mich glücklich fühle, die Menschen, die ich studieren möchte: Bergbewohner, die nicht durch künstliche Bedürfnisse versklavt sind, freie Menschen ohne den Zwang, ihre tägliche Produktion zu steigern. Läßt man uns nicht nach Kafiristan, können wir durch Indien fahren, die Burmastraße nehmen und bei den Lolos in Osttibet bleiben. Wenn ich neues Material über diese Stämme gesammelt habe, werde ich endlich in die Gemeinschaft der Ethnologen aufgenommen werden. Dann wird alles gut sein: Ich werde einer wissenschaftlichen Organisation angehören, es wird mein Beruf sein, in der Welt umherzuziehen, ich werde nicht mehr Bücher schreiben müssen, um mir mein Leben zu verdienen.«
Eine Macht, die unter meinen Worten schlummerte, hatte einen Plan geboren, der bereits so reif war, daß er sich von selbst aufdrängte; es war wie das Zauberkunststück des Mangobaums.

Schließlich kam Christina zu Wort: »Als ich in Teheran

war, hatte ich mir immer gewünscht, weiter nach dem Osten zu kommen, wo die Menschen ihre alte traditionelle Lebensweise noch nicht aufgegeben haben.«

Ihre Stimme brachte mich in die Gegenwart zurück. Prüfend blickte ich sie an; obwohl sie sich von einer monatelangen, höchst anstrengenden Kur noch nicht ganz erholt hatte, war der Ausdruck ihrer Augen gesund und entschlossen. Um diese neue Strömung mit den erstbesten Steinen, deren ich habhaft werden konnte, einzudämmen, sagte ich:

»Christina, ich hab' ja Unsinn geredet! Bevor du nicht zehn Kilo zugenommen hast, ist gar nicht daran zu denken, solche Strapazen durchzumachen. Außerdem, wer würde uns finanzieren? Und der Krieg wird sowieso bald losgehen ... Und wenn nicht, muß ich wohl eine Vortragstournee durch die Staaten machen.« Mein Hauptargument brachte ich gar nicht vor: angenommen, sie wäre bald wieder hergestellt, wie lange könnten wir es miteinander aushalten?

Obwohl sie wahrscheinlich meine Gedanken erriet, erwiderte sie nichts – nichts! Ihre zarte Hand hielt eine Zigarette, die Haut spannte sich dünn wie Seidenpapier über den gelben Knöcheln. Sie saß auf der Bank – die Brust eingefallen, ihr knabenhafter Körper lehnte sich an den großen Ofen in der Zimmerecke, die Knie hielt sie umklammert. Ohne die Spannung, die von ihr ausging, wäre es in diesem Bauernhaus (die rötliche Maserung der Zimmertäferung aus Arvenholz mit den mandelförmigen Astmasern wirkte wie Moiréseide) sehr geruhsam gewesen, während draußen der Sturm heulte. Tisch und Wände fühlten sich, fuhr man mit der Handfläche darüber, glatt und wohltuend an.

Obwohl scheinbar gelassen, war Christina mit Unruhe geladen.

Äußerlich ruhig wie gewöhnlich, war ihr farbloses Gesicht ein Symbol, das ich zu deuten suchte: es spiegelte nichts vor, es war ein »einfaches« Gesicht, es war offen, ungekünstelt, nicht von sich selbst eingenommen. Unter der Fülle des kurzgeschnittenen Haares schien der Kopf zu groß zu sein, zu schwer mit Gedanken befrachtet für ihren so gebrechlichen Hals. Die Stirn war nicht hoch, aber fesselnd durch ihre Breite, ihre Entschlossenheit – zuweilen fast Starrköpfigkeit.

Ich wußte, daß sich hinter dieser Stirn oft Gedanken zu einem hohen Flug aufschwingen konnten, sowie sie eine Besessenheit überwunden hatten, die mir noch nicht ganz klar war. Die weitauseinanderstehenden Augen zeigten unter Brauen, die viel dunkler als ihr Haar waren, wechselnde Schattierungen von dunkelblauem Grau. Diese Augen gehörten zu einer Seele, die Schönheit liebte und oft vor einer unharmonischen Welt zurückschreckte; sie konnten strahlen vor Begeisterung, vor Liebe, sie konnten einen anlächeln, aber lachen sah ich sie nie. Wenn man die Nase genau betrachtete, stellte man fest, daß sie fleischiger war als man zuerst annahm; sie deutete darauf hin, daß Christinas Konstitution vielleicht doch nicht so schwach war, wie sie zu sein schien. Um den bleichen, unregelmäßig geschnittenen Mund lag Melancholie – die Lippen inhalierten mit stummer Gier Rauch. (Ihre Zähne nahmen stets eine dunklere Färbung an, wenn ihre Vitalität nachließ, hatte sie mir erzählt.) Das kleine Kinn wirkte besonders jugendlich und erinnerte an ein versonnenes Kind, das Schutz sucht. Ihre Hände glichen denen eines geduldigen Künstlers, der mit seinem Meißel eine klare Linie zu ziehen versteht. Ich habe gesehen, wie sie nacheinander sieben Bogen in die Schreibmaschine spannte, bevor ein bestimmter Satz die Vollkommenheit erlangt hatte, die allein sie befriedigen konnte. Schreiben war der Gottesdienst ihres Lebens, er beherrschte sie ganz und gar.

Ihr ernster Ausdruck gehörte zu ihrem Streben nach Einhaltung der Formen. Mit einem unordentlichen Gesicht wie dem meinen würde sie sich nie gezeigt haben. Auf diesen merkwürdigen, gespannten Ernst war es hauptsächlich zurückzuführen, daß sie von einem gemeinsamen Freunde der »gefallene Engel« genannt wurde. Die Anmut ihres zarten Körpers, die blassen Schläfen, die die Nachdenklichkeit ihres Gesichtes betonten, wirkte ungemein stark auf jene, die von der tragischen Größe der Androgynie angezogen werden. Um meine Furcht zu zerstreuen, erwiderte sie schließlich energisch:

»Kini – ich muß fort von hier! Ich bin erledigt, wenn

ich in unserem Land bleibe, wo ich keine Hilfe mehr finde, wo ich zu viele Fehler begangen habe, und wo die Vergangenheit zu schwer auf mir lastet... Ich hatte daran gedacht, nach Lappland zu gehen, aber viel lieber möchte ich mit dir nach Afghanistan fahren. Weißt du... ich habe noch nicht gelernt, allein zu leben! Bei deinen ethnologischen Forschungen im Gebirge brauche ich dich ja nicht zu begleiten. Du bist ja mit den Hackins befreundet, und vielleicht könnte ich ihnen bei ihren Ausgrabungen behilflich sein. Du weißt ja, daß ich schon mit Archäologen in Syrien und in Persien zusammen gearbeitet habe.«

Nach kurzer Pause fuhr sie fort: »Du machst dir Sorge wegen meiner Gesundheit, und ich gebe zu, daß ich noch schwach bin. Aber du kennst meine Konstitution nicht. Du brauchst nur die Ärzte zu fragen; denen ist es ein Rätsel, daß ich mich immer wieder erhole. Ich verspreche dir, jetzt jeden Tag Ski zu laufen statt soviel zu rauchen; dann bekomme ich mehr Appetit, esse mehr und nehme zu. Und was das Geld anbelangt, so müssen unsere Verleger einspringen. Ich bin gerade mit meinem letzten Buch fertig geworden und kann einen Vorschuß auf eine Geschichte über Afghanistan bekommen. Auch das ›Geographical Magazine‹ wird uns helfen.« Mit noch verhaltenerer Stimme fügte sie hinzu: »Ich bin jetzt dreißig. Es ist die letzte Chance, mich in die Hand zu bekommen. Diese Reise wird keine himmelhochjauchzende Eskapade werden, als wären wir noch zwanzig – das ist unmöglich, da die europäische Krise von Tag zu Tag zunimmt. Diese Reise muß uns endgültig auf die Beine bringen; wir können uns gegenseitig dazu verhelfen, vernünftige, verantwortungsbewußte Menschen zu werden. Mein blindes Herumtappen im Leben ist unerträglich geworden. Was ist der Grund, der Sinn dieses Chaos, das Menschen und ganze Völker vernichtet? Und ich muß doch etwas mit meinem Leben anfangen können, es muß doch etwas geben, wofür ich froh leben oder sterben möchte! Kini... wie lebst du?«

»Also hör mal. Wir wollen praktisch sein. Wir haben schon lange ausgemacht, daß wir uns erst selbst besser kennenlernen müssen, bevor wir etwas anderes wissen können. Wir haben auch festgestellt, daß das Chaos um uns mit dem Chaos in uns im Zusammenhang steht. Aber vor allem mußt du kräftiger werden, darfst nicht mehr deiner Gesundheit auf Gnade und Ungnade ausgeliefert sein. Bist du gewillt, in den nächsten Monaten deine wunderbare Energie dazu zu verwenden, einen neuen Körper für deine wiederhergestellten Nerven zu schaffen? Wirst du aufhören, dir den Kopf über Probleme zu zerbrechen, die du doch noch nicht lösen kannst? Sag nicht einfach ›Ja‹, um mich zu beruhigen, sondern mache dir klar, was du dir selbst schuldig bist. Du hast zum Beispiel oft gesagt, du würdest mit deinen ganzen Kräften gegen Hitler kämpfen, wenn der Krieg ausbricht; aber wie willst du das tun, wenn du nur ein Schatten bist?«

Ich sprach so kategorisch wie möglich, aber ich wußte, welche Qual sich hinter Christinas einfachen Worten verbarg. Und tief im Innern, wo das Leben geheimnisvoll und ruhig dahinfließt, sprach ich ein stilles Gebet: »Hätte ich doch nur die Möglichkeit, dir zu helfen, ungeduldige Christina, die du so gequält wirst von der Unvollkommenheit der menschlichen Natur, so bedrückt von der Falschheit des Lebens, von der Parodie der Liebe um uns herum. Möge es mir, wenn wir zusammen reisen, vergönnt sein, dich nicht zu enttäuschen, mögen meine Schultern so stark sein, daß du dich auf sie stützen kannst. Ich werde mit dir auf der weiten Erde auf denselben Straßen wandern, auf denen ich schon gewandert bin – in meinem Innern habe ich schon längst begonnen, mir Fragen zu stellen, die den deinen gleichen; möge das Geringe, das ich habe erkennen können, dir helfen, das zu finden, was jeder von uns allein finden muß!«

Regina Ullmann
Die Verwandlung

Ein Brief hatte sie gerufen. Der Brief einer zeitweilig im Auslande lebenden Freundin. Ein höchst unzufriedener, Rüge erteilender Brief. »Ich habe Dir mein Stadthaus zur Verfügung gestellt, weil ich annahm, daß die, welcher Du es als ›Schutzdach‹ zugedacht, dasselbe schonlich, ja liebreich behandeln würde. Du weißt, daß die Dinge, die es enthält, einer solchen Sorgsamkeit bedürfen, daß sie gewissermaßen auf sie angewiesen sind. Du hast mir versichert, daß Deine Freundin Maria die gegebene Hüterin sei. Und wir dürfen wohl beide sagen, wir haben es als sicher angenommen; Du, weil Du in ihrem Hause gelebt hast, und ich, weil ich mich auf Deine Wahrnehmungen stets verlassen durfte. Und nun berichten mir Dritte, die ich mit Maria bekannt machen wollte, und die sie auch zu sich hereingebeten hatte, daß die Räume in einem Zustand des Verfalls sich befänden. Und daß, wenn man die darin befindlichen, gebrechlichen, lieben Dinge noch retten wolle, man das Mädchen, die Bewohnerin des Hauses, unverzüglich entfernen müsse. Es ist mir peinlich, Dir dies mitzuteilen, weil sie ja Deine Freundin ist, wie ich es selber bin. Aber je früher Du Dich entschließest, nach dem Rechten zu schauen, desto besser mag es für alle Teile sein. Denn auch Maria, die Du mir doch als sorgsam gepriesen hast, kann sich in einem so ungewöhnlichen Zustand nicht wohl und nicht behaglich fühlen; ja, es scheint mir auch für sie dringlich und ratsam, ihn so bald als möglich aufzuheben.« Den Schluß des Briefes las man gar nicht mehr. So sehr befremdeten die Empfängerin die unterrichtenden Zeilen. Man machte sich bittere Vorwürfe, das liebe Wesen quasi vergessen zu haben. Man eilte zu ihm wie zu einer Kranken, deren hoffnungsloser Zustand von Dritten berichtet worden ist.

Und die Mitteilende, das erkannte man unverzüglich, hatte sich keiner Übertreibung schuldig gemacht. Ganz im Gegenteil: man würde kaum den Mut finden, den Zustand, in dem man die Räume vorgefunden, bis ins einzelne zu schildern. Die Sammetvorhänge in edelgerafften Falten hatten die sie freilich gut kleidende Schattierung erhalten, wie sie mählich sich ansammelnder Staub mit sich bringen muß. Eine tischhohe, blaue Biedermeiervase, die den Eintretenden im Hausflur ehedem mit einer unwahrscheinlichen Pracht, mit einem wahren Überschwang an Blumen zu begrüßen pflegte, sie war mit weißer Flickwäsche ausgestopft. Und wenn man diese herausnahm, konnte eine Schneiderschere, eine hölzerne Kugel, die beim Ausbessern der Strümpfe benötigt wurde und die aus Versehen herausfiel, die gläserne Herrlichkeit mit einem einzigen Schlage zu Scherben verwandeln. Eine ablehnende, fast feindliche Nüchternheit und Nichtachtung schien aus dieser Inanspruchnahme der kostbaren Vase zu sprechen. Ja, man mußte sich nur wundern, daß das Kunstwerk von seinem Verhängnis nicht schon ereilt worden war, daß es noch unversehrt an seinem Platze stand.

In dem Raume, in welchem die Sammetvorhänge waren, stand eine geradezu prätentiöse Sitzgelegenheit, der man die Geste der Höflichkeit direkt ansah. Aber dieses Sofa war in einem trostlosen Zustande! Und die zu ihm gehörenden Polsterstühle und Fauteuils – einer zerrissener, zerschlissener als der andere. Die Bewohnerin des Raumes saß eben jetzt auf dem letzten, der ihr zur Abnützung noch geblieben war. Die arme Maria. Auf diesen Stuhl hatte sie vielleicht aus der späten Erkenntnis heraus, ihn schonen zu sollen, einen vielfach zusammengefalteten Kaschmirshawl gelegt. Es war aber, als ob alles, was in den Bereich ihrer Behandlung gelangte, irgendwie Schaden nehmen müsse. Selbst an dem alten Tuche war kein guter Faden mehr. Und wenn man aus Beschämung, aus Bestürzung vor sich hin auf den Boden schaute, mußte man wahrnehmen, daß auch der hochempfindliche, aller Pflege bedürftige Teppich der Verwahrlosung nicht entgangen war. Ja, das Untergestell des Tisches, welcher einer Tafelrunde Friedrichs des Großen würdig gewesen wäre, das Fußgestell dieses geräumigen Tisches mußte sie noch als für unbegreifliche Zwecke geeignet befunden haben, denn da waren Ringe, wie sie heiße Gegenstände zu hinterlassen pflegen. Die feine Elfenbeinfarbe schien beleidigt, und niemand würde sie wiederherstellen und ausgleichend versöhnen können, wie sie seit Menschenaltern gewesen war. Sogar in die Luft war sie hinaufgelangt, die Gute. Und hatte einem venezianischen Lüster Rosetten und Blumenranken geraubt. Die waren einfach nicht mehr da. Wer möchte nicht lieber es sich ersparen, auch noch die Wände zu beschreiben, die durch Umstellung einzelner Gegenstände alte Umrisse bloßlegten! ... Es schienen Stunden zu vergehen, in welchen die Besichtigung stattfand, und es waren nur Augenblicke gewesen. »Maria«, sagte die Freundin, »wie hast du das fertiggebracht? Einen Raum so gründlich zu ruinieren? Du bist doch gewissenhaft, wie es nur die Frömmigkeit selber ist. Du bist achtungsvoll gegenüber fremdem Gute. Und die Rücksicht verbietet es dir, ja, sie macht es dir geradezu unmöglich, anders zu sein, dich anders zu verhalten. Zudem brachtest du den Dingen hier das zarteste, ja, ein liebendes Verständnis entgegen. Ich weiß es. Und nun und nun ...« Weiter konnte sie nicht reden. Ihr versagte das Wort. Wieder entstand eine Art luftleerer Raum, eine Pause, wenn man so will. Und nachdem die Sprechende in Gedanken forschend umhergesucht, sagte sie erschüttert: »Diese Verwandlung! – Ich weiß noch, wie du über uns hinwegsahst damals, als wir auf dein Haus zukamen, das du eben verkauft hattest. Damals, vor Jahren schon, muß es begonnen haben, das, was mich so befremdet, und was hier sichtbar geworden ist ...« Einer jener Monologe war's, bei welchen der, dem er zugedacht ist, daneben sitzt. Wie ein Schatten. »Warum bist du eigentlich damals fortgegangen? Warum hast du dein Haus und deinen Garten verkauft? Wie bist du auf die Idee gekommen, in die Stadt zu ziehen, und warum hast du dich so verspätet auf eine Schulbank gesetzt? Ich habe es dir nie sagen wollen. Aber nun kommt es auf eines hinaus. Ich habe gehört, deine Lehrer hier können es auch nicht begreifen. Sie können's nicht begreifen, daß du so ungewöhnliche Opfer bringst für etwas, dessen Ausgang ganz und gar ungewiß zu sein scheint. Was willst du eigentlich damit? Warum? Warum?« Es hörte sich wirklich großartig an, dieses Selbstgespräch. Dieser Monolog an den Lebendig-Toten. O nein, auch an sich selber gerichtet.

Denn auch sie wußte nicht, was all das zu bedeuten habe. Es war ihr nicht wohl bei dieser richterlichen Aussprache. Es fror sie sogar ein wenig. Es riß sie mit ins Ungewisse.

Nichts ist indessen so ungerecht, wie wenn man einen gütigen, großmütigen, ja einen hochherzigen Menschen rügt um eines Mangels willen, für den er nicht verantwortlich gemacht werden kann: der ihm vorenthaltenen Gedächtniskraft, die doch die Vorbedingung jeglichen Erfolges in den Wissenschaften ist. Um dessentwillen aber rügte man die Freundin eigentlich auch nicht, sondern darum, daß sie gegen eine Veranlagung angehen wollte, sie aus dem Wege räumen, als sei sie nur ein kleines Ding, das man mit einigem Kraftaufwand beseitigen könne: die Schwerfälligkeit des Denkens, die sie so rührend gekleidet, mit der man lächelnd und gerne und allzeit im voraus gerechnet, um die man sozusagen jedesmal rundherum gegangen war. Die ihr die Natur, ja, nicht nur die Natur, die Vorsehung selber mit auf den Weg gegeben hatte. So etwas Unbegreifliches: sich selber zu übergehen, ein anderer sein zu wollen als der, der man war! So kindlich auch. Den Beruf wie eine Verkleidung zu nehmen, sich geradezu eine Brille auf die Nase zu setzen, wie kleine Mädchen, wenn sie Großmutter spielen oder den Doktor vorstellen wollen, der zu ihren Puppen kommt. –

»O du rührende, du goldige Maria! Wie gerne möchte ich dich in die Arme nehmen und mit dir lachen und weinen. Aber nun hast du schon so viel drangegeben, so furchtbar viel: das Haus, den Garten, oh, mehr noch, mehr.«

Und doch habe ich es geschehen lassen, ging es ihr durch den Sinn. Gewiß, das Wort will uns oft schwer über die Lippen, wenn wir einen Menschen warnen sollen, der eben im Begriffe steht, eine verhängnisvolle Torheit zu begehen. Aber hier, hier hatte man nicht nur gewarnt und keinen Einspruch erhoben, sondern noch überdies die Schwierigkeiten, die die Zeit selber, in der es geschah, aufgetürmt, beseitigen geholfen. Indem man Maria das Haus der Freundin für die Zeit des Studiums angeboten hatte ... Dies gab man zu, aber damit sollte der Selbstvorwurf auch sein Bewenden haben.

Sie ging in ihrer freundschaftlichen Überheblichkeit jedoch noch um einen Schritt weiter und sagte zu der Gestalt, die die Hände auf den Knien liegen hatte, als müßten sie für immer da ruhen, als seien sie an einem Ende angelangt: »Du lebst geistig auf zu großem Fuße, zum mindesten weit über deine Verhältnisse. Du ladest eine der schrecklichsten Qualen auf dich, die der vergeblichen Mühen. Und Sorge und Not. Und Reue. O Gott, du arme, arme Maria! Was hat dich, die im liebenswertesten Sinne Bescheidene, dazu vermocht, verleitet? Wer steht dahinter? Was für ein Mensch ist das?« Dies sagte sie in weitauseinandergezogenen Worten, in einzeln dastehenden. Weil man aber – und das gerade in den Augenblicken der Bestürzung – doppelt denkt, so frug sich die Rechenschaftsheischende, ob sie nicht da ein Wort gesagt, das in der Gegenwart dieses reinen, unberührten Mädchens gar nicht hätte laut gedacht werden dürfen. Schon wollte sie alles wieder zurücknehmen, um nur die Gute getröstet zu wissen. Denn die vor sich hinschauenden Augen sandten Tränen nach, die den bäuerischen Aufputz des wie eine Tracht anmutenden Kleides hinabtropften. Und wieder dachte sie: Es hätte anders gemacht werden müssen, man hätte Maria unter einem jener halbwahren Vorwände aus dem Hause entfernen, man hätte ihr beistehen müssen, denn das ist die einzige Sprache, die der Freundschaft würdig ist.

Und voller Besorgnis sah sie, daß die Schultern der Weinenden wie von unsichtbarer Hand geschüttelt wurden, so, als sei sie gleichsam ein Gefäß und die hinterste, die letzte Träne müsse auch noch ausgegossen werden. Aber als es so weit war, trat eine beruhigende Stille ein. Und die, welche noch vor kurzem, nicht an sich halten könnend, gesprochen, dachte nun voller Zuversicht: Sie hat nichts von allem gehört. Ja, das Wort, das wie ein Mal auf dem Angesicht des damit Geschlagenen zurückbleibt, es schien verschwunden. Die Blässe wich, das Antlitz rötete sich. Maria richtete sich aus der zusammengesunkenen Haltung empor, richtete sich bolzengerade auf, wies mit dem Zeigefinger auf die Freundin, berührte sie sogar, ohne es zu wissen, und sagte, alles andere übergehend, nur eines beantwortend:

»Wer dahintersteht? Was für ein Mensch das ist? Das muß ich *dir* kaum sagen. Du warst es. Du, einzig und allein du.«

Ist jemand vielleicht schon auf einem Stuhle sitzend schwindelig geworden? So, daß er vermeinte, ins Bodenlose zu stürzen? In die Tiefe? Oder gibt es irgendeine andere Erschütterung, die der einer gänzlich unerwarteten Erwiderung gleichkommt? »Ja, du bist's«, wiederholte Maria sanft und doch unerbittlich. »Gewiß, du ermaßest damals nicht das Gewicht deiner Worte. Du hast sie gar nicht gewogen. Nur mir so in den Schoß geschüttelt. Ich aber habe sie bewahrt. Und meine Handlungen nach ihnen eingerichtet. Es waren fortgeworfene Worte. Du kannst dich gewiß kaum mehr an sie erinnern. Es würde Unfrieden geben, wollte ich sie jetzt wieder hervorholen und dir vor Augen führen. Du würdest sie auch kaum mehr erkennen. Ich aber würde mich nur lächerlich machen. Du wirst sagen, wenn dem so sei, was das nun wieder mit den verwahrlosten Räumen hier zu tun habe. Ich weiß es auch nicht. Die Zeit ... Die Entbehrungen ... Die Sorgen ... Das Lernen, das vergebliche Lernen, wie du sagst ... Alles ist über meine Kraft gewesen. Ja, vielleicht wäre ich noch wie eine Frucht verschimmelt, die ins Gesträuch gerollt ist und nutzlos verlorengeht.

Ich weiß, alle Leute machen es so: die Schuld muß der andere tragen. Der, welcher sich nicht bewußt ist, daran beteiligt zu sein. Und du bist es ja auch im Grunde genommen nicht. Jetzt freilich würdest du gern dieses ungeschehen machen, könntest nahezu das Gegenteil von allem sagen. Würdest mein elterliches Haus bewundern. Alle Tage von neuem. Würdest dich an dem Garten erfreuen, an den bescheidenen Aufgaben, die ich mir dort gestellt hatte. Immer wieder eine neue sich darbietende, wenn die vorhergehende bewältigt gewesen war. Du würdest mich beschwören, dieses Dasein in seiner Abseitigkeit nie geringzuschätzen, ja, es über alle anderen Möglichkeiten meines Lebens zu stellen: über diese Scheinziele, denen ich heute zustrebe, die gar nicht zu mir gehören. Ich weiß es. Du würdest mit Sorgfalt die Bücher wählen, die mich darin bestätigen und bekräftigen könnten, und die Bilder, die altertümlich-frommen, sanften, die es bejahen. Es war nur Lässigkeit und Unwissenheit von dir. Eine Unbedachtheit, wie es ungezählte andere gibt, nur nicht so folgenschwere.«

Noch in die Handmuschel fiel eine Träne. Sie hielt sie mit eingekrümmtem Daumen wie eine jener uralten Lampen, die man als ewiges Sinnbild auf antiken Sarkophagen findet. Und man hätte fast meinen können, die Träne löscht ein Lichtlein aus. Aber Tränen sind lebendige Kraft und speisen die Seele.

Beide waren zurechtgewiesen vom Schicksal. Die törichten Mädchen. Aber nachträglich. – Nützt das noch etwas? Ich glaube schon. Vielleicht ist sie ungleich kostbarer als alle anderen Erkenntnisse, die verspätete; die nur scheinbar ernüchtert und alle Freude, allen Glanz, ja ihre ganze Leuchtkraft wieder zurücknimmt. Zurücknimmt wie eine Lampe, die hoch aufflackerte, die unruhig gebrannt hat, und die wir mit der Lichtschere ihrer Stille, ihrem Gleichmaß wieder zurückgeben. Dann dient sie freilich nur dem Umkreis, und vieles ruht im Dunkel der Nacht. Aber wie gut lebt es sich in dieser warmen, befriedeten Stille!

Lore Berger
Taedet me vitae

Ich stellte mir den Zahnarzt vor: Zuerst betupfte er die Karies des Zahnhalses mit Alkohol, dann trocknete er mit heißer Luft, ich biß ihn vor Schmerz in die Finger (du weißt ja, Thomas, wie schmerzhaft Zahnhälse sind). Dann der Schmerz des Bohrens, das An- und Absetzen und wieder Neuansetzen und Näherkommen und Unerträglicherwerden; und der heiße Lack zum Schluß mit seinem gemächlich ziehenden Schmerz durch den ganzen Zahn. Und dann das Fortgehen und Heimkommen mit dem geschundenen Mund, dieses ekelhafte Vegetieren ohne Glückseligkeit.

Da kam es über mich, und ich will dir nur einmal davon sprechen, Thomas: Ein Weh, ausgehend von einer heißen, starken Blutwelle, die durch den ganzen Körper schießt und sich an einem stummen Eisklotz bricht, eine Verbindung von körperlichem und seelischem Schmerz. Etwas, das ganz erschöpft macht und ganz bleich und das wieder und wieder kommt, wenn man den Mann verlieren hat müssen, den man am meisten geliebt hat. Es ist etwas, das zehrt und frißt: »Ich möchte wieder glücklich sein«, bat ich meinen lieben Gott, »hast du denn das Recht, mir einen Menschen zu zeigen und dann wieder wegzunehmen? Gib ihn mir zurück, sofort, oder ich – ich –« Indes ich keuchend auf dem Fußboden meines Zimmers lag und seinen frischen Wichsglanz mit meinen Tränen verdarb, dachte ich an die Szene auf dem grauen Turm. »So springst du mit denen um, die nicht den Mut haben, dem ekelhaften Theater den Rücken zu kehren«, fügte ich murmelnd hinzu. Ich erwachte am Morgen an der gleichen Stelle, eiskalt und mit vom Weinen verschwollenen Augenlidern.

Und die Zeit ging weiter und weiter und hörte nicht auf den Schmerz, den ich ihr laut ins Gesicht schrie. Die Zeit rennt über Blütenblätter und reife Früchte und Pilze und Schneeflocken, durch Nebeltage und Festtage, über Tier- und Menschenleichen:

Was ich aufschreibe, ist alles so gehaltlos und selbstverständlich, nun, da die Zeit es ja berührt hat und in die Ewigkeit tragen wird.

Drei Tage nach der Beerdigung meines Onkels kam meine Mama blaß und abgehärmt zurück, mit glanzlosem Haar und Augen, die müde waren vom vielen Weinen. Sie besitzt wie wenige Menschen, die ich kenne, die verhängnisvolle Gabe, anderer Leute Leid auf sich zu nehmen, mitzutragen, mitzunehmen, vielleicht sogar zu teilen, daß es dem Betroffenen leichter scheint.

Mama brachte Anne mit, das drittjüngste der vier flachshaarigen Mädchen, die ihren Vater verloren hatten. Anne ist nicht besonders hübsch. Sie ist untersetzt und hat ein dickliches Suppenbäuchlein, trägt eine Brille. Bezeichnenderweise für ihren zukünftigen »Typ« aber hat sie die zerbrechlichsten und elegantesten Beinchen der Welt, sehr schöne Zähne und überaus zart gebildete Hände. Sie will Modezeichnerin werden. Man kann dem kleinen Mädchen kein größeres Leid tun, als ihr für ihr späteres Leben eine eventuelle Büroarbeit in Aussicht stellen. Das Ding, das kleine und zähe Dingelchen, hat bereits seine Ambitionen.

Anne kam also an. Sie trug schwarze Kleider, worüber sie sich ungemein zu freuen schien. Gern und oft redete sie beim Mittag- oder Nachtessen vom Tode ihres Vaters, erzählte ausführlich, wie er im Todeskampfe nach Luft geschnappt hätte und blau geworden sei. »Hu«, pflegte Anne zu sagen, »mir graust's, bis ich einmal sterbe! Nicht wahr, den Männern wachsen die Bartstoppeln noch, wenn sie schon gestorben sind, und man muß sie noch rasieren. Hu, *der* Coiffeur möchte ich auch nicht sein, der –« Sie war auf dem Lande aufgewachsen, achtjährig und von unverwüstlicher Gesundheit. Mein Gott, wie konnte sie sich denken, daß meinem Bruder und mir bei solchen Gesprächen der Bissen im Munde quoll. Anne fiel uns beiden nicht wenig lästig, damals. Heute könnte ich sie schätzen.

Ich ging mit Anne in den Zoologischen Garten und fuhr mit ihr auf der Straßenbahn, wenn Mama es mir befahl. Ich erwartete von Anne immer irgend ein bon mot, das ich meiner Hausfrauenzeitschrift für die Rubrik

»Kindermund« hätte einschicken können. Tat mir das kleine Mädchen in seiner Harmlosigkeit den Gefallen und handelte ich wie oben erwähnt, so konnte ich sicher sein, meine Einsendung mit dem Vermerk »absolut unkindlich« am nächsten Tag wieder auf meinem Schreibtisch vorzufinden. Ich ärgerte mich, beschloß, im Winter jedenfalls eine pädagogische Vorlesung zu besuchen und im übrigen die Natur nicht weiter auszubeuten. –

Eines Tages ging ich mit Anne ins Historische Museum. Anne trug ein Lackledertäschchen am Arm, der linke Strumpf rutschte. Sie schleckte etwas Süßes, Klebriges, Buntes. Sie fürchtete sich vor allem und jedem. Der große Kopf des Lällekönigs über dem Eingang mit den rollenden Augen und der halblang heraushängenden Zunge versetzte sie in eine Art wollüstigen Schreckens, wofür ich viel Verständnis aufbrachte. Immer wieder sah das kleine Mädchen über die Schulter zurück, verstohlen, damit ich es nur nicht bemerken sollte, versuchte, das Augenrollen noch einmal, ein einziges Mal noch, zu erhaschen mit dem Blick ihrer an andere, viel gesündere Bilder gewöhnten Dorfmädchenaugen.

Wie ich so ging und das weißblondhaarige Frauenzimmerchen an der Hand führte, kam ich mir einen Moment lang mütterlich vor. Schämte mich jedoch sofort wieder, dachte an meinen Egoismus und an die zerarbeiteten Hände meiner Tante, ihren Stolz, der sie dazu trieb, klaglos das Schicksal einer angeheirateten Schulmeisterswitwe zu tragen. Die Leute im Dorfe ebenso wie die in der Nähe wohnenden Verwandten ihres verstorbenen Mannes waren dieser im Grunde genommen ausgesprochen städtisch orientierten Frau durchaus fremd. Sie kämpfte und arbeitete jetzt für ihre Kinder mit einer bewundernswerten Energie und Aufopferung.

Ich grübelte, während mich Anne zwischen einem großen Zelt und allerlei Waffengattungen hin- und herzerrte, über das Thema dieses schweren Schicksals nach. Es kam mir vor wie das Eröffnungszeichen zu einer Zeit des Leidens und der Not – pure »fin-de-siècle«-Stimmung.

Indes hörte ich nicht ohne Befriedigung meine eigene Stimme Anne erklären, was ein »Guggehyrli« sei.

Es ist auch komisch, wie man so krank wird, dachte ich

weiter, wie ich jetzt. Man klagt nach außen. Man spürt die Krankheit im Körper, man weiß, sie ist und lebt und fühlt sich seltsamerweise verantwortlich, schuldbewußt.

Wir kamen zu Ridikülen und Fazenetli, zu allerlei Attributen der Eleganz früherer Jahrhunderte. Anne hielt sich das Bäuchlein vor Lachen ob dieser »ewigen Fastnacht«. Sie schwelgte in der Vorstellung, was die Leute des Dorfes sagen würden, wenn jemand derart angetan die Hauptstraße heruntergegangen käme! Aus der Arbeitsschule würde sie das Fräulein Mauderli werfen! »Jawohl, die ist so streng, die Mauderli, wenn ich nur einmal ein dreckiges Nastuch habe, so –« Ich versäumte nicht die lehrreiche Bemerkung, daß man eben nie ein »dreckiges Nastuch« und so weiter. Kam ich mir dabei dumm vor!

Dann kamen wir zu den bunten Figürchen des Totentanzes. Da sind sie und da ist ER und sie sind verschieden und ER ist immer ähnlich. Man sollte das kleine Mädchen nicht mit mir ausgehen lassen, dachte ich immerzu, ich habe gar keine Bilder für sie und sie langweilt sich mit mir – Sie sind so mannigfaltig und ER ist immer gleich, nicht nur ähnlich, sondern sogar gleich. Am zierlichsten habe ich von je den Tod und die Edelfrau gefunden. Sie, im gelbroten Gewand, mit schwarzem Haar und gesunden Bäcklein, hält sich das Spieglein vor. ER grinst ihr daraus entgegen. »Hierher kannst du dich stellen, Anne«, sagte ich. »Da siehst du im Spieglein, wie der Tod –« Es kam mir in den Sinn, daß ich meinen Satz vor Anne vielleicht nicht beenden durfte, und ich brach ab.

Die Sonne fiel durch die bunten Glasscheiben mit den Wappen. Eine bernsteinfarbene Sonne, wie sie für Klöster und die weißen, in Demut und Geschäftigkeit gebeugten Gesichter der Nonnen passen mag ... Anne staunte, die hübschen Händchen mit den lustigen Speckgrüblein über dem Bauch zusammengelegt, in die Köstlichkeit dieser Farbenpracht.

Es ist immer eigenartig, einen Sonnenstrahl in ein Museum fallen zu sehen und plötzlich zu erkennen, daß er mehr wert ist als die abgelegten Kleider längst *verstorbener* Bürgersfrauen, als *ausgestopfte* Ritter und *verstaubte* Ameublements. Es ist so eigenartig, sich zu fragen, ob diese selbe Sonne nach uns noch weiter scheinen wird und inwiefern sie uns treu bleiben könnte in einer schweren, dunklen Zeit, die vielleicht anbricht – bald?

Und mir war, die Orgel begänne ein süßes, dumpfes Lied, schwermütig über die Maßen und voll Melodie und dröhnte und brauste, brauste voll Kraft und Überzeugung, und mir war wohl.

Hingegen hatte ich mir mit Fasten etwas zuviel zugemutet. Als ich erwachte, lag ich mit blutig aufgeschlagenem Kopf in der Pförtnerloge. Anne saß essend neben mir, hörte aber sofort zu kauen auf, als ich erwachte, und flößte mir laues Wasser ein, das nach Fliegenschmutz roch. Sie war um mich besorgt, sie war sehr anständig, aber ich wußte: In ihren Augen hatte ich versagt. Kinder fürchten Leute, die krank herumgehen. Kranke in Betten sind ihnen einfach gleichgültig.

Erleichtert lag ich später auf meinem Zimmer und ließ mich pflegen.

Ich lag auch im Garten, der still war in diesen späten Sommertagen. Viele Tanten besuchten mich, kamen, um sich nach der »schrecklichen Ohnmacht zu erkundigen«. Gret schrieb mir einen Brief, des Inhalts, ich äße sicherlich zu wenig Obst, Obst sei so gesund und schade der Figur keineswegs. Seltsam, von Gret kann man Gemeinplätze annehmen. Vielleicht deshalb, weil sie selbst ein Gemeinplatz ist in ihrer unverwüstlichen Gesundheit.

Ich lag tagelang und sah in den wolkenlos blauen Himmel. Die Blumen rings um mich atmeten aus der wohlgepflegten Gartenerde. Ich vergaß beinahe, daß ich überhaupt lebte. Nur die alltäglichen Klatschereien über die Gartenzäune, ein Dialog, das Läuten der Hausglocke, ein Highflirt (freilich hinter einer spanischen Wand!) riefen mir von Zeit zu Zeit die Außenwelt unmißverständlich in Erinnerung und zeigten mir, wo mein Platz war.

Dann begann ein Sterben. Es starben nacheinander Papas Bruder an der Goldküste, Mamas Freundin im Tessin, Beas Geliebter in einem Sanatorium in Montana und meine Redaktorin in unserer Stadt. Hirnschlag.

Bea besuchte mich übrigens einmal. Sie war blaß und elegant in ihrem aufgelösten »Witwentum«, wie sie es nannte. »Ich bekam das Telegramm am Montagabend und fuhr gleich weg. Wir saßen vor der Türe, hinter der

Armand starb. Es war eine weiß angestrichene Türe, Nummer 48. Wir waren nur wenige Menschen, Armands Bruder und ich und – Yvonne, – du weißt. Aber –« Ich sah Bea groß an, glaube ich. »Nein«, sagte sie. »Du weißt, Lungenkranke mißt man mit andern Maßstäben.« Man mißt ihn überhaupt nicht, den Mann, den man liebt, kam mir in den Sinn. Aber ich wollte Bea in ihrer Erzählung nicht weiter stören. – »Wir machten schrecklich schlechte Witze. Ich schlotterte und mußte mich zwei- bis dreimal erbrechen. Als Armand tot war, ging ich zu ihm hin und küßte ihn. Oft. Dann setzte ich mich und zeichnete sein Profil.

Yvonne konnte den Anblick nicht ertragen. Ich bin stärker als sie. Und ich will den Rest meines Lebens an die Erinnerung geben.«

Typisch Bea. Alles was sie sagt, klingt so frei nach Verzicht und verpflichtet doch zu gar nichts. Man könnte ruhig annehmen, daß jemand den Rest seines Lebens an eine Erinnerung gibt und doch –

»Ich fahre morgen ins Tessin«, sagte Bea. »Wir haben dort ein Haus. Wenn du magst, kannst du mitgehen.«

Ich schüttelte den Kopf und erklärte Bea, daß ich weder für die Reise noch für meinen Unterhalt Geld besäße. Während Bea ihre schwarzen Augenbrauen schmerzlich in die Höhe zog, tanzten mir farbige Bilder aus dem Tessin vor den Augen: wie eine Eidechse an der Sonne liegen – und den lauen, leichten Seewind spüren – das Muffige der alten Gassen, die kühlen Häuser, die schillernden Blumen. Als kleines Mädchen hatte ich oft ganze Winter im Tessin verbracht, mit Mama zusammen, deren Gesundheit dies erforderte.

Ich hatte mich in einen wilden, starken Burschen »verliebt«, einen Fischer mit rotem Kraushaar, der am Abend mit seiner Barke auf den See fuhr, die Netze auswarf und eine süße, sehnsüchtige Melodie sang.

Die kleinen Kirchen und Kapellen, die gläubigen Frauen, der rote Wein, Mais, Kopftücher, Zoccolis –

Bitterlich schmeckte der Verzicht auf dieses Heimwehland, etwa wie Saridon, aber er machte mir nichts aus. Ich war so müde und offen, ganz offen für etwas, das nicht kam.

Es wurde dann langsam Herbst auf dem großen Hügel. Da gingen sie hin und zu Ende, zerflossen in kühlen Morgennebeln, die langen, blauen Spätsommertage, an denen der Ostwind tanzt. Die Äcker wurden leer, Gold floß über die Bäume. In lehmigen Streifen, naß und grob, stellte sich die gütige Erde des Sommers dar unter dem grauen Weinen des Himmels, der nicht mehr froh sein konnte.

Ich setzte meinen Hungerstreik fort und hatte deswegen eine lange und unangenehme Auseinandersetzung mit meinem Vater. Als ich weitere drei Kilo abgenommen hatte, begannen meine Eltern Ärzte zu konsultieren, die mir Mittel verschrieben. Da wurde ich endgültig krank.

Es lebten zu dieser Zeit in unserer Stadt verschiedene noch nicht sehr alte Männer, von großem Eifer erfüllt und mit Einsatz all ihrer Tugend der Muse dienend.

Der eine aus ihrem Kreis war rundlich, klein, braun im Gesicht, wulstlippig ohne Sinnlichkeit, trug eine Brille und konnte nicht schwimmen; deshalb nämlich, weil er nicht in unserer Stadt, sondern in einem ziemlich weit von ihr gelegenen Dorfe wohnte. Eine günstige Zugverbindung mit der Stadt ermöglichte ihm immerhin – Gott sei Dank! – den Besuch unserer Universität und ein phil. I Studium. Dann Tanner: Pfarrerssohn, hager, schwarzhaarig und spitznäsig, rotbackig, begeistert für George und Kunstgeschichte, bewandert in Redaktionsgeschäften. Und Binderling: bleich, klein, herzleidend, verwaist, intelligent. Ferner Götz: groß, hübsch, sanft und wohlgenährt und wohlhabend, der bereits drei Romane veröffentlicht hatte und beständig »vom Mäzenatentum vergangener Zeiten« sprach. – Simon, Simon Droz, der ursprünglich Welsche, dessen Mama geschieden war und der seinen literarischen Produkten einen unfehlbaren Ausklang ins Zynische zu geben verstand oder aber in Vorstellungen »unerschlossener Frauen, halbreif verbluteter Früchte, eines müde sterbenden Mondes« schwelgte, im übrigen, vor allem in Damenkreisen, äußerst applaudiert. Alfred Reinhard, dessen poetische Eigenschaften dir, Thomas, als Bruder, sicher genauer erschlossen sind als mir. – Rolf Steiner, der Gesellschaftsmensch, mehr Journalist und »séduisant« als leidender, kämpfender Dichter. – Dann, mehr im akzessorischen Sinne: Hagmann, der Geschäftsmann für Geldgeschäfte, die Tanners poetische Ader verboten hätte, ein Medizinstudent, übrigens ganz normal, als Beisitzer. – Einige Emigranten zur Wahrung des bohémienartigen Anstriches wurden gönnerhaft geduldet. Ihre Gedichte verlas man mit den andern zugleich, kritisierte sie mit der nämlichen Schärfe oder Sachlichkeit wie die übrigen: Niemand aber hätte daran gedacht, sich mit den genannten »Gästen« solidarisch zu fühlen. Heimatlose! Wiewohl sehr gebildet und sensibel. Heimatlose! Wiewohl glücklich, hier ein vorübergehendes Asyl gefunden zu haben, hier, in diesem, ach, so harmlosen Kreise. Expatriiert, verstoßen, gehetzt, und welch dunkler, schöner und schwermütiger Zug in ihrem Schaffen!

Geliebt wurden in diesem Kreise vorzugsweise Konservatoriumsschülerinnen, einige Kunstgewerblerinnen und weibliche Studierende, einzig Steiner, abrupt, lancierte eines Tages eine stark blondierte junge Dame, deren Ruf nicht mehr die blütenhafte Weiße und Reinheit eines frisch gewaschenen Taschentuches aufwies. Tant pis! Als sie ihn später enttäuschte, hatte er im Freundeskreise einen Rückhalt...

Kurz gesagt: Diese jungen Männer waren ausnahmslos Dichter, hatten sich zu einem Vereine zusammengeschlossen, hielten regelmäßig Sitzungen ab und nannten sich als geschlossene Einheit »das Eidechs von Flandern«. Oft und oft habe ich in Erfahrung zu bringen versucht, aus welchem Grunde die Eidechse hier nicht mit dem sonst in der deutschen Sprache üblichen Artikel bezeichnet wurde. Man erging sich mir gegenüber anfänglich in allerlei Andeutungen, schob die Erklärung dem nichtschwimmenden und brillentragenden Herrn Präsidenten (übrigens: genannt Samok) zu und bekannte sich durch seinen Mund zur Fassung »originalitätshalber«, das heißt: Auf einem gemeinschaftlichen Ausflug hatte der damals vollzählig vertretene und noch ungetaufte Verein eine Baumwurzel im Walde aufgegriffen, deren Gestalt gar eigenartig beschaffen und »einem Eidechs« zum Verwechseln ähnlich war. Was Wunder, daß infolge dieses ebenso reizvollen wie eigentlich nicht alltäglichen Zufalles der kleine Kreis sich nur das »Eidechs von Flandern« nannte?

Weit, ach weit, weit liegt Flandern. Gibt es dort tatsächlich – Verzeihung, es klingt nicht gut – sächliche Eidechsen, wird man sich fragen müssen, deren sonnengewohnte Lebenslust sich restlos der Muse aufzuopfern vermöchte?

Aber freilich: Auch Pseudonyme holt man irgendwoher, trägt sie irgendwohin, so ein armes Wort ist verirrt und allein, zerrissen, verlacht, verbraucht, stirbt, fern von Mutter Grammatiks schützendem Schoße, einen Heldentod, nein mehr: den Tod eines Märtyrers.

In einem runden Turm nahe der Universität hielt »das Eidechs« seine Sitzungen ab: Es war eine gebildete und fröhliche Gesellschaft, die dort während langer Nächte – während langer Abende, wollte ich schreiben (es handelt sich um ein Versehen) – tagte. Man sah viele Gäste. Ich wurde verschiedene Male in diesen auserlesenen Zirkel eingeladen. Ein inzwischen an Lungenschwindsucht verstorbener Illustrator – ich erwähnte ihn vorhin nicht, weil sein Name mir im Augenblick nicht präsent ist – hatte zu Beginn alles Anfanges über die Türe ein umfangreiches Gemälde gehängt, des eigenen Pinsels Werk, das die Muse darstellte, Oberkörper und Kopf. Der Kopf war, im Gegensatz zur saftigen Realität der etwas üppig hängenden Brüste, mehr surrealistisch konzipiert, ich meine damit, Thomas, daß die Muse nur ein Auge, ein einziges gräßlich schielendes Auge, zu besitzen schien, ein Zyklopenauge inmitten einer niedrigen, von Haarfransen verdeckten Stirn. Übrigens war auch den schief gezogenen Mundwinkeln nicht zu trauen: Sie schnitten wie grämliche Ackerfurchen in die gelbe Haut. Eine Feder war Symbol des Ganzen, eine Feder, überhöht vom halbschrägen Schädel eines Dichterlings, der fragend und verzweifelt aus dem tiefen, tiefen Dämmer dieses Bildes blickte – meine Güte!

Die Fenster des Turmstübchens waren von behaglicher Größe. Der Ofen qualmte heftig, der Herr Präsident aber machte sich daraus nur wenig und verstand seine Bedienung aufs vortrefflichste. Buchenscheite brachte er mit aus seiner ländlichen Ortschaft, schöne, glatte Stücke, die verbrannte er zusammen mit alten Manuskripten: Und wir froren nie. Ich möchte auch betonen, daß Samok, der Präsident, einen herrlich geschnitzten antiken Stuhl oben am ovalen Tisch zu seiner Verfügung hatte. Er war um alles besorgt, Samok, und wir mochten ihn alle sehr gut leiden und keiner neidete es ihm, daß er es in der Armee bis zum Korporal gebracht hatte. Ja, wahrhaftig, er verdient ein Lob, denn er hat um seine Sache gerungen – was soll ich mich vermessen, Fragen dieser oder ähnlicher Art abzuklären?!

Es war eigentlich das Bestreben dieser kleinen Sozietät, große Dichter wie Rilke und George nicht in Vergessenheit geraten zu lassen. Tatsächlich ist die mysteriöse und wie von Weihrauch erfüllte Atmosphäre des Stefan George anziehend für beinahe jeden phil. I Studierenden. Der laissez-passer scheint hier das Wort »privat« zu sein, mitten in diesem Nest von guten Beziehungen und unentwirrbaren Gefühlen floriert die eigene Kunst, angereizt durch einen neuen Schwung der Phantasie. So anregend wirkt auch Rilke, zu anregend vielleicht. Man kann nicht umhin – niemand – nach der Lektüre dieser Dichter Gedichte ähnlichen Stils zu schreiben und zu glauben – sei es nur für eine Sekunde – diese Gedichte seien – nun, ein Höherer verzeih mir's! – gleichwertig...

Auch Tanner gehörte tatsächlich zu den Menschen, die sich ein Leben lang von »den Ringen über den Dingen« nicht losreißen können, ohne deswegen zu stümpern. Er schrieb sehr positiv, dieser Tanner, war am Meer in den Sommerferien gewesen und erzählte von Pinien und Wellen mit einigermaßen ansteckender Sehnsucht.

Binderling, daß ich auch ihn noch herausgreife, war anders geartet. Er mühte sich nicht sehr, sondern griff die Sache vom erotischen Gesichtswinkel (hoffentlich gibt es so etwas) aus an. Er schilderte schlafende Frauen und ihre nackten üppigen Arme und ihre Flechten und ihre »lustverzerrten Lippen«, wobei einmal jemand die Behauptung aussprach, in Binderlings Gesellschaft könnten die Lippen bestimmt nicht lustverzerrt, sondern höchstens – aber das sind ja Klatschereien.

Dann – oh, ich zähle nur wenige auf – Samok. Samok

ging die einfachen, abwegigen und erfolglosen Pfade des Dadaismus. Er pflegte vom Tode zu sprechen wie von einem bevorstehenden Genuß, schloß die kurzsichtigen Augen unter seiner Brille und schmatzte sozusagen beim Gedanken an sein eigenes Ableben. Samok: draußen in der Natur aufgewachsen, vollblütig, braun, und damals so todeshungrig. Warum? Er litt viel, aber hat das bei einem jungen Menschen überhaupt etwas zu sagen? Vielleicht war er zu vollblütig – Samok führte ein geschäftiges Leben, damals, seither, jetzt noch. Samok konnte und kann Champagner trinken, küssen, verstand und versteht gut zu essen und Eisenbahn zu fahren. In diese Geschäftigkeit denke man sich nun den Tod, wie eine eisige Dusche – Samok schrieb von je sehr gerne sogenannte Spiele, schrieb in abgerissenen Sätzen die alte, langweilige Litanei von »dem Tor und dem Tod und der Buhlin und dem Tod und dem Narren und dem Tod« – der Einfluß unseres Totentanzes?

Wahrscheinlich, denn Samok wohnt auswärts. Wer sich nur ein einziges Mal in Radio-Hörspiel-Novemberstimmung befunden hat, weiß, was ich meine: etwas Abgerissenes, Angstverzerrtes, das man am Sonntagabend nach einem guten Nachtessen zu Gehör bekommt, wenn man am Radio Tanzmusik sucht. Warum nur diese Spiele vom Tod, wo man so hungrig ist nach Glück?

– Man müßte am Karfreitag zur Kirche gehen und das bleiche Gesicht des Erlösers wieder einmal betrachten, wie es sich so still über die modischen Filzhüte der Damen neigt im Dämmer der Kirche, matt, erschöpft, und gütig.

Dann würde man wieder Ostern erleben und hungrig sein nach Glück und hungrig sein nach der Schönheit des Lebens, die im Kelche des Leidens selbst eingeschlossen ist und ihn so bitter macht, indes man trinkt. Und indes man leben lernte, begriffe man das Sterben.

Ich selbst habe mich doch zu töten versucht und ich weiß wohl, daß ich das nur deshalb tat, weil ich mich vergeblich nach dem Leben gesehnt hatte. Oder, wie Droz einmal sagte: »Der Tod mag ein weißes oder ein schwarzes Roß reiten, Samok, den Pegasus oder gar ein literarisches Steckenpferd reitet er auf keinen Fall –«

Damals, als ich Samok kannte, wurde eben ein Band Gedichte gedruckt. Sämtliche Dichter des »Eidechs« waren beteiligt. Tanner erklärte, das Ganze sei auf Subskriptionen aufgebaut. Also privat, dachte ich, Beziehungen, der »Teig«, wie man in unserer Stadt sagt (Gott schütze sie, die Stadt, nicht den »Teig«), noblesse, jeunesse dorée und privat wie Stefan George – so privat! Auch die Holzschnitte wurden manierlich, wie man den aufs äußerste gespannten Damen in mancher Sitzung vorbereitenderweise versicherte. Man nannte den Namen des ausführenden Künstlers, ich kannte ihn nicht. Tausendmal am Tag rannte Samok in die Druckerei. Tanner verstand sich auf Propaganda, er brachte es so weit, daß sich ein jeder aus seinem Bekanntenkreise als Verräter an der guten Sache vorkommen mußte, der nicht zeichnete. Hagmann, hinter einer übermächtigen Kassette, funkelte mit den Brillengläsern und erlebte seine Höhepunkte an Nüchternheit und Tüchtigkeit und Semitentum, wie jemand, wahrscheinlich wieder Droz, etwas gefühlskalt bemerkte.

Tatsächlich kam es so weit, daß ich eines Abends mit Gret an eine Sitzung des »Eidechs« ging. Gret hatte sich, um nach Möglichkeit recht intellektuell zu erscheinen, das Haar im Nacken hochgekämmt, trug eine schwarze Hornbrille und ein Ringbuch unterm Arm. Ich meinerseits ließ das Haar wirr und strähnig in die Stirn hängen, trug eine hochgeschlossene Samtbluse und sorgte mich im übrigen nicht um tiefliegende Augen, da ich ja überhaupt krank war. So gingen wir also hin. Als wir eintraten, stand Samok oben an der dunklen Treppe und leuchtete mit einer fetten, weißen Kerze zur Erleichterung unseres Aufganges. Die Vorstellung fiel weniger peinlich aus, als ich mir gedacht hatte. Man hatte anfänglich überhaupt keine Zeit für Frauen.

Das »Eidechs« fieberte. In hohen Stapeln lagen die fertig gedruckten Exemplare. Es kamen Meldungen aus der Druckerei. Korrespondenzen, Bestellungen. Hinter schwitzenden Fenstern saßen Tanner, Binderling, Droz, dein Bruder Alfred Reinhard, Steiner, die meisten in Regenmänteln, mit weit herabhängenden Shawls. Sie zeichneten die Exemplare A bis L, die für Freunde des »Eidechs« bestimmt waren. Jeder setzte seine Unterschrift auf die erste, freie Seite vor dem Titelblatt. Götz war noch nicht präsent. Tanner schmiß von Zeit zu Zeit die Füllfeder auf den Tisch, stürzte zur Schreibmaschine und tippte, fein säuberlich und nur mit dem Zeigefinger, Fakturen. Hagmann war verreist. Hingegen nahm mich der Medizinstudent-Beisitzer sofort aufs Korn. Meine Linie sei zu schlank – und so weiter. Und wir saßen hinter dem Ofen und plauderten.

Samok war mit seinen Unterschriften zuerst ins reine gekommen und setzte sich zu uns. Nachher sollten verschiedene Gedichte gelesen werden.

Was denn auch wirklich geschah. Gret, bereits in einen Flirt mit Steiner engagiert, war nicht recht aufmerksam. Und ich – ich weiß nicht, ob ich mich durch den immer noch wirkenden Eindruck der später in den Zeitungen erschienenen Kritik leiten lasse, wenn ich glaube, daß in der Aufforderung des übrigen »Eidechs« an Samok, zu lesen, eine gewisse Schadenfreude lag. (Samoks Präsidium, muß man wissen, ging seinem Ende entgegen.) Der geschnitzte Stuhl schwankte. Verschiedene Ambitionen wurden wach –

Samok schnaufte hörbar auf und setzte an:

> o sonne rot
> die keine leere kennt
> und über meere brennt
> so heiß und tot
> kugelleer, wasserschwer
> ein boot

Dann auswendig (und zu diesem Zwecke mußte das Licht gelöscht werden, denn Samok war und ist sensibel):

> ihr haende
> deren male weiß
> und naß von schweiß
> kein fluegel trug
> kein wolkenzug
> nur reh, wald,
> weh, bald
> nur schaum und traum ...

> das ist mein tod
> der im fluß ertrank
> unter den fischen
> und im faulen schlamm
> des maedchens kamm
> des maedchens band
> die tote hand
> nicht wolke und land –
> das ist mein tod ...

Kaum war das Licht wieder angezündet, so ließ jemand eine Bemerkung fallen über die »heillose Papierverschwendung«, die Samok sich zuschulden kommen ließe. – Auch vierzeiligen Gedichten räumte er eine ganze Seite ein. Die durchwegs kleinen Buchstaben stießen auch nicht auf einmütige Begeisterung. »Je nun«, meinte der Dichter Samok später zu mir, »es wird ihnen schon tagen. Ich suche die neue Kunstform, den neuen Rhythmus, das Gebilde, dessen Ausdruck neu ist –«

Nachher kam Tanner zur Lektüre, und seine Gedichte klangen nicht schlecht, sondern enthielten reichlich Poesie, wie mir schien, ja sogar einige gelungene Einfälle. Binderling zog sich für heute früh zurück. Er schnappte nach Luft und hatte blaue Lippen. Armer, kleiner Mann! Er lebt heute noch.

Dann las Droz. Es war eine frivole Szene, in der ein verzauberter Rosenbusch vorkam. Eine Kunstgewerblerin, die eben eingetreten war und sich, als alte Bekannte, mit einem stummen Nicken des Kopfes eingeführt und endlich (man stand mitten in der Lektüre) gesetzt hatte, blickte versonnen lächelnd auf ihr antik gearbeitetes Ridikül nieder ... Eine andere Dame, die mit ihr eingetreten war – ihres Zeichens Goldschmiedin – blickte mit handwerklicher Biederkeit im Kreise herum. »Schweinerei«, sagte Steiner nervös und zerdrückte seine Lucky (damals noch im Handel) mit hübsch gepflegten Fingern.

Es wurde beständig geklopft, man mußte unterbrechen, um den »Aufgang zu erleuchten«.

Eine der anwesenden jungen Damen hatte ihren Hund mitgebracht. Als nun ein Romanfragment, betitelt ›Mond um Mittag‹ (Autor: der verspätet zur Sitzung erschienene

Götz) vorgelesen wurde, begann sich dieses impertinente Vieh in derart insolenter Weise hinter dem Ohr zu kratzen, daß der Verfasser mehrmals ansetzen mußte und Samok das Tier schließlich in den Vorraum befördern ließ, wo es ein Paar Damenhandschuhe benagte.

Ich saß gerade neben Samok. Er anerbot sich, mich heimzubegleiten. Gret und Rolf Steiner waren sofort nach Sitzungsschluß verschwunden. »Nächsten Samstag haben wir unsere Vierteljahrs-Orgie«, sagte Samok zu mir und gab mir eine Zigarette. »Du kommst?« »Nein«, sagte ich, »ich bin soeben Witwe geworden. Das schickt sich nicht für mich.« »Man könnte von uns denken, wir seien verliebt«, sagte Samok. Wir waren in der Wolfsschlucht angekommen, dem kleinen, dunklen Wäldchen am Westhang des großen Hügels. Etwas Schlechtes regte sich in mir. Diesen Samok lasse ich das entgelten, was ich um dich leide, Thomas. Ich sagte plötzlich zu. Samok verabschiedete sich vor der Treppe unseres Hauses. Ich zog den Schlüsselbund aus der Tasche, sah dabei über die Achsel zurück: Einen Augenblick noch konnte ich die gedrungene, breitschultrige Gestalt sehen. Dann schluckte der dicke Nebel alle Form in sich auf, und ich ging ins Haus.

Drei Wochen nach dem Fest ging ich zufällig am runden Turm vorbei. Samok stand oben am Fenster und winkte mir: »Möchtest du dein Exemplar schnell holen?« Ich ging die Treppe hinauf. Tanner stand im Vorraum. Die Luft war dick verqualmt, schulbubenmäßig geradezu. »Guten Abend«, sagte Tanner, »haben Sie uns weitere Subskribenten?« »Nein«, sagte ich, »immerhin habe ich bisher fünf ...« »Ich meinte nur so. Auf Wiedersehen miteinander.« Tanner wandte sich zum Gehen. »Ich möchte mein Exemplar holen«, sagte ich ihm. »Samok wird es Ihnen besorgen, ich bin eilig.« Tanner ging weg. Ich drehte mich zu Samok. »Möchtest du mir nicht –, mein Kolleg fängt gleich an.«

Samok schrieb, legte die Feder weg, schrieb wieder, sah mich zwischendrein an und sagte nichts. Da ging ich fort. Samok stand auf und kam nach. »Du rennst ja hinter mir drein«, sagte ich belustigt. Samok bat mich, doch umzukehren. »Hat es nicht eben zu schneien begonnen ...«

»Aber mein Kolleg. Und nachher muß ich zu einer Einspritzung ...« »Komm bitte –« Samok sah aus, als ob in ihm ein Funke Hoffnung jäh erwachte. »Du bist auch so seltsam – krank.« Ich sagte nichts. Ich wartete ab, was Samok tun würde. Samok sagte höflich: »Hättest du nicht Lust, mit mir zusammen zu saufen?« Wir verriegelten die Tür und holten eine Ginflasche aus Samoks abgeschabter brauner Ledermappe. »Ich saufe wie ein Loch«, gestand mir Samok. »Sonst würde ich mir eine Kugel durch den Kopf jagen.« Ich begriff Samok nicht – ich habe ihn nie sehr gut verstanden. »Sie hieß Sab – –« Samok rülpste. Ich wollte das Wort nicht hören, diesen Namen nicht mehr aussprechen müssen. Ich dachte an das gelbe Gesicht dieser Frau, an ihr schwarzes Haar. Sie war mir fremd, unendlich fremd ... Wir sprachen, indes wir tranken, über verschiedenes. Der Ofen glühte, eine wohltuende Hitze ging durch meinen durchfrorenen und ermüdeten Körper. Ich saß in einer wohligen Betäubung auf dem geschnitzten Präsidentenstuhl, Samok kauerte zu meinen Füßen wie ein Hund. Mit wässerigen, kurzsichtigen Äuglein betrachtete er den Fußboden.

Plötzlich hob sich sein Blick. Samok sagte, und diese seine Worte sind in meiner Erinnerung geblieben, weil er, während er sie sprach, so dumpf und plump dahockte: »Ich finde dich so schlank – ich möchte dich haben –«

Zwischen vielen blauen Nebelkreisen und Ringen in der Luft sah ich Samoks Finger am Knopf meines Mantels, spürte seine Hand einen Augenblick später auf meiner bloßen Haut. Dies verwunderte mich durchaus nicht. Nur ekelte mich vor der Form dieser Hände, die kurz und täppisch waren, vor diesen braunen, begehrlichen Bratwurstfingern. »Weg, das tu ich selber«, sagte ich, gleichsam ob dem Klang meiner Stimme erwachend. Samok begann zu weinen, als ich ihn auf die Finger schlug, er saß aber ganz ruhig und wartete ab, bis ich die Knöpfe meines Kleides geöffnet haben würde. Als ich den obersten Knopf unter meiner Hand spürte, kam mir, wie eine beiläufige Sache, der Gedanke, daß ich im Begriffe war, eine Ungehörigkeit zu begehen. Da geriet ich außer mir. »Esel, Schwachkopf, Idiot, was willst du denn eigentlich von mir?« Samok lachte, widerlich besoffen, und setzte die viereckige Flasche wieder an den Mund. »Assez«, sagte ich nach ungefähr zehn Minuten. »Ich überblicke die Situation. Samok, in welchen Film gehen wir?« Wir mußten noch etwas warten, ein paar Stunden. Dann war Samok nüchtern. Ich telephonierte heim, daß ich eine Freundin getroffen hätte und nicht zum Nachtessen käme.

Wir gingen in den schlechtesten Film, der damals lief, und ich darf wohl behaupten, daß wir nachher beide wie neugeboren waren. Samok brachte mich zur letzten Straßenbahn. »Du bist eine nennenswerte – Frau«, sagte Samok.

Wenn du den Mund halten könntest, wäre viel gewonnen, dachte ich. Samok öffnete wieder den Mund: »Du –« Da fuhr die Straßenbahn weg, und ich konnte mit Mühe aufspringen. Die Straßenbahn fuhr und fuhr, fuhr durch die unsägliche Einsamkeit der frierenden Stadt, durch Nebel und Kälte, fuhr mich auf den Hügel, heim. Als ich ausstieg, lag alles still, kahl, erstorben.

Die Erinnerung, die mich einen Nachmittag lang verschont hatte, kam wieder, lauernd, wie ein dünner, farbloser und entsetzlicher Schatten. Ich biß auf die Zähne. Der hohle Klang des Windes weckte mir Sabines Stimme. »Ich wundere mich nur, daß er gerade uns beide aussuchen mußte – ich weiß, wie weh es tut – gerade bei ihm –«. Ich horchte in die Finsternis hinaus, die schwer über den nassen, gequälten Bäumen lag, in der irrsinnigen Hoffnung, es möchten Schritte kommen. Deine Schritte – aber alles blieb still. Bereits deckte eine dünne Schneeschicht den Boden. Und der große Hügel lag und litt und schwieg in seinem Schmerz um die vergangene Glückseligkeit des Sommers. Und blieb still, so barmherzig still ...

Ich suchte meinen Schlüsselbund aus der Handtasche hervor.

In der Wärme des dunklen Hausganges zuckten alle meine Nerven auf und sträubten sich gegen die Gewohnheit, gegen die lästige Gewohnheit des Weiterlebens. Durch die Glastüre des Herrenzimmers konnte ich sehen, daß mein Papa noch an seinem Schreibtisch saß. Er korrigierte Hefte. Von Zeit zu Zeit trank er aus einem gefüllten Weinglas in großen Schlücken. Sonst würde er die Misere auch nicht ertragen, kam mir in den Sinn.

Angezogen wie um wieder auszugehen, lehnte ich an der Wand. Samoks Zudringlichkeit hatte mir, wie man so treffend sagt, »den Rest gegeben«. Ich hatte wieder jenes Gefühl wie nach der Unterredung mit Sabine: als kaue ich Wolle, schlänge Bissen um Bissen der ekelhaften Speise hinunter – Annes frisches Gesicht kam mir vor, Grets Weisheit und Beas Raffinement, die Ambitionen des »Eidechs« und mein eigenes Leben –. Es kroch in mich hinein wie eine schlüpfrige Schnecke, naßkalt, klebrig, und es wurde ein Satz, ein Seufzer beinahe, der sich als ein großer Überdruß hinzog durch Wochen und Monate meines Lebens. Ich wußte, mit den Worten meiner längst verkauften Lateingrammatik: Nunc taedet me vitae[1].

---

[1] Jetzt bin ich des Lebens überdrüssig.

Cécile Ines Loos
Die Hochzeitsreise

Im Grunde genommen war es immer eine eigentümliche Sache gewesen um ihn. Er war treu und aufmerksam und gar nicht etwa dumm, dennoch hatte er nie den Nagel auf den Kopf getroffen. Das, was er bei dieser oder jener Gelegenheit sagen oder tun wollte, fiel ihm immer erst später ein. Er brauchte sozusagen ein Zwischenstück, und die Gedanken flogen nicht wie Bienen von selber in seinen Kopf. Hatte er dann aber das betreffende Vorbild gefunden, so war er schließlich ebenso klug wie andere Leute. Ja, er stand an der Spitze, und man sagte sich: »Man hat es eben bisher nur nicht bemerkt.«

An der Hochzeit war es ja wirklich etwas knapp zugegangen. Knapp und prosaisch und furchtbar uninteressant. Und was hatte die Frau nicht zuvor schon alles gehört und gelesen über Hochzeiten! Von wilden Entführungen wollte sie jetzt lieber ganz schweigen, und vielleicht waren sie nicht einmal rechtschaffen. Aber er hatte doch ein wenig Geld auf der Bank, und dann das Gütchen, und die ewigen Stellen waren ihr verleidet. Jetzt konnte sie wenigstens zu den Bekannten sagen: »Wenn man ein Haus besitzt wie wir, so hat man auch seine Sorgen.« Darin lag ihre Genugtuung, daß sie sich mit ihren früheren Meisterfrauen auf die gleiche Stufe stellen konnte. Und gerade deshalb hatte sie ihn schließlich geheiratet. Nicht eigentlich wegen der Schönheit.

In der Kirche war es noch angegangen. Der Mann saß zwar steif und unbequem in der Bankreihe, und es war auch seine erste Hochzeit. Er hatte noch keine Erfahrung darin und auch kein Vorbild vor sich. Immerhin zog er den Unterkiefer und die Mundwinkel herunter, um sich eine gewisse Feierlichkeit zu geben. An seinem eckig vorgeschobenen Arm schleppte er sie durchs ganze Dorf, und er wußte nicht, ob er seine weißen Baumwollhandschuhe den ganzen Tag anbehalten sollte. Hinter ihm, sozusagen als einziger Hochzeitszug, kam noch seine Schwester mit ihrem Mann. Da sie aber von Gemütsart so ziemlich ähnlich war wie er, so konnte sie auch wieder nichts anderes tun, als ihn nachzuahmen, desgleichen ihr Mann, der als angeheiratet gar nicht in Betracht kam, etwas Neues zu erfinden. Der Tag verging, wie gesagt, ziemlich triste, und auch in der »Etoile Bleue« kam ihnen allen keine Erleuchtung, wie man das Leben etwas hochzeitlicher gestalten könnte. Jedes sah auf seinen Teller und aß pausenlos weiter, um ja nicht der Serviertochter beim Tellerwechsel ungeschickt in die Quere zu kommen. Einzig zum Schluß, als der Schwager, statt sich den Mund zu wischen, kräftig in die schwere leinene Serviette schneuzte, mußte die Braut lachen, und plötzlich lachten sie alle mit. Der Bräutigam legte einen Franken auf den Tisch als Festgeld. Dann gingen sie alle miteinander mit ihren Myrtensträußen und ihren weißen Baumwollhandschuhen steif und feierlich zur Tür hinaus.

Aber am andern Tag, da machten sie doch die Hochzeitsreise. Genau in den Kleidern von gestern und mit den Sträußen und den Handschuhen. »Das muß eine Hochzeitsreise werden!« sagte er und hatte sich vorgenommen, ins Städtchen hinunter zu fahren. Schon frühmorgens um fünf Uhr fuhr der Zug weg. »Jetzt müssen wir früh aufstehn«, hatte Pierrelot gesagt, »man feiert nur einmal Hochzeit im Leben.« – »Bien sûr«, antwortete die Frau, und sie wunderte sich, was es wohl in der Stadt zu sehen gäbe an einem Hochzeitstag. Sie war schon manchmal im Städtchen gewesen, aber dann war nicht Hochzeit. Sie stellte sich vor, es könnten vielleicht in den Straßen Girlanden hängen wie am Schützenfest, oder womöglich zog ein Zirkus ein. Vielleicht liefen Menschen in komischen Kleidern umher wie an der Fastnacht. Das kam ihr in den Sinn, oder sogar gab es eine Totenfeier, nur konnte die Stadt nicht gleich aussehen wie an allen anderen Tagen.

Er saß vorwärtsfahrend im Zug und legte die Hände mit den weißen Handschuhen gespreizt auf seine Knie, so daß sie aussahen wie abgefallene Blätter. Sie dagegen hielt die Finger, wie zum Gebet gefaltet, im Schoß. Ihr Myrtensträußchen trug sie an die Bluse geheftet, und er das seine ins Knopfloch gesteckt.

Am Ort wurden die Milchkannen eingeladen, und der

Zug hatte jetzt schon Verspätung. »Tu vois«, sagte er, »das macht man immer so.« – »Eh bien oui.« An jeder Station geschah dasselbe, und nach zwei Stunden war man in der Hochzeitsstadt angelangt. »Jetzt trinken wir einen Kaffee«, sagte der Mann. »Einen Kaffee Kirsch.« – Das ist es, denkt die Frau, wir trinken einen Kaffee Kirsch, dafür ist die Hochzeit auch etwas Besonderes. Sie weiß nicht, was noch folgen kann, und bleibt voll Erwartung. Es geht eine halbe Stunde, bis der kleine Kellner ihren Sitzplatz entdeckt hat. »Eh bien, un café Kirsch?« sagt er. Man trinkt den Kaffee und rührt mit dem Löffel im Glas herum. »Jetzt gehn wir in die Stadt«, sagt Pierrelot und zieht seinen Kittel vorne zusammen. Jetzt fängt die Hochzeit an, denkt die Frau.

Wie sie zur Bahnhofhalle hinaustreten, fährt ein Auto knirschend gegen den Steinrand. »Attention, vous autres!« schreit der Chauffeur. Er wartet, ob sie vielleicht einsteigen wollen. Da dies nicht der Fall ist, nimmt er seine Zeitung aus der Tasche. »Pierrelot, ein Auto!« sagt die Frau mit glänzenden Augen. »Bah«, macht er, »gehn wir lieber zu Fuß!« Er würde ganz gern in das Auto steigen, aber er geniert sich vor dem Chauffeur, und dieser Teufelskerl weiß ganz genau, wie man es macht. Dann gehen sie eine Straße hinauf und eine andere Straße hinunter. Oben ist eine Querstraße. Mützen in den Schaufenstern, Schirme, und im Eckladen eine Silbertasche, zu 12.50 angeschrieben. Das wäre ein Hochzeitsgeschenk, denkt der Mann. Aber von der Tür aus ruft ihm ein Fräulein mit rotblonden Locken zu: »Quelque chose pour vous, Monsieur?« Nein, sagt er sich, ich kaufe die Tasche nicht. Ganz zuhinterst in einer verborgenen Gasse nehmen sie das Mittagsmahl. Er bestellt zwei Suppen. Aber da sie weiter Hunger haben, bestellt er noch Aufschnitt. Nach diesem nochmals Suppe und Fleisch und Gemüse. Eine Flasche Roten und Käse, und hernach wieder Aufschnitt. Er hat jetzt ebensoviel ausgegeben wie für einen gewöhnlichen Tagespreis in einem Restaurant. Nach dem Essen beginnt von neuem die Wanderung. Straßauf und straßab, und oben die Querstraße, Mützen und Schirme, und die Silbertasche im Eckladen, zu 12.50. – Er möchte sie absolut kaufen, aber er weiß noch nicht wie. Er hat das Vorbild nicht dafür.

Endlich, gegen fünf Uhr abends, hat es mehr Leute auf der Straße, und plötzlich sitzen sie neben einer Familie in einem Vorgärtchen und trinken Sirup. »Auf der Hochzeitsreise, wie?« sagen die Nachbarn. »Ja, ja, wir sind eben erst angekommen und besehen uns die Stadt.« – »Schau, schau, das ist aber schön, und prächtiges Wetter!« Und da lächeln sie ermuntert alle miteinander. Nachdem sie die Familie verlassen haben, spaziert vor ihnen auf dem breiten Bürgersteig ein eleganter Herr mit grauen Gamaschen, und neben ihm eine Dame mit einem Pelz. Der Herr fährt sich mit den beringten Fingern über das rosige Genick. Er hat irgendwelche Pläne. »Nur nicht übereilt, meine Liebe, wir haben ja Zeit, zu was brauchen wir uns herumzuscheren mit andern Leuten? – Wir übergeben die Sache einem Rechtsanwalt.« Pierrelot verliert kein Wort, wie sein Schatten folgt er mit seiner Frau den hellen Gamaschen des andern. »Du, das ist ein Graf«, sagt er, und nun hat er das Vorbild gefunden. Zusammen sehen die beiden Paare in die Schaufenster. Nun lacht er schon gleich wie der andere. Der aber klemmt seinen Spazierstock unter den Arm und heftet der Frau die Brosche etwas besser ans Kleid.

Pierrelot aus dem Dorf ist nun mit seiner Frau in einer Allee angelangt. Herren tragen winzige Paketchen am Finger, und Damen schwenken ihre Täschchen. Plötzlich sitzen beide Paare hinter einem Oleanderbusch vor einer eleganten Konfiserie. »Deux Omnibus«, sagt der Graf und dann: »eine Zigarre«. Lange sucht er im Kasten umher, bis er die Richtige gefunden. Pierrelot am Nebentisch gibt dem Kellner einen Wink, daß er dasselbe wünsche. Der Graf legt den Arm auf die Stuhllehne seiner Frau und sagt ihr etwas ins Ohr, worauf beide lachen. Die Frau zieht die Bluse im Gürtel straffer, und vor einem winzigen Spiegel pudert sie Nase und Kinn. Sie schaut auf die glitzernde Armbanduhr. »Eduard, ich muß mich noch umziehn für das Gartenfest, bestell doch einen Taxi!« Die Dame hüpft hinein, und der Graf mit seinen hellen Gamaschen folgt ihr nach. Erst beim Anfahren zieht er lässig die Türe zu. »Wir haben noch haufenweise Zeit, Chérie, mindestens eine Viertelstunde.«

Pierrelot legt seine Handschuhe auf den Tisch, als wären sie auch aus Wildleder. Dann biegt er den Arm um die Stuhllehne seiner Frau. Er flüstert ihr ins Ohr: »Wie reizend du aussiehst.« – »Geh«, sagt die Frau und wird rot. Pierrelot ruft dem Garçon: »Einen Taxi, bitte!«

Plötzlich denkt er, daß auch sein Zug um sieben wegfährt. Der Omnibus ist der Frau in die Glieder gefahren, sie hat ganz verschwommene Augen. Der Mann zieht ihr die Bluse ein wenig zurecht im Gürtel. »So paßt es besser für eine Hochzeitsreise«, sagt er. »Fahren Sie uns in die Straße von Longue-Verte zum Silberhändler.« Mit kräftiger Hand schiebt er die Frau in den Wagen, dann springt auch er aufs Trittbrett, als trüge er weiße Gamaschen. Im Fahren erst zieht er lässig die Türe zu. Der Frau ist alles ein wenig ungewohnt in den Kopf gestiegen, der Omnibus und das Auto, der Graf und der Parfum, der irgendwie an ihrem Kleide haftet. Im Laden sagt der Mann zum rotblonden Fräulein: »Geben Sie meiner Frau die Silbertasche«, und dann zahlt er die 12.50 dafür. Elegant trägt er das Päckchen am Mittelfinger. Aber die Frau meint: »Jetzt müssen wir auf den Bahnhof.« – »Eilt nicht, eilt nicht, wie lange hat man, hinzufahren?« – »Fünf Minuten, mein Herr.« – »Da haben wir noch haufenweise Zeit, Chérie, mindestens zehn Minuten darüber hinaus.«

Und so sitzen sie im letzten Zug, der nach dem Dörfchen fährt. Die Milchverladung findet nur am Morgen statt, und jetzt geht es schneller. Pierrelot läßt die Frau vorwärts fahren. Nachlässig hängen seine Hände zwischen den Knien.

»Und wie hat es dir denn gefallen?« sagt er.

Der Frau steigt ein Schluchzen aus der Kehle herauf. »Du bist hundertmal schicker als jeder Graf...«

ALINE VALANGIN
So fing's an ...

An einem freundlichen Septembertag hieß es, Krieg sei ausgebrochen. Draußen in der Welt. Polen, England, die Franzosen, die Deutschen. Überraschend war es nicht. Wenn man es recht bedachte, so hatten sich die letzten Jahre schlecht angelassen und waren oft schlimm zu Ende gegangen. Wenig Arbeit in den Städten für die Männer, die mißgelaunt zu Hause blieben, ohne den Frauen viel von ihrer Bürde abzunehmen. Und für die Frauen ein immer härteres Tagwerk, denn es war, als werde der Boden immer geiziger. Er gab kaum genug Gras für die Ziegen. Die meisten Familien hatten ihre Kuh verkaufen müssen und hielten dafür Schafe. Doch gerade dies sei das Übel, zeterte die alte Cora, die Älteste vom Dorf. Die Schafe fräßen das Gras samt den Wurzeln weg, und bald werde der Berg kahl aussehen wie der Schädel des Sindaco.

So weit war es noch nicht, aber nun war der Krieg ausgebrochen. Die Männer saßen in der Wirtschaft »Zur Post« und hörten die Rede an, mit der das Ereignis der Welt bekanntgemacht wurde. Seit Tagen hatte man die Erklärung erwartet. Nun erschreckte sie doch.

Renzo fand als erster ein Wort: »Endlich«, brüllte er, »porca madonna.« Sein Schwager Gottardo fuhr ihn an: »Daran, daß wir nun alle von unseren Frauen und Kindern weg einrücken müssen, denkst du nicht, natürlich, dich stört das wenig, bist ledig und hast ja verstanden, dich auf ganz besondere Manier um die Sache zu drücken.«

Man hörte Für aufwiehern. Der Lehrer fiel ein: »Es wird jeder seine Pflicht mit Freuden tun.«

»Für unser Vaterland«, stöhnte Palmiro. Er hatte Mühe, die Tränen zurückzuhalten. Alle fanden es unpassend von ihm, das Vaterland zu erwähnen, wo doch sein Vater kein Hiesiger gewesen war. Aber man ging darüber hinweg, in solcher Stunde! »Frauchen« ergriff das Wort:

»Als ich im Splendid ... da hörte ich einst den Herrn Baron von Mansky zu einer Dame sagen, wenn die Frauen Samtkleider trügen, so gebe es Krieg. Wahrscheinlich haben die Frauen zu viel ...«

»Man weiß, was das heißt, Krieg«, sagte Martino, »Not und Elend!«

»Vielleicht auch eine Hoffnung«, warf Laurin ein, »Hoffnung auf eine bessere Welt, nachher, wenn all die Tyrannen und Schinder niedergemacht sind ...«

Fiür meckerte: »Ich denke, es werden doch die Großen sein, die den Krieg angefangen haben, die dabei auch profitieren. Der kleine Mann, der wird schwitzen und bluten und leer ausgehen, wie immer.«

Serafino saß still lächelnd in einer Ecke und sagte vor sich hin: »Ich sehe ... Ich sehe ...«

»Was siehst du denn?« fragte ihn Alda, die aufgeregt schwarzen Kaffee und Grappa servierte. Solchen Andrang war sie nicht gewöhnt. Sie hatte kaum Zeit, die Antwort des Alten abzuwarten. Er flötete vor Erregung heiser, rote Tupfen auf den glatten Backen und die blauen Greisenäuglein verdreht: »... eine große Sense, nur eine große Sense ... Aber die kann sich sehen lassen.«

Und schon läutete die Sturmglocke wild und gellend, als wolle sie zum Turm heraus springen. Ihr besonderer Klang war so sehr mit der Vorstellung von unmittelbarer Gefahr verbunden, daß es die Männer hochriß. »Da haben wir's«, schrie einer, und alle verließen hastig die Wirtschaft, in der Alda plötzlich allein zurückblieb. Verdutzt schaute sie auf die Unordnung. Verschütteter Kaffee, verschobene Tische, umgerissene Stühle, ein zerbrochenes Glas. Aus dem aufgedrehten Radiokistchen lärmten englische Worte, und durch die offengelassene Tür drang das Wimmern der Glocke. So begann also der Krieg!

Sie faltete die Hände und trat auf die Straße hinaus. Im Spezereiladen Palmiros drängten sich die Frauen. Sie huschte hinüber, froh, Anschluß zu finden.

Gelsomina, des Ladendienstes ungewohnt, schoß herum wie eine Hummel. Schwitzend arbeitete sie an der Dezimalwaage. Daß auch alle im selben Moment Mehl haben wollten! Aber sie sollte es nur freuen. Der Tag versprach eine gute Einnahme. Sie wog ab, Säcklein um Säcklein, das ihr gereicht wurde. Mehl lag in Streifen am Boden. Ihre Hände, ihr Kleid, das Gesicht waren weiß bestäubt. Sie hatte nicht Zeit, sich den Tropfen von der Nase zu wischen und mußte ihn mit der Zunge auffangen. Kaum war eine Kundin bedient, drängte sich eine andere vor. Und das Geschnatter der Weiber, und die stickige Luft im engen Raum, und das Heulen der kleinen Kinder, denen im Gedränge angst wurde! Und ob auch niemand die Gelegenheit benützte und etwas entwendete, während sie keuchend vor der Waage kauerte? Sie wußte nicht mehr, wo ihr der Kopf stand.

Zum Glück kam ihr Alda zu Hilfe. Sie hatte sich einen Weg bis zu Gelsomina gebahnt und stand nun neben ihr.

Mochte es Aldas adrettes, fast städtisches Aussehen bewirken, die losgelassenen Geister beruhigten sich.

»Schreib wenigstens auf«, flehte Gelsomina zwischen ihren Säcken hervor. »Zehn Kilo Laurins, zehn Kilo Rosadilima, fünf Kilo Cora, zwanzig Kilo für deinen Schwiegersohn. Vergiß keinen.«

Nach zwei Stunden war Palmiros Mehlvorrat erschöpft. Wer sich davon etwas hatte ergattern können, ging mit dem Gefühl, das Notwendigste getan zu haben und den weiteren Verlauf der Dinge in Ruhe erwarten zu können, nach Hause. Die anderen tobten weiter und kauften in Ermangelung von Mehl, was sonst im Laden zu haben war. Am Abend brach Gelsomina am Küchentisch erschöpft zusammen. Das Gesicht in den Händen, wimmerte sie: »Kinder, ist das ein Krieg!«

Am Kirchturm, im hohen Fenster des Glockenturms, brannte die Laterne. Der Küster hatte sie hineingestellt und angezündet. Wie zur Zeit des vorigen Weltkrieges sollte sie dort jede Nacht leuchten, bis wieder Friede würde. Die ältesten Leute erinnerten sich gut an jene Jahre und berichteten davon. Unzählige Diensttage für die Männer. Kehrten sie nach Wochen und Monaten heim, erkannten ihre kleinen Kinder sie nicht mehr. Für die Frauen Sorgen und Mühen, denn die Lebensmittel waren knapp und teuer. Es gab Armut, Not und schließlich noch die Grippe, die so manchen holte. Dann eines Tages war alles aus, und man vergaß den Schrecken, dem man ja mit einem blauen Auge entronnen war. Ob's diesmal auch so gelänge, ob der Herrgott ein zweites Mal gnädig sein wollte?

Die Jungen und die Kinder hörten skeptisch zu. Die Alten waren stets bereit, Greuel zu erzählen und den Teufel an die Wand zu malen. Sie fanden eher, die Abwechslung sei nicht übel, und vage versprachen sie sich einen Gewinn davon.

Auch auf der Bargada wurde die veränderte Weltlage verhandelt und des früheren Krieges gedacht. Orsanna wurde gesprächig. Damals war die große Zeit der Bargada gewesen. Sie beschrieb den Hof als blühende Musterwirtschaft, umsichtig geleitet von Bernardo, dem alles glückte. Daß es die Zeit gewesen war, da die Arminifrauen den erbittertsten Kampf um die erste Stelle auf der Bargada ausgefochten hatten, wußte sie nicht mehr.

Zoe lauschte dem Bericht der Alten. Sie versuchte, sich an jene Jahre zurückzuerinnern. Damals lebte sie bei ihrer Großmutter im Städtchen. Kein Mann war dort im Hause, der über die Weltereignisse berichtet hätte. Wenn sie jetzt an jenen Krieg dachte, kam ihr nur ein Satz ihrer Großmutter in den Sinn: »Dein Vater ist wieder an der Grenze, und deine Mutter schindet sich auf dem Hof zu Tode.« Gleichzeitig sah sie vor sich einige Postkarten, die ihr einst, lange nach des Vaters Tod, in die Hände gefallen waren, als sie am Schubfach der großen Schreibkommode, die jetzt in ihrer Stube stand, hantierte. Ein geheimes Fach ging auf und gab die Bilder frei. Darauf waren leichtbekleidete Damen zu sehen, teils in Korsett mit Strumpfbändern, teils nur mit Blumenkränzen umwunden, das Haar nach der früheren Mode hochfrisiert. Sie bildeten malerische Gruppen oder spielten einzeln mit einer Taube oder einem Kätzchen. Auf der einen stand hinten in Vaters Handschrift: Kriegsjahr 1917. Sie hatte den Fund erschrocken betrachtet, ohne einen Schluß auf des Vaters Lebenswandel daraus zu ziehen. Es war ein Geheimnis. Über ein Geheimnis hatte man nicht nachzugrübeln. Gab's doch noch andere Geheimnisse im Leben des Vaters. Auch in dem ihren. Sie wickelte die Karten in dünnes Papier, legte sie ins Fach zurück und vergaß sie.

Jetzt standen die Photographien wieder in jeder Einzelheit, die sie bei der Entdeckung verblüfft hatte, vor ihren Augen. War so der Krieg?

Die Männer verließen das Dorf, truppweise, auch die letzten, die von entlegenen Holzplätzen oder Alpen gerufen wurden. Und die vielen, die aus den Städten, wo sie auf Arbeit waren, zuerst nach Hause zurückkehren mußten, um ihre Tornister zu packen. Sie fuhren ab, in Camions, in der Post, mit Fuhrwerken oder in Privatwagen, die sich auftreiben ließen. Den Zurückbleibenden wurde schwer ums Herz. Sie standen verloren auf der Piazza herum und tauschten böse Ahnungen aus.

Palmiro versuchte die Traurigen mit dem Bericht zu zerstreuen, wie er Gottardo und den jungen Amadeo in seinem Wagen zu Tal gebracht habe, daß er sein schmukkes Gefährt hergegeben habe, um Soldaten mit Sack und Pack und Gewehr – welche Gefahr für die Polster und die Scheiben – zu transportieren. Was tut man nicht aus Freundschaft und fürs Vaterland. Dann der Gemütszustand der Burschen. Amadeo hatte sich zu viel Mut angetrunken. Schon bei der Bargada stöhnte er: »Ob ich sie je wiedersehe?« Gottardo rülpste vor Spott. Amadeo stieg mehrmals aus und legte sich auf die Straße, er fahre nicht mit, worauf Gottardo ging und ihm seinen genagelten Schuh in die Seite stieß. Endlich gelang Amadeo die Befreiung. »Zum Fenster hinaus, zum großen Glück«, schloß Palmiro die Geschichte. Sie wollte niemand recht freuen. Auch Fiürs Späße gefielen nicht mehr. Nichts konnte die Konkurrenz mit den Weltereignissen aushalten. Am ehesten sorgten die neuen Verordnungen der Obrigkeit für Ablenkung. Was sie an Scherereien mit sich brachten! Der General, dessen Bild in Palmiros Laden und bei seiner Mutter in der Butike zu kaufen war, befahl Verdunkelung. Das tröstliche Licht am Kirchturm mußte verschwinden. Schade. Auch die Beleuchtung der Piazza, die dem Dorf nachts Ansehen und Wichtigkeit verliehen hatte. Man schraubte die drei Birnen aus und gewöhnte sich, bei Dunkelheit den Weg zu finden. Noch manches andere wurde eingeführt, das Verwunderung und Bedauern weckte; so die Lebensmittelkarten. Eine seltsame Sache, über die gelacht wurde, bis ihre Perfidie an den Tag kam. Die alte Cora klagte und traf damit die Meinung der meisten: »Was sollen mir die Zettelchen? Hafer? Habe ich nie gegessen. Bin ich ein Roß, das Hafer frißt? Man will uns armen Leuten nur das Geld aus der Tasche ziehen. Fleisch, Butter, Fettkäse, Schokolade, was noch? Welch unverschämter Luxus! Ich bin alt geworden ohne Ausschweifungen und will auch ohne diese Sünden mein Leben beschließen.« Sie weigerte sich, ihre Marken einzulösen. Erst als ihr Polenta-Vorrat ausging, geruhte sie, Brot zu beziehen. Etwas muß der Mensch ja essen. Es war schlecht, schwarz, lag wie ein Klumpen im Magen. Aber da es den Herren paßte, das Volk zu plagen ...

Palmiro, dem es das Herz abschnürte, seinen Kunden nicht mehr alles, was sie wünschten, verkaufen zu dürfen, flüsterte ihnen hinter vorgehaltener Hand zu, er werde es sich zur Ehre gereichen lassen, sie zu versorgen wie früher. Man solle nicht meinen, der Arm der Obrigkeit reiche bis hierher. Bis zum heutigen Tag habe hier Freiheit gegolten, und sie werde auch in Zukunft gelten. Und so hielt er's. Wenn er von seinen Einkäufen im Städtchen zurückkam, umschwirrten Frauen und Mädchen seinen Wagen und überboten sich in Liebenswürdigkeiten. Es schmeichelte ihm. Endlich fand er die Anerkennung im Dorf, nach der er seit seiner Jugend gedürstet hatte. Er verteilte mit weiten Armbewegungen und einem dröhnenden Lachen die bunten Schokoladetafeln. Im Nu war die Kiste leer. Das geht, so lang es geht, dachte seine Mutter, die aus ihrem Küchenfensterchen dem Handel zusah. Der Esel. Die Zeit kam denn auch, da es Palmiro leicht fiel, die allerbeste Ordnung auf den Regalen seines hübschen Ladens zu halten, denn die Engros-Geschäfte konnten ihn nicht mehr beliefern. Was nützte nun dem hochtrabenden Herrn Sohn das neue Geschäft, wenn es weniger enthielt als ihre rauchige Butike? So kam sie endlich zu einer Genugtuung.

Um diese Zeit fuhren auch die ersten schweren Bomber durch den Himmel. Wenn Renzo über die Piazza ging, blieb er kurz stehen, lauschte in den Himmel und wartete auf den dumpfen fernen Brummton der Apparate, den der Rand der Nacht wie mit Watte verstopfte. Es erregte ihn. Wer so fliegen könnte, weit über Berge, Ebenen und Meere! Dieses verfluchte Kaff hier, in dem nicht das geringste geschah, während draußen die Welt zusammenbrach. Ihm blieb nichts, als an der Radiokiste zu kleben und mit den Ohren aufzufangen, was von den großen Ereignissen darin Platz fand.

Auch Alda saß den ganzen Tag vor dem Gerät. Wohl das erste Mal, daß sie mit dem Sohn einig war. Es fiel auf, daß sie sich seit Ausbruch des Krieges anders kleidete. Kurzes Kleid, Zierschürze und modische Frisur hatte sie gegen die schlichte Tracht der alten Frauen vertauscht. Auch ihr Verhalten hatte sich geändert. Sie, die Fleißige, ließ jede Arbeit liegen. Wozu noch putzen und flicken, sich sorgen, wenn es in der Welt so zuging, daß ans große Ende zu denken war? Sie hatte zwar weder Mann noch Sohn an der Grenze, aber so egoistisch durfte man nicht sein. Das Unglück ging jeden einzelnen an. Die Hände im Schoß, wandte sie ihre Blicke unablässig vom großen Wecker, der auf dem Wandbrett tickte, zum Radio. Sie wußte auswendig, wenn ein Sender Neuigkeiten über Europa, das so zusammengeschrumpft war, verkündete. »Jetzt Paris«, sagte sie zu den spärlichen Gästen, »dort beten sie, daß einem die Tränen kommen nur vom Zuhören. Jetzt Monte Ceneri ... in zwei Minuten der Italiener ... Domine, was der reden kann. Er spricht aus London; aber das ist doch seltsam, denn dort redet man englisch; aber das ist nun so mit den modernen Einrichtungen, die sprechen alle Sprachen. Wenn alles wahr ist, was sie sagen, dann steh uns Gott bei! Aber wie kann es nicht wahr sein? Sie reden so deutlich, und alles ist so genau erklärt, und doch behauptet einer das Gegenteil vom andern. Wie soll man wissen, wer lügt?« Es verwirrte sie tief. Waren nun diesen oder jenen hundert Flugzeuge verlorengegangen? Lagen die Söhne der einen oder der anderen Mutter in ihrem Blut? Sie fand die Antwort nicht. Wenn sie Renzo um Auskunft bat, griff er sich an die Stirn. Unmöglich, der Frau beizubringen, wie sich die Dinge in der Welt draußen verhielten, daß die Wahrheit zwei Gesichter hatte.

Oft, wenn eine Nachricht vorbei war, und die Leute, die dichtgedrängt in der Wirtsstube gelauscht hatten, sich wieder verliefen, trippelte die alte Cora herein. Sie mußte den Winter über je einen Monat bei einer ihrer Schwiegertöchter leben, da ihr eigenes Haus am Zerfallen und nur mehr in der warmen Jahreszeit zu bewohnen war. Sie hätte sich ja ins Asyl zurückziehen können, doch ihren Söhnen erlaubte es der Stolz nicht. So machte sie Jahr um Jahr ihre Runde und sagte, sie büße dabei Sünden ab, die sie vielleicht begangen haben könnte. Denn es ging ihr schlecht bei ihren Kindern. Man stieß sie herum, gab ihr kaum zu essen, und dann der ewige Zank mit ihren Schwiegertöchtern! Die jungen Frauen zeterten, sie mische sich in Dinge, die sie nichts angingen. Sie wehrte sich, sie könne doch nicht ruhig mitansehen, wie sie in Sünde lebten. Immer mit dem Mann im Bett. Wenn ihr vorgehalten wurde, wie denn sie zu ihren acht Söhnen gekommen sei, doch nicht durch den Heiligen Geist, ließ sie ihren Unterkiefer hängen. Sie erinnerte sich nicht mehr. Sie hatte es vergessen. Es war ja auch so lange her, daß sie jung gewesen war. Der schlimmste Monat war der bei Luigis Frau. Diese war ein Jahr im Welschland gewesen und hatte einige Monate in einer Spinnerei in der deutschen Schweiz gearbeitet ... ein vornehmes Mädchen ... und hatte dann doch ihren unwürdigen Sohn heiraten müssen. Eine unpassende Heirat für sie. Und wäre sie noch mit Luigi glücklich geworden. Aber das Kind starb, der Mann ging als Gipser auf Arbeit. Man tuschelte, Cora werde dort geschlagen. Jedenfalls war sie Alda dankbar für ein paar Stunden Ruhe im Wirtshaus.

»Was sitzt die alte Betschwester stets bei dir?« reklamierte Renzo. »Laß«, wehrte Alda, »ich habe nur einen Sohn als Nagel zu meinem Sarg, sie ihrer acht.« Sie schenkte Cora gelegentlich ein Gläschen Schnaps ein. »Es ist gut für Magen und Herz, trink nur«, ermutigte sie die sich zierende Alte. Cora nippte. Rasch stieg ein wenig Rot in ihre gelben Wangen, und entzückt schaute sie Alda an. Sie fing an zu plaudern, aber man verstand nicht, was sie sagte. Es klang, wie wenn junge Spatzen im Nest zirpen. Wenn die Wirtshausgäste darüber lachen wollten, sagte Alda ernst: »Ich verstehe sie schon, gelt, Cora. Sie sagt mir, ich solle für sie beten, daß sie endlich sterben könne. Der Herrgott habe sie vergessen.«

Manchmal setzte sich »Frauchen« zu ihnen. Er hatte nichts gegen ältere Frauen. Wenn Alda, zu Boden gedrückt von der Schwere des Geschehens, das Tag für Tag durch die bekannten Stimmen der Radiosprecher einer neugierigen Welt mitgeteilt wurde, ihren Hilferuf aufsteigen ließ: »Ist denn niemand mehr über den Wolken?« fand er trostreiche Worte. »Das sind so Geschichten, die da verzapft werden. Reklame für ihre Länder, nicht ganz ernst zu nehmen. Sie werden schon davon ablassen, wenn sie sich genug Sand in die Augen gestreut haben.« Er fand zwar auch, was da von der Macht des bösen Willens an Beispielen geboten werde, übersteige das Maß dessen, was ein Mensch sich ausdenken könne. Am Ende hatte Serafino recht, der Teufel persönlich sei los und furze in der Welt herum, aber wozu alte Frauen damit erschrecken? Er selbst vergaß das Gehörte gern und leicht wieder. Nur die Nachrichten aus der Schweiz ließ er gelten. Wurden Verordnungen verlesen, neigte er den Kopf wie ein Huhn, das auf ein besonders gutes Korn schielt, wartete einen Augenblick und nickte dann. Weiter nichts?

Also alles in Ordnung.

Alles in Ordnung, das fanden nach Tagen und Monaten auch die übrigen Dorfgenossen. Die Eintönigkeit ihres Lebens hatte die aufgescheuchte Phantasie wieder eingeschläfert. Es kam zwar vor, daß Gerüchte von Haus zu Haus gingen, etwa ein fremder Spion sei auf der Alp gesichtet worden, man müsse ihn einfangen. Es war dann nur der Apotheker aus dem Städtchen, der Heilkräuter einsammelte. Oder einem Kaminfeger, der eines Morgens auf der Piazza stand, wurden ungeheuerliche Absichten, zum mindesten Landesverrat, unterschoben. Das ging, bis er seine schwarzen Künste mit tausend Faxen bewiesen hatte, so genau, daß Mädchen und Frauen mit Rußstreifen und Tupfen im Gesicht herumliefen. Als er endlich verschwand, wie er aufgetaucht war, trauerten einige Mädchen ihm nach. Auch der Puppenspieler, der sein Theater im Schuppen Palmiros aufgeschlagen hatte, und zwei Wochen dort alt und jung zu Jubel hinriß, mußte ein

Verhör über sich ergehen lassen. Woher, wohin, wieso und warum? Aus Bergamo? Schau', schau', verdächtig. Aber der Held seiner Stücke, Guipino, mit seinen drei schellenartigen Kröpfen und mit dem frechsten Maul, das zu finden ist, wehrte sich so durchschlagend erfolgreich für die Freiheit, daß damit auch sein Meister die Probe bestanden hatte.

Der Krieg? Nun ja, der tobte draußen, wo die Berge flach werden. Hier nicht. Gott sei Dank!

Alda behielt ihr sittsames langes Kleid und die breite Schürze. Die paar Deutschschweizersoldaten, die zeitweise die Grenzposten verstärkten, konnte sie auch in der alten Tracht bedienen.

Aufwand sei nicht am Platz, fanden auch die anderen Frauen, denn man war unter sich, und das war im Grunde angenehm. Es läßt sich besser arbeiten, wenn die Männer fort sind. Manche dachte mit Schadenfreude, nun werde auch er lernen, beladen wie ein Esel an der prallen Sonne zu schwitzen, zu gehorchen, zu essen, was es gerade gibt und das Maul zu halten. Und hier brauchte man sie wirklich nicht. Man war ja gewöhnt, die Arbeit allein zu besorgen. Und daß die Faulsten daran glauben mußten, war nur gerecht: Schließlich wurden auch die letzten einberufen, sogar Fiür, obwohl er sich mit allen Mitteln gewehrt, und, dem Beispiel Renzos folgend, tüchtige Abführmittel eingenommen hatte. Der Sold der Wehrmänner hingegen floß ins Tal. Nie hatte man so viel Geld gesehen. Ein wahrer Segen. Nein, die Dinge standen nicht schlimm. Auch die papiernen Lebensmittelkarten, so sehr man sie am Anfang verwünscht hatte, waren nicht zu verachten. Es stand einem frei, die angegebenen Waren zu beziehen oder nicht. Jedenfalls waren sie günstig zu verkaufen. Besonders die Textilmarken wurden gesucht und gut bezahlt. Und war nicht das wenige, was das Land hergab, heute viel wert? Butter, Eier, Wolle. Reisten nicht Fremde bis zuhinterst ins Tal, um auszukundschaften, was zu ergattern wäre? Die waren leicht zu rupfen. O nein, von bösen Zeiten zu sprechen war nicht am Platz. Da waren die Jahre vor dem Krieg für die Frauen viel schlimmer gewesen, als die Männer in den Städten keine Arbeit mehr fanden, mißvergnügt zu Hause herumlagen und an allem etwas auszusetzen hatten. Das Leben war leichter geworden. Und manche Frau mochte ungern daran denken, der Krieg könnte rasch ein Ende finden und der frühere Zustand zurückkehren.

Aber auch Unangenehmes brachte der Krieg für die Frauen im Dorf. Nicht was Silva, die Hebamme, meinte. Sie zeterte über die Unordnung der Geburten. Früher, als die Männer nur die paar Wochen nach Weihnachten zu Hause weilten, kamen die Kinder im Herbst geregelt zur Welt, wenn die Hauptarbeit auf dem Lande getan war, und man sich Zeit lassen konnte. Jetzt, da der Urlaub die Heimkehr der Männer übers ganze Jahr hin verteilte, meldeten sich die Kinder zigeunerisch zu jeder Zeit. Aber nicht darüber wurde geseufzt, sondern über den befohlenen Mehranbau. Was wußten die Herren der Obrigkeit von der Beschaffenheit des Bodens hier. Sie sollten einmal selbst kommen und probieren, wie's tut und ob's was nützt, an diesen Hängen die harte, magere Erde umzugraben, die nur Handbreit über dem Felsengrund liegt. Sie sollten selbst sich bemühen, hier Gemüse und Mais zu pflanzen. Der Hagel, die Hitze, die Regengüsse, was wußten sie davon! Aber da das Vaterland dies verlangte, mußte man gehorchen.

Auf der Bargada überlegten sich Orsanna und Zoe hin und her, wie der Verordnung nachzukommen sei. Die paar Kartoffeläcker und das Bohnenfeld hatten für den Haushalt stets genügend abgeworfen. Das übrige Land, das nicht verpachtet war, war eine wenig gepflegte Grasmatte und gab gerade genügend Heu, um die Ziegen und Schafe durch die kältesten Wochen zu bringen. Nun mußte ein Teil davon umgestochen und angepflanzt werden. Der Sindaco und der Gemeindeschreiber waren da gewesen und hatten genau bestimmt, wieviel. Wer sollte die Arbeit leisten? Orsannas Rücken war zu steif geworden. Zoe war's nicht drum. Einen Taglöhner einstellen wäre das Einfachste, doch wo ihn finden? Alle Leute im Dorf hatte die Verordnung in gleicher Weise getroffen, überall fehlten Hände und Arme. »So wird Claretta eben dran glauben müssen«, sagte die Alte achselzuckend.

Zoe hatte mit dem Kind anderes im Sinn. Ihr Bruder Umberto war im Städtchen mit der Tochter eines Spediteurs gut verheiratet. Sie hatte ihn jahrelang nicht gesehen. Es hieß, er sei ein feiner Herr geworden, bewohne mit seiner Frau das stolze Haus seiner Schwiegereltern und kenne kaum mehr die Leute vom Dorf. Er stehe in der großen Garage und befehle die Chauffeure und Mechaniker herum. Der rote Camion, der wöchentlich Bier und Eis in die Wirtschaft »Zur Post« brachte, gehörte seiner Firma. Eines Tages hielt dieser Wagen vor der Bargada, und Umberto stieg vom Führersitz, im blauen Arbeitsanzug.

Er erklärte nach der Begrüßung den erstaunten Frauen, die meisten seiner Angestellten seien im Militärdienst. Mit Mühe habe sein Schwiegervater erwirken können, daß er entlassen werde. Nun habe er eben selber die Lastwagen zu lenken. Von da an sah man ihn oft auf der Bargada, ohne daß sich verwandtschaftliche Vertraulichkeit zwischen ihnen eingestellt hätte. Aber sein Besuch war eine Abwechslung, und die kleinen Geschenke, die er für Claretta mitbrachte, erfreuten nicht nur das Mädchen. Als Zoe hörte, Umbertos Frau suche jemanden für ihre Kinder, ließ sie sich's durch den Kopf gehen, ob nicht Claretta die Gelegenheit ergreifen sollte, um für einige Zeit fort von hier und an einen belebteren Ort zu kommen. Es wäre an der Zeit, daß sie anderes zu sehen bekäme als Dorf und Bargada und etwas lernen würde. Sie wußte, wieviel sie selbst den kurzen Aufenthalten in der Stadt zu verdanken hatte. Auch war sie längst hinter Clarettas Geheimnis gekommen, und da sie fand, die Tochter sei viel zu jung, um ans Heiraten zu denken, gefiel ihr der Gedanke doppelt. Daß da noch ein anderer Grund war, der sie die Abwesenheit der Tochter wünschen ließ, gestand sie sich ungern ein. Es war ihre Beziehung zu Renzo. Das Kind schaute sie manchmal so fragend an.

Zoe rückte mit ihrem Plan heraus. Nein, Claretta solle sich nicht mit Landarbeit abrackern, gescheiter sei, sie nehme die Stelle bei Umberto an.

Da es bestimmt war, wurde nicht mehr gezaudert. Nach ein paar Tagen fuhr das Mädchen mit dem Onkel auf dem Bierwagen fort, und Zoe und Orsanna blieben allein auf der Bargada.

Und der Mehranbau? Flüchtig zuerst, dann bestimmter, dachte Zoe an Renzo. Der einzige, der Zeit hatte, weil er der einzige war, der nichts tat. Er hatte ihr gelegentlich nahegelegt, wenn sie eine Kraft auf dem Hofe brauche, würde er einspringen. Was das hieß, war klar. Darum hatte sie bis jetzt abgelehnt. Sie überlegte. Bat sie ihn um Hilfe, öffnete sie ihm damit die Türe der Bargada. Oder war ihm trotzdem ein Riegel vorzuschieben? Als ihr schien, sie sei sich darüber klargeworden, sprach sie mit Renzo. Er hatte wohl auf die Anfrage gewartet, so rasch sagte er zu. Zu rasch, spürte er selbst, und schalt sich hintendrein, denn schon hatte er auch den ordentlichen Taglohn mit Zoe abgemacht und angenommen, was seiner Absicht zuwiderlief. Aber hatte er den Fuß dort auf der Scholle, würde sich das Weitere schon finden.

So ging's denn in diesem Frühjahr an ein neues Umgraben und Werken. Renzo zeigte Eifer, er, der sonst keinen Finger rührte und sich rühmte, mit dem langen Nagel seines kleinen Fingers den Schmalz aus den Ohren grübeln zu können. Man lachte im Dorf über diesen Umschwung. Alda wollte nichts davon hören. Das war zuviel. Für sie tat er keinen Streich, er ließ sich von ihr bedienen, und jener dort, zwischen den Tobeln, tanzte er nach der Pfeife.

Obwohl Zoe sich in acht nahm, Renzo keine weiteren Rechte einzuräumen, war doch nicht zu verkennen, daß der Mann sich langsam auf dem Hof breitmachte. Er kam und ging ein und aus, sah zum Rechten, wie er es nannte, schenkte sich Wein ein, wenn ihn danach gelüstete, guckte in die Pfannen und saß behäbig am Tisch, nicht viel anders, als wäre er dazu eingeladen. Zoe sah es ungern.

Schon bei ihren ersten Besuchen an Festtagen zu Hause, begann Claretta sich zu wundern. Sie fragte nach dem Verwandtschaftsgrad zwischen den Muri und den Armini – im Dorfe waren ja alle näher oder ferner miteinander verwandt – und mußte hören, es bestände keiner. Annehmen, Renzo sei einfach als Knecht angestellt, ging nicht, denn er lag auf dem Hof herum, auch wenn's auf dem Felde nichts zu verrichten gab.

Amadeo, der sie im Städtchen besuchte, wenn er in Urlaub war, half ihr, den Schlüssel zum Rätsel zu finden. Mit vorsichtigen Worten brachte er ihr bei, wie es zwischen Renzo und ihrer Mutter stand. Claretta erschrak. Bis jetzt hatte sie sich keine Gedanken über das Leben ihrer Mutter gemacht. Sie verehrte Zoe zärtlich. Daß sie nicht verheiratet war, daß sie selbst, Claretta, den Geschlechtsnamen der Armini trug und nichts von ihrem Vater wußte, damit hatten sie ihre Schulkameraden zwar spöttisch verhöhnt, aber es war ihr nie nahegegangen. Dies alles war stets so gewesen und hing eben mit dem Besonderen zusammen, das ihre Mutter darstellte. Nun aber brach die Wahrheit schmerzhaft in ihre kindliche Vorstellungswelt ein. Die Mutter also eine solche, sie selbst... wie hatte Amadeo gesagt?... Damit war schwer fertig zu werden. Nächtelang weinte sie, hin und her gezerrt zwischen Mitleid mit der Mutter und Abscheu gegen sie. So also sah die Sünde aus. Manchmal lachte sie sich aus, sie habe alles nur geträumt. Dann fiel es ihr doppelt schwer, daß Amadeos Behauptung doch stichhaltig sein mußte und sie also, ohne es gewußt zu haben und ohne es recht zu spüren, eine Unwürdige sei.

Zeitweise befiel sie eine wahre Wut gegen ihre Mutter. Sie nahm sich vor, ihr alles vorzuhalten und Rechenschaft von ihr zu fordern. Renzo mußte sofort verjagt werden. Diesen Entschluß teilte sie Amadeo mit. Er war nicht ihrer Ansicht. Ihm schien, gescheiter wäre, die beiden würden heiraten. Claretta schrie auf: »Renzo mein Stiefvater?« Doch Amadeo sah sie nicht an, als wollte er sagen: und wenn er dein Vater wäre? »Begreifst du«, hörte sie Amadeo wie durch einen dichten Nebel hindurch, »wenn die beiden heiraten, ist meinen Eltern der triftigste Grund gegen unsere Verbindung weggenommen: die Schande deiner Mutter.«

Von da an geriet Claretta ganz in die Zange ihrer widerstrebenden Wünsche. Wollte sie wirklich, daß ihre Mutter Renzo zum Manne nehme, die Dinge so äußerlich in Ordnung kämen und sie dabei eine Art Vater gewänne? Sie konnte Renzo nicht leiden. Die Vorstellung, er könnte auf der Bargada befehlen! Und doch, da die Heirat Amadeos Eltern umzustimmen vermöchte.

Claretta erschien am Morgen oft weiß wie ein Tuch und gab verkehrte Antworten. Langsam jedoch festigte sich ihr Gemüt wieder. Sie gewann Übersicht in dem Maße, als ihr Gefühl für Amadeo sich vertiefte und sie mehr und mehr ausfüllte. Es gab nur ein Ziel: die Vereinigung mit dem Liebsten. Diesem war alles andere unterzuordnen.

Als sie auf die Bargada heimkehrte, war sie ihrer Haltung sicher. Sie sah sogleich, daß Renzo sich auf dem Hof festgesetzt hatte, mehr als ihrer Mutter und der Alten lieb war. Die Stimmung war gespannt. Man redete wenig miteinander. Dies fiel ihr unangenehm auf, da in Umbertos Familie auf freundlichen Umgang viel gegeben wurde. Höchste Zeit, mit der Mutter ins reine zu kommen. Sie zweifelte nicht daran, daß die großen wie die kleinen Schwierigkeiten im Nu behoben wären, wenn sie nur dazu bereit wäre, ihr Verhältnis zu Renzo vor Gott und Welt in Ordnung zu bringen. So kam es zwischen Zoe und Claretta bald zur Aussprache. Das Mädchen gestand, es habe sich mit Amadeo verlobt. Zoe tat verwundert und fragte sich gleichzeitig, warum sie die Überraschte spielte. Sie hatte doch von der Hoffnung ihrer Tochter gewußt. Aber sie fühlte sich überrumpelt. Die Junge stand bescheiden und doch sicher vor ihr. Nun war's also soweit, daß sie sich zum alten Eisen zählen mußte, daß das Kind an die Reihe kam. Schon. Sie selbst hatte doch kaum gelebt. Ach was, zu erwarten hatte sie nichts mehr. Besser, man sah's ein und nahm's an.

»Ich habe nichts dagegen«, sagte sie ohne viel Überzeugung. »Er wird schon der Rechte sein.«

Nun kam für Claretta der schwierige Teil der Aufgabe, der Mutter nahezulegen, daß sie etwas dazu tun müsse. Wie schwer war es doch, die Worte, die sie auswendig konnte, nun auszusprechen. Schließlich war's draußen. Voraussetzung für ihr eigenes Glück sei, daß die Mutter mit Renzo in den Ehestand trete.

Nie hatte sich Zoe zu irgend etwas zwingen lassen. Auch jetzt wollte sie auffahren, sich jede Einmischung verbitten, Claretta und ihre Forderung abschütteln. Da sah sie in das Mädchengesicht vor sich, aus dem heraus ihr eigenes Gesicht wie aus einem Spiegel sie grüßte.

Sie nickte: »Wir werden ja sehen. Vielleicht, wenn der Krieg vorbei ist.«

Auch wenn es nichts zu tun gab für ihn, erschien Renzo mehrmals am Tag auf der Bargada. Er »schaute zum Rechten« und landete jeweils bald in der Küche, wo er sitzen blieb.

Heute fand er keine Zeit zu einem Besuch. Der Radioapparat hatte am Morgen aufregende Neuigkeiten verbreitet. Es sah aus, als sollten sich in Italien Dinge ereignen, die dem Krieg einen anderen Verlauf geben könnten. Renzo wagte nicht, sich aus der Wirtschaft zu entfernen. Die Zeit zwischen dem Nachrichtendienst füllte er mit Reden aus und ging dazu unruhig in der Wirtsstube auf und ab.

Und da vernahm er, vernahmen alle, die mit ihm warteten: Mussolini war gestürzt. Er saß gefangen.

Renzo holte eine Flasche Wein aus dem Keller. Sie tranken sich zu und gaben freche Witze gegen den Duce und seine Bande zum besten. Die Jüngsten waren voll Mut und Übermut und zeigten Lust, den beiden Dorf-Faschistinnen, Agnese und Consiglia, einen Denkzettel zu verabfolgen. Man könnte ihnen die Scheiben einwerfen. Auch Martino, dem Turbinenwärter, wäre heimzuzünden; jedenfalls war ihm zu raten, von nun an Bescheidenheit zu üben und sein dummes Geschwafel über einen notwendigen Führer sein zu lassen. Sie sprachen sogar davon, dem Sindaco eine Katzenmusik zu bringen, einfach um der Obrigkeit zu zeigen, wer heute die erste Geige spielte. Es ging hoch zu und her in der Wirtsstube, und man nahm sich vor, am Morgen an die Grenze zu pilgern, um zu sehen, ob den italienischen Grenzwächtern über Nacht eine neue Nase gewachsen sei. So befeuerten sich die Männer weiter und steigerten ihren Taumel, der sie die halbe Nacht bei lärmenden Gesängen zusammenhielt.

Am nächsten Morgen früh brach Renzo in die Küche der Bargada ein, die Frauen hatten kaum gefrühstückt. »Mussolini!« rief er und machte mit der flachen Hand einen Schnitt durch die Luft. »Fiel um wie ein Mehlsack, den man angestochen hat, und 's Mehl läuft raus.«

»Ist der Krieg nun bald fertig?« erkundigte sich Orsanna. »Nun fängt er an«, gab Renzo zurück. »Wir werden ihn an unserer Grenze erleben. Wir werden sehen, wie sie die Faschisten umbringen, abstechen, zusammenschießen ... drüben ...«

»Freut dich das so?« fragte Orsanna und zuckte die Achseln. Sie war eine alte Bäuerin. Krieg war ihr ohnehin ein Greuel. Zoe bewies mehr Sinn fürs Allgemeine. Sie las die Zeitungen, die er ins Haus brachte, und wußte sich die Zustände im Nachbarland vorzustellen. Erfreut nickte sie Renzo zu. Claretta sagte spottend und etwas von oben herab: »Hat sich ein Wilhelm Tell gefunden?«

Verblüfft sah Renzo auf das Mädchen, mit dem er selten ins Gespräch kam. Nicht übel, dachte er, und wies wohlwollend mit dem Finger auf sie. »Endlich, eben«, tat er gönnerhaft. »Heute spielen sich solche Befreiungstaten allerdings anders ab als früher, aber immerhin: Guglielmo Tell.« Er erzählte den Vorgang, wie er mitgeteilt worden war, in allen Einzelheiten, wieder und wieder. Dann stand er auf, er müsse wieder zuhören gehen. Den Frauen tat es fast leid, ihn heute, wo er aufgeräumt war, so rasch zu verlieren. Selten, daß ein gleiches Gefühl sie vereinte. Im Weggehen rief Renzo zurück, er werde sich in nächster Zeit wenig zeigen. Es gälte, jetzt keine Nachricht zu verpassen.

Sehr lange sollte die Freude, der Jubel über die Beseitigung des nachbarlichen obersten Übeltäters nicht anhalten. Gerüchte begannen zu schwirren, abscheulich genug, und wurden bald bestätigt. Niemand konnte mehr daran zweifeln: Der Duce war aus seiner Gefangenschaft entwichen. Renzo tobte. Er fand keine Worte seiner Entrüstung angemessen, um die schlechten Wärter des Gefangenen zu verhöhnen. »Bastarde, Hundsfotte alles!« brüllte er heiser und schlug mit der Faust auf den Tisch, daß die Gläser herumsprangen. Als wäre an ihm persönlich Verrat geübt worden, schwor er allen Volksverderbern Rache. Mochten sie verdorren und verkommen!

Serafino, der mit halbem Ohr zuhörte, säuselte vor sich hin: »Die Rache ist Sein. Ihm die Ehre.«

»Frauchen« teilte den tiefen Verdruß. Er hatte jedenfalls das Bedürfnis mitzureden: »Als ich im Continental arbeitete ...«

»Laß das jetzt, deine Geschichten von Trinkgeldern sind nicht am Platz!« fuhr Renzo ihn ungeduldig an.

Für spuckte braun aus, auf den sauberen Boden. Anders konnte er seine Enttäuschung und seine Verachtung für diese Dreckwelt nicht äußern.

»Und wie sie nun überall den Kopf heben werden, diese Aufstehmännchen«, stöhnte Renzo.

»Man könnt wirklich meinen, du hättest unter ihnen zu leiden gehabt«, erwiderte »Frauchen«, noch verstimmt über die Zurechtweisung. »Dabei, ich sage dir, als ich im Continental arbeitete ...« Er kam nicht weiter. Renzo fluchte fürchterlich und hob den Stuhl, um »Frauchen« damit zu zerquetschen.

»Freiheit, die ich meine ...«, sang Für näselnd.

Über die Freiheit, die man meinte, wurde an diesem Abend bitter gestritten. Renzo war für die Freiheit schlechthin, um jeden Preis. Freiheit! Libertà! Serafino verzog den Mund. Als ob der Mensch einen einzigen Schritt tun könnte ohne Seine Einwilligung. Wie durfte man da von Freiheit sprechen? Für war der Meinung, ihm würde genügen, zu tun, was ihm Spaß machte. Wenn die andern auch damit zufrieden sein wollten, wäre es ganz nett auf der Welt.

Das stach Laurin: »Wie könnt ihr so reden«, ereiferte er sich. »Natürlich braucht's Gesetze, die für alle gelten, aber diese Gesetze hat der Arbeiter aufzustellen. Die Freiheit, die ich meine, hat er zu bestimmen, und alle haben sich zu unterziehen.«

Man hörte Kichern. »Frauchen« wollte eine Geschichte anbringen. Durfte er es wagen? »Als ich im Splendid arbeitete«, fing er etwas ängstlich, aber hartnäckig nochmals an, »da hatten wir Gäste aus Rußland. Das war vor dem letzten Krieg. Die sprachen von der Schweiz als dem Land der Freiheit. Ich war schon damals anderer Meinung. Das Land der Freiheit und der Kühe. Als sie beim ersten Ausflug durch die Stadt keiner Kuhherde begegneten, waren sie sehr enttäuscht. Sollte sich's mit der Freiheit auch so verhalten ...?« Er blickte um sich, ob jemand den Witz verstehe. Bis auf Palmiro, der ihm zulächelte, hatten die anderen, in ihren Streit verbohrt, gar nicht hingehört. Schließlich erhob sich Renzo, und mit einer Armbewegung über die ganze Tischgesellschaft hin rief er: »Ihr seid eben alle Faschisten!« Das nun war zuviel. Auch Laurin stand auf und schmetterte ihm ins Gesicht zurück: »Und du bist ein Nihilist!« Dabei blieb es an diesem Abend. Die Männer gingen wütend auseinander. Nur Serafino setzte sich zu der verängstigten Alda. Das Wort Nihilist klang in den Ohren nach und gab zu denken.

Fremde seien an der Grenze angekommen, mit Sack und Pack. Aldas Großkinder, Gioia und Sam, berichteten es atemlos. »Von drüben sind sie gekommen, zu Fuß. Mutter gab ihnen etwas Warmes zu trinken. Bozzi bringt sie hierher.« Renzo, der hinter dem Tisch döste, sprang auf. Klar, so mußte es kommen. Vor den Faschisten, die sich aufs hohe Roß setzten und grausamer waren als ihre üblen Vorgänger, wie's hieß, gab es für viele nur Flucht. Wohin fliehen, wenn nicht hierher?

Schon warteten die Frauen vor der Wirtschaft. »Sie kommen!« frohlockten Kinderstimmen. Bozzi, der Grenzwächter, trieb ein Trüpplein Menschen vor sich her dem Dorfe zu. Mann, Frau und zwei Kinder. Ein drittes trug die Frau im Arm. Sie schleppten sich vorwärts, als wäre jeder Schritt ihr letzter. Bozzi verscheuchte die Frauen und trat bei Alda ein. »Können sie ins Sälchen über Nacht?« Alda hastete schon und schloß auf. Es sah hier ungemütlich aus, es roch feucht und muffig. Die Flüchtlinge achteten nicht darauf. Sie setzten sich nahe zueinander und begannen zu weinen.

»Es ist die Freude, gerettet zu sein«, flüsterte Alda den nachdrängenden Leuten zu, die sich unter der Türe schoben und drückten, um mehr zu sehen. »Sie sind durch und durch naß, die Armen.« Sie eilte in die Küche, um Kaffee zu kochen.

Unterdessen stellten Renzo und Bozzi die Tische an die Wand und schleppten Matratzen herbei, die sie auf den Boden legten. Gioia hatte Holz geholt und fachte im Kamin ein Feuer an. Als Alda mit dem heißen Kaffee erschien, schlief die Frau, die Kinder neben sich.

Das halbe Dorf staute sich nun vor dem Sälchen, in der Wirtsstube und bis auf die Gasse hinaus. Man gab sich die Neuigkeiten weiter: »Drei Tage sind sie unterwegs, im Regen, mit einem vierzig Tage alten Wurm und den anderen Kleinen. Sie fanden endlich einen Bauern, der sie über den Berg führte bis an unsere Grenze.«

»Sie wollen nicht essen, sie seien zu müde.«

»Die Angst schnürt ihnen noch den Magen zu.«

»Aber nun sind sie ja in Sicherheit?«

»So sicher sei's nicht, meint Bozzi, daß sie bleiben können.«

»Ja, man wird die Unglücklichen doch nicht wieder zurückschicken?«

»Das ist doch unmöglich!«

»Was heute alles möglich ist ...«

»Die Frau liege wie tot. Der Mann stehe vor ihr und schlage sich mit den Fäusten die Brust. Er jammere laut, zum Herzzerbrechen.«

Schließlich schloß Bozzi die Türe den Gaffern vor der Nase zu und hieß sie nach Hause gehen. Er setzte sich in die Wirtsstube. Die Gespräche waren hitzig. Sie fanden kein Ende. Renzo mußte die letzten Gäste fast mit Gewalt heimschicken, und kaum hatte Alda am nächsten Morgen die Läden geöffnet, fanden sich wieder Neugierige ein, die erfahren wollten, wie die Fremden die Nacht verbracht hätten.

»Wie denn?« gab sie unwirsch zurück, »schlecht genug. Den Mann hat's ohne Ruhe herumgetrieben. Ich habe mit ihm gewacht. Konnte ihn doch nicht allein verzweifeln lassen. Er verkrampfte seine Finger, daß es knackte. Dann erzählte er. Was der erzählte! Er kommt aus Alessandria, wo er Apotheker war. Ein gutsituierter Mann. Ein Jude. Ich glaube, ein frommer Mann. Er murmelte Gebete. Vor ein paar Tagen vernahm er, nun gehe man den Juden an den Kragen. Man wolle sie zusammentreiben und vertilgen. Er sagte vertilgen, wie man von Ratten oder Mäusen spricht. Im Land der Deutschen würde es so gemacht, und da jetzt die Deutschen drüben das große Wort führten ... was weiß man, was wahr ist.«

»Natürlich ist's wahr«, fiel Renzo ein. »Sie vergasen sie oder verbrennen sie oder machen Suppenwürze daraus.«

»Schäme dich«, rief Alda und hob ihre Schürze wehend, wie um ein freches Huhn zu verscheuchen. »Wie darfst du so spotten bei solchem Unglück! Der Mann aus Alessandria wollte sich und seine Familie nicht vertilgen lassen, so sagte er mir. Er packte alles zusammen, was zu tragen war und brach mit den Seinen auf. Hundertmal habe er gemeint, sie würden unterwegs zusammensinken, umkommen, man würde sie entdecken und erschießen, die Frau, die Kleinen ... Aber der Herrgott beschützte sie. Sie kamen bei uns an. Aber nun, eben, ob ihnen die Flucht etwas genützt hat?«

Bozzi steckte seinen Kopf durch die Wirtshaustür und machte ein Zeichen, er wisse noch von nichts. Vom Amt käme unbestimmter Bescheid. Man wisse auch dort nicht, was zu tun sei. »Als ob da zu zaudern wäre«, meinte Palmiro, der ganz verstört zwischen seinem Laden und der Wirtschaft herumlief.

»Dann ist schon besser, wir erschießen sie hier, statt sie jenen zu überlassen. Bei uns geht's doch ohne Quälerei«, meinte Fiür.

Nach zwei Stunden war es immer noch nicht entschieden, ob man die Flüchtlinge behalten oder zurückschicken würde. Es hing eben von Bern ab, und dort ließen sie sich Zeit, den Fall zu prüfen. »Das hat man davon, wenn man im eigenen Land nicht Meister ist«, schimpfte Renzo. »Wir werden uns dagegen wehren, daß man Verfolgte ihren Henkern ausliefert.«

Bozzi war gereizt. Er telephonierte alle Stunden mit dem Amt, um zu erfahren, was mit den Flüchtlingen zu geschehen habe. Immer noch hieß es, die Entscheidung stehe aus, man müsse warten. Das tat man, aber das Warten war bitter. Bozzi stand breitbeinig vor der Wirtschaft und wehrte die Zudringlichen ab. Er fingerte an seinem Gewehrriemen und ließ den Blick über den Berggrat streifen, über den die Wanderer gestiegen waren. Ein dünner Schneeschleier lag darauf. Von Zeit zu Zeit kam Alda heraus und schaute ihm prüfend ins Gesicht. Er schüttelte nur den Kopf. Der fremde Mann zeigte sich an der Tür zum Sälchen. Seine Blässe erschreckte. »Der Tod steht auf seinen Zügen geschrieben«, seufzte Alda. Kinder huschten als Boten zwischen der Wirtschaft und den

Häusern hin und her. Niemand war recht bei der Arbeit, alle wollten ungeduldig wissen, wie der Entscheid ausgefallen sei.

Es war Mittag geworden und Bozzi wieder in seiner Amtsstube verschwunden, um zu telephonieren. Die Leute tauschten flüsternd ihre Vermutung aus. »Wird er Antwort erhalten? Man kann doch Christenmenschen nicht so auf einem Rost rösten lassen.« »Es sind nicht Christenmenschen, es sind Juden«, stellte »Frauchen« fest. »Auch Juden, wo bleibt da die Menschlichkeit? Was denken die sich eigentlich in Bern?«

Da stürzte Bozzi aus seinem Haus – die Türe ließ er offen –, rannte die kurze Strecke den Weg hinan zum Dorfplatz und in die Wirtschaft. »Er weiß es«, schrien Frauen. »Sie dürfen bleiben«, brüllte Bozzi in den Raum und eilte weiter, ins Sälchen. »Ihr dürft bleiben«, verkündete er, gefaßter. »Wir dürfen bleiben«, stieß der Mann aus und umarmte seine Frau, die in krampfhaftes Schluchzen ausbrach. Von außen waren Neugierige hereingekommen. Sie standen stumm und schauten zu. Angelo schluckte, als hätte ihn etwas gebrannt. Andere wischten sich die Nase.

»Menschen«, sagte Serafino mit zittriger Stimme. »Sind sie jetzt gerettet?« fragte der kleine Sam.

»Ihr Leben ist gerettet«, antwortete der Sindaco, »aber nicht ihr Hab und Gut.«

»Was ist Hab und Gut«, fiel hier der fremde Mann ein. Er zog seine Frau, die den Säugling aus den Kissen geholt hatte, wieder an sich und die Kinder dazu. »Dies ist mein Hab und Gut.«

Alle waren gerührt. Renzo bedauerte sehr, keinen Photoapparat zu besitzen. Er hätte die Gruppe gerne aufgenommen, als Andenken. Er nahm sich vor, für weitere Erlebnisse dieser Art nach einem Occasionskauf zu fahnden. Gute Gelegenheit, wieder einmal ins Städtchen zu fahren. Die Kellnerin Luce vom »Engel« wartete schon lange auf ihn. Auch Madame Otero.

Bald darauf reisten die fremden Gäste mit der Post zu Tal. Der Mann hatte Alda Geld in die Hand gedrückt und die Frau sie umarmt und ihr Segen gewünscht. Bei der Wegbiegung, bevor der Wagen den Blicken entschwand, winkten sie zurück. Die Dorfleute verstreuten sich nur langsam. Viele traten bei Alda ein, um den Fall nun in Ruhe zu besprechen. Glücklich war er ausgegangen. Als trüge ein jeder daran Verdienst, gingen sie schließlich mit gehobenen Gefühlen an ihre Arbeit.

Ende gut, alles gut, fand auch Alda, und zählte die gute Einnahme des Tages. Sie blickte um sich, ob Renzo sie beobachtete. Nein, er politisierte laut, über den Tisch gelehnt, mit Laurin, der eben eingetreten war, zu spät, um die Abfahrt mitzuerleben. So ließ sie das Sümmchen klanglos in ihre Geldtasche gleiten, die sie unter der Schürze trug, das einzige, was sie von der Mode des Servierfräuleins beibehalten hatte. Nur das Geld, das sie am Leib trug, war vor dem Sohn ganz sicher. Eine schwache Hoffnung, weitere Ereignisse dieser Art könnten ihr den Ausfall an Gästen decken, wollte sie erheitern, doch wies sie sich sogleich zurecht: Man soll sich nicht am Unglück anderer bereichern wollen; und zudem, es war unwahrscheinlich, daß ihr ein solches Glück beschieden sein könnte. Nein, die Apothekersleute aus Alessandria waren ein Einzelfall gewesen.

Am selben Abend brachte Bozzi wiederum fremde Leute in die Wirtschaft. Auch eine Familie, auch Juden. Auch von einem Bauern übers Gebirge geleitet, der für den Dienst vierundzwanzigtausend Lire verlangt und erhalten hatte. Vierundzwanzigtausend Lire? Das war doch gar nicht möglich, überlegten die Leute, die wiederum zusammengelaufen waren. Das war ja ein Vermögen, ein Riesenvermögen! Doch »Frauchen« gab zu bedenken, die Lire sei heute nichts wert, nicht mehr als Klosettpapier. Und so beruhigte man sich über diesen Punkt. Es gab anderes, sich aufzuregen: die schöne Tochter der Leute. Ein solches Mädchen, darüber waren sie sich einig, hatten sie noch nie gesehen. Eine Flut blonder Locken umrahmte das rosige Gesicht, die Augen waren Sterne. Gigi und den anderen Burschen blieb der Mund offen stehen. Auch die Frauen und Mädchen gafften das Wesen an, als begriffen sie nicht, daß es solche Vollkommenheit geben konnte. In die Stille hinein hörte man Serafinos Stimme: »Madonna ... Ich sehe, ich sehe ...«

Er schüttelte bekümmert sein gelbweißes Haupt und humpelte davon. Er müsse in den Stall, die Schelmin melken gehen, sie warte. »Das kann ich nicht mitansehen«, murmelte er. Schlechtes Zeichen, wenn Serafino den Kopf schüttelt, dachten jene, die es gesehen hatten, und verkündeten es weiter. Bozzi, der plötzlich förmlich war, bahnte sich einen Weg durch die Schaulustigen, ging auf die Wirtschaft zu und befahl den Fremden, ihm ins Sälchen zu folgen. Da lagen noch die Matratzen von der letzten Nacht. Alda kochte wieder Kaffee und schnitt große Stücke Brot vom Laib. Doch erlaubte Bozzi heute nicht, daß sie den Hungrigen das Essen selbst reiche. Er nahm ihr das Tablett aus der Hand. Was das nun heißen solle, eiferte sich Alda. »Vorschrift«, entschuldigte sich Bozzi. Sie erfuhr aber doch genug Neuigkeiten, um ihre Gäste damit zu speisen. »Sie weinen nicht, diese, sie reden. Echtes Italienisch. Ich verstand: es werden Hunderte von Leichen an die Ufer des Sees geschwemmt, weiter unten. Alles Juden. Und man dürfe sie nicht herausfischen und begraben. Die Deutschen erlauben es nicht. Welche Heiden! Welche Untiere! Und nun sollen sie doch zurückgeschickt werden? Bozzi habe die Order. Entsetzlich! Eine Schande fürs ganze Land.«

Ja, so war es. Der Grenzwächter hatte es den Flüchtlingen gleich bei ihrer Ankunft mitgeteilt, der Befehl aus Bern laute, von jetzt an alle Flüchtlinge zurückzuweisen. Sie hatten es nicht glauben wollen, sie hofften noch. Aber Bozzi wußte: vergebens.

»Warum nun diese Grausamkeit?« schrie Renzo ihn an. Bozzi hob die Achseln. »Warum, frage ich?« drang Renzo heftiger auf ihn ein. Auch andere bestürmten ihn: »Ach was, laß sie laufen. Was macht's denn aus? Wir werden im Dorf für sie sorgen. Dieses schöne Mädchen willst du ins Ungewisse schicken?«

Bozzi wehrte sich. »Kann nicht. Dienst.« Er selbst begriff die Verordnung nicht, aber er hatte sie nicht zu begreifen, er hatte zu gehorchen.

»Und wär's ins Ungewisse«, klagte Palmiro, »es ist ins Verderben.«

Bozzi, der sich im stillen vorgenommen hatte, das Mädchen zu retten, läutete am frühen Morgen nochmals in Bern an. Vielleicht hatte dort der Wind wieder gekehrt. Nein, die Fremden mußten hinaus. Trotz des Regens, der hartnäckig floß, trotz ihrer durchnäßten Kleider, der aufgeweichten Schuhe, trotz ihrer Erschöpfung und Angst.

»Menschen«, sagte Serafino, »nicht Vieh: Menschen ...«

Bozzi selbst begleitete die Familie bis zur Grenze, oben auf der Alp. Alda hatte den Leuten einen Regenschirm mitgegeben. Beim Bach angekommen, der hüben und drüben trennt, faltete die Dame ihn zusammen und gab ihn Bozzi zurück, er möge ihn mit Grüßen und Dank der Wirtin überbringen. »Nehmt den kleinen Pfad möglichst rechts«, flüsterte Bozzi dem Mann noch zu, »und versucht es an einer anderen Grenzstelle.« Dann schob er sie hinüber. Er blieb mit dem Gewehr unterm Arm stehen, bis nichts mehr von der Haarflut des Mädchens zu sehen war.

Alda heulte, als Bozzi ihr den Schirm entgegenstreckte. »Sie wollten mir Geld geben«, klagte sie, »ich nahm's nicht. Wie hätte ich auch gekonnt. Die Dame zog einen Ring vom Finger. Ich nahm ihn nicht. Wie hätte ich gekonnt, wo wir sie ins Verderben schicken!«

Um den Wirtstisch wurde lange geschwiegen. Jeder kaute an seinen Gedanken. Wie seltsam: Es genügte also nicht, Hab und Gut zu opfern und mit Anspannung der letzten Kraft als Bettler über die Grenze zu fliehen? Es wurde mehr verlangt.

Was denn?

Die zwei jüdischen Familien hatten den Anfang gemacht. Sie waren Vorboten des Flüchtlingsstromes gewesen, der sich nun von den Bergen herunter ergoß. Sie drangen einzeln und in Gruppen ein, ausgestattet mit viel Gepäck oder abgerissen in Lumpen, halb erfroren und verhungert, voller Wunden, unfähig, sich zu erklären, irrsinnig. An der Grenze wußte sich die verstärkte Wache kaum zu helfen. »Die Leute purzeln von den Bergen wie Wasserfälle, wenn's regnet«, klagte Bozzi. »Sie rinnen einem zwischen den Fingern durch.«

Stand da nicht einer plötzlich auf der Landstraße, mit einem Köfferchen in der Hand und fragte Serafino, der gerade des Weges kam, er habe vergessen, wo die Posthaltestelle sei, er möchte nach Locarno zurückfahren. Der Alte, verwundert, wie einer hierher habe reisen können, ohne sich die Haltestelle zu merken, führte ihn auf die Piazza, vor das Postamt. Dort löste der Mann ruhig eine Fahrkarte, grüßte die Leute, die herumstanden, stieg in den Wagen und fuhr ab.

Nicht alle hatten das Glück, auf Serafino zu stoßen. Da waren dreißig oder mehr italienische Burschen, arme Teufel in Lappen und Fetzen, von Bozzis Leuten abgefangen worden, als sie aus dem Wald traten, ganz nahe dem Dorf. Nun standen sie wie Schafe am Grenzerhäuschen. In der Küche bei Bozzis Frau hatten nur drei oder vier Platz. Die anderen warteten draußen, bis die Reihe an sie kam, sich zu wärmen. Der Tag war trüb und kalt. Man wußte wiederum nicht, ob die Flüchtlinge zurückzuschicken waren oder ob man sie ins Innere des Landes spedieren sollte. Bozzi seufzte. Diese Plage, er hielt's bald nicht mehr aus: immer Augen auf sich gerichtet sehen, in Hoffnung, Flehen, Furcht und auch Haß. Die Leute vom Dorf hatten Brote gebracht, Zigaretten und Süßigkeiten. In einiger Entfernung standen sie und schauten herüber auf die Männer, die empört oder ergeben vor der Küche harrten. Nachdem es dunkel geworden war, ohne daß der erwartete Bescheid eingetroffen wäre, führte Bozzi die Gesellschaft ins Sälchen der Wirtschaft.

In der Morgendämmerung, als die Dörfler erwachten, waren die Italiener schon über die Grenze zurückgebracht worden. »Wieso nun das?« reklamierte Fiür. »Bauern, alle aus dem Nachbartal? Und die schmeißt man raus?«

»Eben«, erklärte Bozzi dem Aufgebrachten, »die dürfen nicht bleiben. Nur solche, die drüben erschossen würden, wenn sie der Miliz in die Hände fielen. Politische.«

»Als ob die in Bern voraussehen könnten, welche erschossen werden und welche nicht«, tat Serafino verächtlich.

»Sie bleiben in den Bergen«, verriet Bozzi, »sie können in leeren Berghütten hausen und abwarten ... Es nimmt alles ein Ende.«

Von einem Ende war nichts zu merken. Der Andrang nahm zu. Nun waren es Gefangene aus aller Herren Länder, die, aus Lagern entwichen, den Weg ins Dorf fanden. Griechen, trübsinnig und stumm. Polen. Serben mit halb abgestorbenen Füßen nach mehrtägigem Marsch durch hohen Schnee. Holländer. Russen. Engländer. Marokkaner. Dazwischen immer wieder Bauern in Gruppen, Flüchtlinge ohne Zahl. Nach einer Regel, die den Dorfleuten geheimnisvoll blieb und die sie verabscheuten, wurden die einen aufgenommen und die andern zurückgewiesen. Die »schreiende Ungerechtigkeit« wurde Bozzi angekreidet, so sehr er sich dagegen wehrte, er tue nichts als seine Pflicht. »Was für eine Saupflicht«, pfiff Renzo durch die Zähne. »Da möchte man doch lieber Geißenkügelchen zusammenlesen.« Er hängte eine Europakarte in der Wirtsstube auf, um herauszufinden, wo die Heimat all der Unglücklichen liege.

Sie wurden nicht mehr in Aldas Sälchen einquartiert, die ihre letzte Kaffeebohne geopfert hatte. Man brachte sie ins Schulhaus. Der Lehrer war im Dienst. Die Kinder hatten Ferien. Die Schulstube wurde ausgeräumt und Stroh auf den Boden gelegt. Am Abend konnte man die Männer auf der rückwärtigen Laube hinter den Holzgittern spazieren sehen, auf und ab, hin und her, wie wilde Tiere im Käfig. Man gewöhnte sich an den Anblick. Es war eben Krieg. Es war eben Krieg draußen, irgendwo oder überall. Aber hier nicht, gottlob!

ELISABETH GERTER
Der Frühling und ein Zusammenbruch

Der Frühling ist das Beständige, das ewig gleich sich Bleibende, das immer sich Wiederholende. Zusammenbrüche aber kann es sehr verschiedene geben. Gegenwärtig brechen Tausende von Leben zusammen, wenn eine Offensive zusammenbricht. Und einmal wird auch der totale Krieg zusammenbrechen. Doch an diesem schönen Frühlingstag, mild und gut, brach die Gesundheit einer Mutter zusammen.

Frau Holdingers Tag begann noch in der Nacht. In ihren Schlaf hinein schrillte der Wecker. Vorposten eines neuen Beginnens, standen ihre Pflichten als erste da. Kalt und finster hielt der Morgen seinen Mantel hin. Stand sie aber drin und hatte das Licht angedreht, war schon ein gut Teil gewonnen. Sie hatte dem Tag mutig die Hand gereicht.

In der Küche stand Frau Holdinger einen Augenblick vor dem offenen Fenster. Zwar waren aus der Finsternis kaum die Mauer und darüber hinaus die Umrisse einiger Dächer zu sehen. Blickte man weiter hinauf, flimmerte und funkelte es von hoch oben in wunderbar verschwenderischer Pracht, und eine tiefe, unendliche Stille lag darin. Dieser Augenblick erfüllte Frau Holdinger mit Schönheit und Frieden und machte sie reich für den ganzen Tag. Und jetzt begann sich in dem noch blätterlosen Rebwerk der Mauer eine Amsel zu regen. Sie schwang sich auf das erste Dach und zwitscherte ganz fein. Bald wird sie den Tag mit einem Jubellied beginnen.

Frau Holdingers Tag begann damit, daß sie dem Manne das Frühstück reichte. Dann packte sie sein Mittagessen ein. Er arbeitete auf einem Bauplatz weit außerhalb der Stadt, so mußte ihm der größte und der besondere Teil der eingeteilten Tagesration mitgegeben werden. Gemächlich aß er die ihm vorgesetzte Rösti und trank den dünnen Kaffee dazu, und er sagte: »Setz dich her, Mutter, und iß mit.« Sie aber war mit dem Einteilen und Verpakken noch nicht fertig. Stehend trank sie eine Tasse Kaffee und zweimal holte sie aus der Platte des Mannes einen Löffel voll Kartoffeln. Und sie erwiderte: »Ich eß' dann mit den Kindern richtig.« Da diese ihre tägliche Antwort war, gab sich der Mann zufrieden. Er aß alles auf, denn der Tag war lang, und die schwere Arbeit zehrte an den Kräften. Dafür brachte er am Freitag den Zahltag heim. Er gab ihn der Frau. Sie teilte ihn ein. In viele kleine Posten teilte sie ihn ein, und diese mußten dann in Ware umgewandelt werden: So viel für Brot, so viel für Mehl, für Vaters Fleisch, für Gemüse usw. Sie war eine geschickte Rechnerin. Niemand konnte so gut wie sie das Quantum der Kartoffeln pro Tag berechnen, jede Woche einen Korb voll, so daß sie reichten bis in den tiefen Sommer hinein. Auch die Kinder wußten, daß die Mutter eine gute Rechnerin war: So viel gibt es am Frühstückstisch, nicht mehr und nicht weniger. »Nicht mehr?« fragte der kleine Fritz, und er sah die Ernährerin mit hungrigen Augen an. Da stach sie in ihren Teller, ach sie hätte gewünscht, es wäre ein Faß, und sie schenkte dem Knaben von ihrem Teil. Aber da sahen noch vier andere hungrige Augenpaare auf sie. Walter biß beinahe den Löffel entzwei. Nein, ein Faß war ihr Teller nicht. Die bescheidene Portion, durch fünf geteilt, wurde winzig klein. Vielleicht hätte sie doch aus Vaters großem Teller etwas öfters schöpfen sollen; aber das hätte ihn auf ihren Hunger aufmerksam gemacht, und dann hätte er den seinen nicht richtig gestillt, und das mußte er doch, da er an frischer Luft die schwerste Arbeit verrichtete. Sie aber blieb daheim, bei einer Heimarbeit. Sie saß in der Stube, da war die Luft nicht dünn, sondern dick, so dick, daß man eigentlich satt werden sollte davon.

Die Kinder räumten den Tisch ab. Sie besorgten die Hausgeschäfte. Dann gingen sie zur Schule. Frau Holdinger setzte sich an die Arbeit. Sie saß am Fenster. Zu sehen aber gab es da nichts als den Giebel eines schwarzen Daches. Das Stückchen Himmel darüber war wie ein graublaues Tuch, das keinerlei Phantasie erzeugte. So beachtete sie es nicht; sie hatte weit anderes zu beachten. Sie klebte Tüten. Zuerst strich sie die Papiere auseinander, dann bestrich sie die freigewordenen Ränder mit Kleister. Nun erhielten die Papiere Falze, so daß sie Säcke wurden;

Hunderte, Tausende von Säcken, tagelang, wochenlang, seit Jahren schon. Eine gute Übung besaß sie, alle gerieten ihr gleich schön, gleich regelmäßig. Zwiebacktüten waren es und Tüten für Süßigkeiten. Sehr still war es in der Stube, so still, daß sie sich auf geheimnisvolle Weise umzuwandeln begann. Es wurde ein Bäckerladen aus ihr. Herrlich duftete es von Brötchen und Schnitten und Kuchen, und die ganze Stadt kehrte bei ihr ein. Zuerst kam das Dienstmädchen; frisch waren die Weggli nicht mehr, aber weiß waren sie noch. Es kam das hübsche Fräulein vom Amt, das sich das Frühstück selber bereitete. Dann kamen zwei Kinder. Sie hatten es eilig, um den Schulanfang nicht zu versäumen. Es trat der junge Bankbeamte ein. Zeit zum Frühstücken hatte er nie, dafür hatte er Geld und Zeit zum Znüni. Allgemach erschienen die Hausfrauen. Zuerst kamen die Arbeitsbienen; ihr Brot war rasch verpackt, und sie gingen wieder. Dann kamen die gepflegten Damen, die schon wählerischer waren. Und zuletzt erschienen die Gattinnen von Direktoren und Professoren. Diese kauften die besten Sachen für den Nachtisch und den Teetisch. Frau Holdingers Hände begannen zu zittern, nun sie die Tüten beigte und eine neue Schicht Papier zu falzen begann. Sie sagte zu den Damen: »Geht jetzt, da ihr mit dem Besten bedient seid.« Ihr schwindelte, und es war gut, daß es nun Zeit wurde, in die Küche zu gehen. Das Brot, das da lag, war genau für den Tag eingeteilt. Schnitt sie ein Stückchen davon, weil ihr so sonderbar um die Herzgegend war, so schmälerte sie die für später bestimmte Ration.

Es kamen die Kinder aus der Schule. Die Suppe dampfte vor ihnen. Sie dampfte bald nicht mehr. Berge von Gemüse und Kartoffeln stellte die Mutter auf. Die Berge wurden abgegraben, sie bildeten nun Hügel auf 6 Tellern. Aber wie Schneehäufchen auf heißem Ofen schmolzen sie im Nu dahin. Jetzt sah jedes auf den Teller des andern. Bald sahen sie nur noch auf den Teller der Mutter. Frau Holdinger sah ihren Mann. Er aß unter freiem Himmel und aß sein kaltes Mittagsbrot. Er biß in die Wurst. Alle Fleischmarken gingen für seine Mittagswürste auf. Herrlich mußte es sein, in eine solche Wurst zu beißen. Sonntags gab es etwas Lunge oder Herz für alle. Durch sieben geteilt, wurden es kleine Teile. Ihr Hügel im Teller hatte sich nochmals geteilt durch fünf. Nun war auch er leer. Aber die Kinder stellten zufrieden ihre Bäuche hin wie Trommeln und schlugen darauf. Daran sättigte sich die Mutter.

Die zweite Hälfte des Tages verging wie die erste. Die Kinder weilten in der Schule, und Frau Holdinger klebte Tüten. Sie falzte die Säcke, und sie rechnete aus, wie viele Tausende sie zu falzen habe, bis die Schuhe von Gretli geflickt werden konnten. Wie wenn ein Ruf erfolgt wäre, ging die Korridortüre auf und eine Reihe von Schuhen spazierte herein. Allen voran gingen Vaters Sonntagsschuhe. Wie sie glänzten und stolzierten. Sie hatten gut glänzen, sie waren noch neu. Die Kinderschuhe waren alle beschlagen, das Eisen hielt sie länger am Leben. Sie benahmen sich wie Mannequins und zeigten sich von allen Seiten. Hansens Schuhe zeigten die Sohlen. Die Flekken darauf klafften, und sie begannen zu klagen, daß der Klebstoff zuwenig halte, ein Nagel durchgestoßen sei, auch beginne es nebenan blöd zu werden, es wäre Zeit, die ganze Sohle zu erneuern. Sie wurden von Fritzens und Idas Schuhen weggestoßen. Flicke grinsten auf diesen, vom Oberleder her, und sie sagten satirisch: »Schön sind wir nicht, aber wasserdicht, allerdings nur solange das Wetter trocken ist.« Sie rutschten weiter, von einem nachbarlichen Puff getrieben. Gretlis Schuhe rückten vor. Da gab es nicht nur Flicke, sondern auch Löcher. Sie bliesen der Mutter Sandkörner ins Gesicht, und sie seufzten: »Einmal geht jedes Leben zu Ende.« Dies schien ein Anruf für ein anderes Leben zu sein. Es öffnete sich die Kommodenschublade, und in blauen, unberührten Gewanden stolzierten sechs Schuhkarten heran. Alle Schuhe verneigten sich vor dieser staatlichen Hoheit. Die Mutter aber wurde unwirsch, und sie hieß sie gehen. »Marsch, zurück von wo ihr kommt, eine Rebellion im Haushalt ist nicht erwünscht. Ihr seid nur Schein und nicht Sein. Mit hochmütigem Staatspapier kaufe ich noch lange keine Schuhe.« Ihre Stimme senkte sich. »Hingegen mit diesem geklebten Sackpapier da, mit dreistelligen Zahlen multipliziert, wird am Ende der Woche der Schuhmacher

Gretlis Schuhe in Arbeit bekommen, ein Leben hält mehr aus, als man glaubt, das sag' ich euch, so schnell geht es damit nicht zu Ende.« Von draußen wurden Schritte vernehmbar. Die Schuhe klopften ihre Sohlen, sie rutschten über die Schwelle in den Korridor hinaus und hinter den Vorhang. Die Kommodenschublade schloß sich mit einem quietschenden, hohen Ton.

Nun stürmten die Kinder herein. Das Brot war da, ehe sich's die Mutter versah. Fünf Schnitten nach dem Bedürfnis abgemessen gefährdeten die Existenz des Brotes; sein totales Ende sollte sich erst mit dem Ende des Tages erfüllen. Daher mußte mit anderm Maße durch den Leib des Brotes geschnitten werden. Frau Holdinger war eine gute Rechnerin. Für sich schnitt sie sich die kleinste Schnitte ab, dafür trank sie am meisten von dem saccharingesüßten Brombeertee. War sie auch betreffs ihrer Ernährung eine gute Rechnerin?

Sie arbeitete weiter an ihren Tüten. Die Kinder arbeiteten an Haushaltungs- und Schulaufgaben. Dann kam der Vater heim. Auch seinen Hunger, von schwerer Erdarbeit und zehrender Luft gesteigert, hatte die kluge Frau einberechnet. Er bekam nicht Übriggelassenes, sondern Zurückgestelltes vom Mittag her aufgewärmt. Seine Schüssel stand seit Mittag, allen erreichbar, auf dem Gestell, aber sie blieb unangetastet. Keine noch so große Lust vergriff sich daran. Nein, von bloßen Blicken allein hatte noch nie etwas Materielles abgenommen. Ein Schmerz kann von hungrigen Blicken größer, ein bitteres Herz kleiner werden. Aber eine Platte voll Kraut blieb sich in Quantum und Ansehen gleich. Für die Kinder waren geschwellte Kartoffeln da. Und nun ging auch der Rest des Brotes zuerst in kleine Stückchen, dann im Nichts auf.

Da es noch früh im Frühling war, gab es auf dem Pflanzlande noch nichts zu tun. Die Mutter klebte weiter Tüten, der Vater las die Zeitung, manchmal las er etwas vor. Die Kinder gingen zeitig ins Bett. Um Licht zu sparen, verlängerten auch die Eltern den Abend nicht unnütz, und der Morgen kam immer zu früh für sie. Wie sie dann beieinanderlagen, sagte der Mann: »Deine Knie, Mutter, sind spitz wie der Stiel meiner Schaufel, und an deinen Rippen könnte man die erdigen Schuhe abkratzen. Bist du denn mit den Rationierungskarten so knapp, Mutter?« Sie erwiderte: »Die Rationierungskarten, diese aufgeblähten Dinger, diese Modedämchen, die jeden Monat einen neuen Rock anhaben, die brauche ich nicht alle. Übrigens, mit einem Schmerbauch kannst du auch nicht aufwarten. Auch mit Sojawürstchen setzt man kein Fett an. Früher hatte der Zahltag besser ausgegeben; jetzt ist er mehr geworden und ist doch weniger. So bleiben halt eben die Marken liegen und bleiben Papier.« Während die Frau dies sagte, war der Mann schon eingeschlafen.

Der Tag, der dann kam, war ein Monatsanfang. Frau Holdinger ging in den Laden und legte die nicht eingelösten Rationierungsmarken auf den Tisch. Das Fräulein machte ein schwarzes Kreuz auf jede Marke, und somit verfielen sie dem Roten Kreuz. Den Frauen aber, die dabeistanden, wuchsen die Augen aus dem Gesicht, und ihre wässerigen Münder machten aus den Marken Ware. Sie sagten: »Wie, 5 Kilo Brot nicht eingelöst, 20 Liter Milch nicht, 10mal 100 Gramm Butter nicht, 1 Kilo guter Kaffee nicht!« Frau Holdinger schwindelte es von den Kreuzen, die das Fräulein machte, und von den guten Dingen, die sich da, von den Frauen hergezaubert, vor ihr häuften. Und auf einmal, sie wußte nicht wie, griff sie in den Haufen der guten Dinge und schob alles auf einmal in ihren Mund: 5 Kilo Brot, 20 Liter Milch, 10mal 100 Gramm Butter, 1 Kilo Kaffee. Und nun wurde sie satt, für lange, lange Zeit wurde sie satt, und ihre Rationen konnte sie nun, ohne eigenen Hunger zu spüren, den Kindern überlassen.

Die Frauen aber, die um Frau Holdinger standen, sahen den Vorgang etwas anders. Ihre Münder wurden trocken, und die Augen wurden klein vor Schreck. Die ohnmächtige Frau trugen sie auf die Bank, und das Fräulein läutete dem Doktor an. Da dieser im gleichen Hause wohnte, war er gleich zur Stelle. Er sagte: »Wärmen Sie der Frau ein wenig Milch und geben Sie ihr ein wenig Brot, dann wird sie gleich wieder munter. Ein Leben hält mehr aus, als man glaubt, so schnell ist es damit nicht zu Ende.« Und weiter sagte er: »Hier haben wir eine typische

Kriegsernährungserscheinung. Auch beim letzten Krieg gab es solche. Statistiken aus jener Zeit zeugen davon, daß meistens die Mütter die Unterernährtesten sind. Dem Familienverdiener und den Kindern, meinen sie, gehöre mehr als ihnen. So gute Rechnerinnen sie sonst in allen Dingen sind, in dieser Rechnung verrechnen sie sich, und dann kommt halt eben der Zusammenbruch.«

Frau Holdinger hatte die Milch getrunken und das Brot gegessen. Es kam wieder etwas Blut in ihre Wangen, und sie sagte: »Ein Leben hält mehr aus, als man glaubt, und ein kleiner Zusammenbruch ist noch lange kein totaler Zusammenbruch.« Die Frau erhob sich, etwas schwankend zwar. Da sagte der Arzt: »Ihr Mann sollte sehen, daß sein Lohn weiter erhöht wird, und ihr Frauen solltet am richtigen Ort ein Gesuch einreichen, daß die Preise nicht weiter steigen.« Da sagte eine Frau: »Zwei Rappen mehr machen die magere Kasse noch lange nicht voll. Erst wenn einmal auf den Schlachtfeldern keine Männer mehr zusammenbrechen und unter Bomben keine Städte mehr, dann werden auch keine Mütter mehr an Unterernährung zusammenbrechen, vorausgesetzt, daß dann die Ungerechtigkeit zusammenbricht und die menschliche Nahrung für die Menschen da ist und nicht für die Preise.«

Dann gingen die Frauen fort. Frau Holdinger aber, da es ihr wieder so sonderbar um die Herzgegend wurde, wurde in ein Sanatorium auf das Land gebracht. Da hatte sie den Frühling in seiner vollen Pracht um sich. Es grünten die Bäume, die Wiesen fingen zu blühen an, und aus dem nahen Walde zwitscherten die Vögel.

Alice Rivaz
Wenn nicht die Liebe

Ich glaube, ich liebe meinen Mann nicht mehr.

Doch meine ganze Familie wähnt, er sei der Mann meines Lebens, da ich mich so lange seinetwegen abgemüht, für ihn gearbeitet habe. Mißt sich aber daran die Liebe? Ich denke nicht. Was sich hier mißt, sich bezeugt, ist es nicht eher eine Art Gehorsam dem Schicksalhaften gegenüber? Ja, Gehorsam – der Ausdruck trifft besser als Liebe – nimmt nach und nach deren Platz ein, wenn uns die Schuppen allmählich von den Augen fallen, und wir Menschen und Gefühle beim wahren Namen zu nennen wagen, wenn Wesen, genannt »mein Mann«, als das erscheinen, was sie wirklich sind, Fährleute vielleicht, die nicht wissen, was sie tun, und die es tun, damit wir in ihrem Gefolge, in ihrem Schatten, im selben Boot mit ihnen zur Fahrt vom einen ans andere Ufer, nicht in der Einsamkeit in Wirbel geworfen werden, in Gischt, damit wir auf dieser Reise nicht ohne einen Gefährten und Zeugen bleiben. Doch wie schwer ist es, bloß einen Gefährten zu sehen in dem Mann, der so lange etwas anderes war. Und selbst dann! Was für ein Gefährte! Er, der so wenig tat, um es für eine Frau zu sein. So wenig tat, um mit uns zu leben, da er nicht dasselbe liebt wie wir, nicht dasselbe erstrebt wie wir, den Dinge locken, die wir nicht mögen, und dem gleichgültig ist oder gar verhaßt, was wir anbeten. Wieviel lieber wäre mir doch die Gesellschaft einer Freundin, einer Mutter! Denn Männer sind, das ist gewiß, von völlig anderer Art als wir. Seit meiner Kindheit hatte ich es begriffen. Tatsächlich: Unter ihresgleichen sollten sie leben und dem Schicksal folgen. Richtig glücklich, ganz sich selbst sind sie ja nur unter sich, ohne uns. Rückt Philipp in den Militärdienst ein, dann bemerke ich auf seinem Gesicht jedesmal die glückselige Gelöstheit desjenigen, der zu den Seinen findet. Besser als alle Geschichtsbücher erschließt mir sein Gebaren den Aufbruch der Männermassen seit dunklen Vorzeiten. All die Kreuzritter, Freischärler, die Streiter mannigfacher

Ziele, all die endlosen Züge, die Rotten auf dem Marsch in den Kampf und den Tod. Gegröl und Geschrei erheben sich jeder Lappalie wegen. Mit welchem Ungestüm folgen sie dem geheimnisvollen Ruf, der sie zusammenkittet! Ein Gesellentum des Abenteuers, der Schmisse und Schrammen, der Hymnen und Schwüre! Es treibt sie von Geschlecht zu Geschlecht in irgendein unbegreifliches Blutbad. Und in jeder Generation sind die Scharfsinnigsten unter ihnen damit beschäftigt, dem Gemetzel Namen zu geben, es zu erklären, zu rechtfertigen.

Manchmal frage ich mich: Was haben wir eigentlich zu tun mit solchen Verrückten?

Ach ja, übt der Mann irdische Macht aus, so wird er zum Attila, Nero, Hitler, Napoleon, und übt er sich in seinen anderen Kräften, dann läßt er sich an Kreuze nageln, die Zunge ausreißen, von Pfeilen durchbohren vor den fassungslosen Even und Marien, die erst die Hände ringen und sich dann befleißen, die abgehackten Glieder zu sammeln, die Toten zu zählen, den Kampfplatz zu säubern.

Nein, der Mann kann, sehen wir von der Liebe ab, unser Gefährte nicht sein. Lieben wir ihn nicht mehr, und liebt er uns nicht mehr, dann haben wir wirklich nichts mehr miteinander zu tun. Der Umriß, den er in unserem innern Bereich erfüllte, bezeichnet nun nur noch eine klaffende Leere. Doch lassen wir je davon ab, ihn zu lieben?

So bin ich also für einige Wochen allein in meinem Haushalt. Werde ich es wohl zu gestehen wagen? Denn das ist es, was mir an Philipps neuer Betätigung am meisten gefällt: Sie zwingt ihn, während Wochen von zu Hause fernzubleiben. So lange schon habe ich mich auf das Alleinsein gefreut. Alleinsein, um nicht mehr einsam zu sein! Wie der Mann mit den Vögeln, den ich oft in einem Park unserer Stadt sehe, den Arm ausgestreckt, ruhig, umgeben von Meisen, die um ihn herumhüpfen. Und hoppla! da schwingt sich ihm eine flugs auf die Hand und stiehlt sich wieder davon, während sich eine andere niederläßt, dann zwei auf einmal. Bald gibt es ein unaufhörliches Hin und Her zwischen der offenen Hand und den

Bäumen in der Runde, wie wenn unsichtbare Fäden zwischen den Bäumen, dem Mann und den Meisen gespannt wären. Doch es genügt, daß sich jemand nähert, und schon reißen die Fäden, die Magnetkraft erlischt, und die Vögel bleiben weg.

So ist es mit uns und manchen Erscheinungen. Sobald wir allein sind, wirkt von neuem die Kraft, die wir verloren hatten. Jedenfalls ist es so bei mir. Ich brauche nur zu rufen, und schon ist alles wieder da, als ob um mich nichts als ein freier Raum wäre, ohne Hindernisse, ohne Schranken, in dem ich als Mittelpunkt einer magnetischen Spannung wirke, wenn ich die verlorengeglaubte Anziehungskraft wiedergefunden habe.

Doch was hatte ich am meisten ersehnt, wenn nicht die Liebe? Werde ich nun nach einer andern, einer neuen Liebe rufen? Jetzt, da ich nicht mehr bin, was ich war? Da alles ungetan blieb, was ich zu tun hoffte? Und ich mich sogar dabei überrasche, daß ich die Schönheit, die man mir zuschrieb, der ich früher kaum eine Bedeutung zumaß, ernst zu nehmen beginne, daß ich zittere, wenn ich sie dahinschwinden sehe, während sie einst für mich ebenso selbstverständlich war wie die Farbe meiner Haare und ich ihr keine Beachtung schenkte. Welche Frau glaubt übrigens wirklich an ihre Schönheit und betrachtet sich völlig unkritisch, mit jener Nachsicht und Verblendung, die man uns zuschreibt, die uns die Männer zuschreiben? Nein, im Gegenteil, niemand weiß besser als eine Frau, von der man sagt, sie sei hübsch, sei schön, daß die Schönheit nur ein Scheinbild ist, daß sie von Zufälligem abhängt. Von einer Spiegelung, einer mehr oder minder glücklichen Beleuchtung, vom heilsamen Schlaf, von einem Gleichgewicht zwischen Körper und Seele, das jede Stunde zu zerstören droht. Vergängliche Schönheit: Worte trüben sie manchmal wie ein unreiner Hauch, und auch Küsse verändern sie. Weshalb stolz sein auf etwas, von dem wir den lächerlich unbeständigen und flüchtigen Charakter kennen? Denn eine Kleinigkeit genügt, ein nicht ganz richtig geschnittenes Kleid, eine mehr oder weniger gelungene Frisur, ein Fehlgriff bei der Wahl eines Stoffs oder einer Farbe, damit eine hübsche Frau völlig reizlos erscheint. Und ist erst ein Jahrzehnt vorbei, nach Jahr und Tag, dann werden jene, denen die Huldigungen an ihre Schönheit Gewohnheit waren, kaum mehr das zuckersüße Getändel hören. Auch mir ging es so, nachdem zwei oder drei Jahre zuvor noch kein Tag vergangen war, an dem man mir nicht wiederholte und beschwor, daß ich »so schön« sei. Mit der Zeit hatte ich es gar nicht mehr beachtet, und trotzdem waren mir die Männerkomplimente auf der Straße, im Tram, im Konzert lästig. Und ich, die schon früher gern allein des Weges ging wie der Mann mit den Meisen, ich konnte mich kaum in einem Park niedersetzen, langsamer gehen oder einen einsamen Pfad einschlagen, ohne daß unvermittelt *er* da war, daß er an der nächsten Wegbiegung auftauchte, näherkam und alles verscheuchte, was ich mit soviel Eifer und Geduld in meine Macht gebannt hatte. Und manchmal hätte ich häßlich sein mögen, damit mich die Männer in Ruhe lassen würden.

Doch das tun sie so ungern. Und in der Zeit unserer Jugend taten wir vielleicht nicht alles, was in unserer Macht lag, um sie fernzuhalten. Hatte ich einen Mann im Kopf, so setzte ich alles und wenn möglich noch mehr daran, um ihn an mich zu fesseln. So bei dem, der mein Mann wurde, so auch bei Pierre M... Würde ich noch einmal, ein letztes Mal dasselbe tun? Doch ist es nicht schon zu spät für mich?

Sechs Paar Socken habe ich für ihn zu stopfen, Knöpfe anzunähen, eine Jacke neu zu füttern, eine große Wäsche. Ich mache mich frohgemut an die Arbeit, auch wenn ich müde aus dem Büro heimkehre. Und kommt die Putzfrau, dann begrüße ich sie wie eine Komplizin.

»Er ist also fort?« meint sie zu mir. Sie lächelt.

»Ja«, sage ich, »er ist fort...«

»Nun werden Sie für einige Zeit Ihre Ruhe haben, Madame Bornand...«

Meine Ruhe! Wie gut!

Und dann fügt sie bei:

»Ach! Wenn der meine in den Dienst muß, ist es die reinste Erholung...«

Sie geht und kommt. Sanft und rund sind ihre Bewegungen, abgestimmt auf sie, auf mich, auf das, was wir zusammen tun. Ich bin froh über ihre Gesellschaft. Wir waschen und putzen, eingehüllt in wohlige Geborgenheit wie beim gemeinsamen Gemüserüsten, Pfannenglänzen und Kleiderflicken.

Im Büro, wo ich nur noch nachmittags arbeite, wurde ich ebenfalls mit Fragen empfangen.

»Er ist also weg?«

Clara fragte es. Marguerite blickte mich wortlos an. Sylvia auch.

»Ja«, bestätigte ich kurz und hob den Deckel von meiner Schreibmaschine.

Und um das Thema zu wechseln, fügte ich bei:

»Haben Sie aber eine hübsche Bluse, Clara!«

»Oh, sie ist mindestens sechs Jahre alt«, antwortete sie mit trotzigem Ton, wie immer, wenn wir ihre Kleider bewunderten. Vielleicht würden wir modische Gepflogenheiten zu erörtern beginnen, erneut von Clara vernehmen, wie man Stoffe und Modelle auswählt, wenn man nur über wenig Geld verfügt und trotzdem auf Eleganz halten möchte. Und wie man die Garderobe behandelt, damit sie jahrelang wie neu aussieht. Denn Clara kennt sich in all diesen Fragen gründlich aus und ist geradezu Expertin. Gibt sie einen Rat, so kann sie sich stets auf eigene Erfahrung berufen. Nie befragt man sie umsonst über ihre Jahre des heimlichen, beharrlichen Kampfes gegen das Häßliche, Schmutzige, Schäbige, Unmoderne, über ihr tägliches Ringen um ein Quentchen des Prunks, mit dem sich so viele Frauen herausputzen ohne eigenes Verdienst, da sie alles Geld besitzen, um alle Roben zu haben, die sie sich wünschen. Und da wir oft auf gut Glück einkaufen und bald wieder bereuen, scheint Clara, die nicht nur für sich, sondern auch für ihre Mutter den Lebensunterhalt bestreitet, wie eine Verkörperung von Scharfsinn und Mut.

Doch Marguerite schaute mich weiter an, wie eine Frau die andere anschaut, wenn vom Mann, von der Liebe die Rede ist. Mit der Neugier von Verschworenen. Wahrscheinlich war sie beim Satz »er ist weg« hängengeblieben, und an mich richtete sie eine andere Frage, mit der sie schweigend mich und sich selbst erforschte. Sie weiß, was ich für meinen Mann fühle oder eher nicht mehr fühle. Ich glaube, daß es sie bedrückt. Ich denke an das, was ich ihr an jenem Abend etwas leichtfertig anvertraute, als wir in einem Restaurant zusammen speisten; wir wollten uns gegenseitig besser kennenlernen, als man es im Verlauf kurzer Bürogespräche tun kann. An jenem Abend, als wir natürlich nur über die Liebe sprachen. Aber ist sie nicht das einzige Thema, das wir alle besprechen, sobald wir unter vier Augen sind? Die Männer, stelle ich mir vor, sprechen dann von Geld, Politik, Wissenschaft, Geschäft, Militär. Wir von Ehe, von Liebe. Aber oft schließen sich Ehe und Liebe gegenseitig aus, und wenn in unsern Gesprächen vom einen die Rede ist, gibt es das andere schon nicht mehr. Nur in der Brautzeit sind beide nebeneinander wie die zwei Hälften eines Ganzen, wie zwei gekoppelte Wörter mit Bindestrich. Doch bald wenden sie sich voneinander ab, verlieren das Zeichen des Zweibunds. Und je mehr sich das Wort Ehe aufbläht, desto winziger wird das Wort Liebe, so klein, daß es verblaßt und verschwindet wie Schriften und Photographien im Laufe der Zeit. Und dann herrscht nur noch das andere Hauptwort. Nun sprach mir Marguerite von Ehe, obwohl es um Liebe ging. Sie erzählte mir ihr Leben mit der herzlichen Selbstlosigkeit jener Frauen, die stark genug sind, um dauerhafte Liebe zu fordern. Wahrscheinlich haben sie ihr ins Auge geblickt mit dem Willen, sie sich anzueignen, sie täglich zu Gast zu laden. Es braucht dazu außerordentliche Kühnheit, eine Hartnäckigkeit, den Mut des Maurermeisters offenbar, die stete Bereitschaft, die Wände zu übertünchen, die Spalten und Risse auszubessern, die Tag für Tag das Leben zu zweit entzweien. Man spürt, daß Marguerite stets mit Wohlgefühl im Einklang lebte. Man braucht ihr nur beim Maschinenschreiben zuzusehen, in den Stoßzeiten, wenn wir alle klein und häßlich werden. Dann hört man die schwarzbraune Frau mit der rauhen, fast männlichen Stimme sagen: »So, Kinder, heute gibt es aber Tonnen und Tonnen abzuschreiben ... die reinste Bibel!« Und schon fühlen wir wieder den Mut, die »Bibel«, das heißt, den Stoß von ein paar hundert Blättern, zum Abschreiben unter uns aufzuteilen. Sie ist die erste beim Scherzen, aber auch beim Schuften; an der Maschine beißt sie die

Zähne zusammen und legt sich ins Zeug ohne Schmollen, wann immer es sein muß. Die erste auch, die das laute Nachlesen mit geistreichen Einfällen auszuschmücken versteht, die beiläufig die Tippfehler, Lücken und Zwiebelfische im Text begrüßt und fröhlich »Radieren ... radieren!« ruft. Denn im Büro müssen wir alle radieren, ausgenommen Marguerite vielleicht, die nie einen Zwischenraum vergißt und nie eine falsche Letter tippt. Gewiß, eine Meisterin des Fachs. Ihr Mann hat Glück. Ob er sie verdient?

Denn bei jenem abendlichen Geplauder im Restaurant hatte Marguerite eine Befürchtung durchschimmern lassen, die ich bei ihr nie vermutet hätte. Eine Art von Furcht, daß ihr das Glück entgleiten könnte wie irgendeiner andern Frau. Sie hatte sogar jenen Satz ausgesprochen, der ausgeleiert ist wie ein Gebet, abgedroschen wie das Geschwätz einer Abwartsfrau, jenen Gemeinplatz, den wir wahrscheinlich seit Jahrtausenden weitergeben:

»Es ist zu schön, als daß es dauern könnte ...«

Zum erstenmal hörte ich Marguerite auf das traurige Wissen vom Elend der Menschen anspielen.

Zu schön, als daß es dauern könnte! Wie konnte sie nur so sprechen? Ich, ja, ich hätte es sagen können, aber sie? Sie, die eben zu der kleinen Zahl Erwählter gehört, denen das Glück entgegenfliegt und anhaftet wie einem Magnet, da sie es nicht nur anziehen, sondern auch bewahren können, ihm Wärme übertragen, eine Kraft, die das Glück, insgeheim gehegt und genährt, weiterwachsen läßt. Ich versuchte sie zu beschwichtigen: »Nichts wird sich ändern zwischen euch beiden ... sehen Sie, Marguerite.« Und ich erklärte ihr, was ich in ihrem Fall vorausgeahnt hatte, was ich von ihren Gaben als Hegerin, als Meisterin vom Bau wußte. Sie sei nicht wie die andern Frauen, die ... und daß ... Und auch ich ... Ich erinnere mich, daß ich in einem bestimmten Moment sagte: »Und auch ich.«

Ich hätte es nicht tun sollen. Nein, ich hätte nicht so schnell dem köstlichen Wohlgefühl weiblicher Vertraulichkeit nachgeben sollen. »Und auch ich ...« Man weiß, was diese Wörtchen ankünden. Welche Schleusen sie öffnen, welchen Schlund, und für welche Springflut! Stimmung und Alkohol halfen mit, und ich schwatzte sicherlich zuviel und sagte, was ich nie jemandem und nicht einmal diesem Heft anvertrauen sollte. Einige Tage lang bedauerte ich es. Vertraulichkeiten dieser Art eignen sich nicht mehr für mein Alter. Und übrigens bin ich mindestens vier Jahre älter als Marguerite.

An diese Geständnisse mußte wahrscheinlich Marguerite denken, als sie mich anschaute im Moment, da Clara rief: »Er ist also weg?« Sie fragte sich ohne Zweifel, ob ich über diese Abreise froh sei. Vielleicht fürchtete sie, daß ich es sei. Und ich erinnere mich jetzt an das, was sie beifügte, als wir uns auf dem Trottoir trennten:

»Jeanne, Sie werden sehen ... Eines Tages lieben Sie Ihren Mann von neuem ...«

Auch wenn ich bereits einen andern geliebt habe? Oder vielleicht zwei außer ihm? wollte ich antworten. Doch glücklicherweise hatte ich diesmal rechtzeitig geschwiegen. Denn es ist ein Geheimnis, das nicht nur mich angeht, sondern auch Pierre M. und Sylvia. Sylvia, die es, ich bin gewiß, nie geahnt hatte.

Trotzdem, auch wenn ich weder Marguerite noch sonst jemandem irgend etwas über Pierre M. gesagt hatte, fühlte ich mich erleichtert, als Clara uns die Geschichte ihrer alten Bluse zu erzählen begann. Dann kamen die »Bibeln«, und wir hämmerten wie die Verrückten bis abends sechs.

Dann bat mich Sylvia, ich solle ihr vor der Heimkehr bei der Wahl einer neuen Handtasche behilflich sein.

Ich habe Sylvia sehr gern. Sie ist eine Frau, die ich seit langem näher kennenzulernen wünschte, bis uns dann der Zufall im selben Raum zusammenbrachte, jede an ihrer Schreibmaschine, zusammen mit Marguerite, Clara und einigen andern. Sie hatte mir stets gefallen. Eine Frau, wie ich sie gerne mag. Hübsch, gewiß, vor allem aber sehr natürlich. Von froher Lebensart. Lebhaft, manchmal sogar überschwenglich, und zugleich verhalten. Sie ließ, ohne aufdringlich zu werden, die innern Reichtümer durchschimmern. Und darüber hinaus ging von ihrer ganzen Gestalt eine Strahlung aus, die, weil sie sich nur zeitweilig zeigte, um so stärker wirkte. Dann hatte man Lust, ihr »danke!« oder »noch einmal!« zuzurufen, zu applaudieren wie einer Diva. Und ich verstehe ohne weiteres, daß Pierre M. ... Gewiß, es ist lange her, seit ich sie zusammen sah wie etwa noch vor einem halben Jahr, kurz vor Sylvias Scheidung. Überlegt man es sich richtig, so scheint es eigentlich seltsam, daß Pierre M., der sich offen mit Sylvia zeigte, solange sie noch verheiratet war, seit ihrer Scheidung nie mehr mit ihr zu sehen ist. Pierre M., war er auch mit ihr? ...

Pierre! Mir scheint, ich kann Ihnen nie verzeihen.

Wir wählten die Handtasche aus. Für sie wurde der unbedeutende Einkauf fast zum Abenteuer, so viel Eifer und Hingabe legt sie in alles, was sie tut. »Und jetzt, meine Jeanne, wie wär's mit einem Drink ...«

Zwischen uns war die Handtasche, die ganze Lust am Einkaufen, am Shopping, wie die Engländer sagen. Ich sah Sylvias Augen vor Vergnügen leuchten. Ich konnte mich nicht enthalten, ihr zu sagen:

»Sie sehen manchmal so glücklich aus, Sylvia. Man glaubt Sie so glücklich, wie eine Frau nur sein kann ...« Sie betrachtete mich einen Augenblick, bevor sie antwortete. »Und doch«, meinte sie dann, auf einmal ganz verträumt, »bin ich es nicht ...«

Sofort korrigierte sie sich: »Das heißt, ich bin es nicht mehr. Aber ich war so glücklich, daß mir offenbar noch ein Nachglanz bleibt. Dieser Widerschein ist noch von Zeit zu Zeit in mir, und so kommt es, daß ihn andere sehen.«

Glücklich! Mit Pierre M. oder wegen Pierre M.? Sollte ich sie beneiden? Verfluchen? Nein, ich schaute sie an. Es schien mir, sie verliere in diesem Augenblick den Stand und rutsche plötzlich senkrecht ab. Auf ihr Gesicht kam jene Angst, die manchmal den Glanz erstickt. Ich dachte immer noch an Pierre M. Nein, nein, mir scheint, ich werde es ihm nicht verzeihen. Denn Sylvia war für mich nicht eine Rivalin. Welche Frau würde es je sein? Ich fühlte mich stets eng verbunden und verbündet, zärtlich verknüpft mit jenen Frauen, die in gewissen Lebensabschnitten das waren, was man so oberflächlich und fälschlicherweise Rivalinnen nennt. Überzeugt, aus demselben feinkörnigen Lehm geknetet zu sein. So ist jener Mann zwischen Sylvia und mir, von dem sie nicht weiß, daß er zwischen uns ist, für mich ein Band mehr, das sie mir liebenswerter und kostbarer macht als jede andere meiner Freundinnen. Sie bildet so etwas wie einen Steg zwischen einem bestimmten Augenblick meines Lebens und mir. Sie ist bei Tag das, was mir manchmal die Träume sind: ein Fenster, geöffnet auf ein Vorleben, das unter Erlebnissen und Erfahrungen jüngerer Zeit verschüttet ist und das ich unversehrt und unverändert finde bis zur Schwelle des Erwachens, und das oft auch das Wachsein nicht austilgen kann. Seltsam jene Vormittage, an denen ich mich in einem Lebensabschnitt fand, den ich längst hinter mir glaubte. Doch vielleicht lassen wir nichts hinter uns zurück, und meine Träume sind Beweise dafür. Daß wir dank ihnen bis in die tiefste Vergangenheit unseres Lebens hineinschneiden und unser innerstes Wesen bloßlegen können, dessen Kern das unveränderte und unveränderbare Gefüge des Gewesenen und Fortbestehenden enthüllt, so sie der Baumstrunk nach dem Umholzen seine inneren Schichten offenbart, die Jahrringe, die auf alle Zeiten in sein Gewebe eingeprägt sind. Nichts können wir auslöschen; weder Kümmernisse noch Freuden, die sich stets von neuem aneinanderreihen. Sie heben sich nicht auf, sondern reihen sich in konzentrischen Kreisen rund um den Kern unseres Wesens. So die Erlebnisse der Liebe. Sind sie einmal erblüht, so können sie nicht wirklich sterben, sie führen ihr Leben weiter in uns. Auch wenn wir es nicht wissen.

Elena Bonzanigo
Nächtliche Reise

Wie fahle Monde in der noch klaren Dämmerung des Märzabends erhellten sich die Bahnhoflampen von Lugano. Aus der Unterführung tauchte der Richter Saverio Marignani empor. Verärgert kniff er die Augen zusammen: »Wie früh die anzünden!« Die beiden Koffer dünkten ihn schwer. Alles dünkte ihn schwer. Auch Linda, seine Gattin, erklomm, obwohl sie kein Gepäck trug, nur langsam und ein wenig außer Atem die letzten Stufen.

»Beeil dich! Du hast doch hoffentlich den Paß nicht vergessen?«

»Ich habe ihn hier in der Handtasche. Soll ich ihn dir geben?«

»Nein. Jedes soll den seinen behalten.«

Der Ton dieser Worte stieß Linda in die Einsamkeit zurück. Mit dem Blick streifte sie die Leute, welche eilten oder stehenblieben, unbekannte Schemen. Der Zug erschien, brauste heran und kam zum Stehen.

»Da ist der Wagen. Hier!« rief der Gatte.

»Aber das ist ja zweiter Klasse.«

»Ich weiß. So werden wir keine Bekannten treffen.«

Aus dem Wagen mit dem durchgehenden Korridor stiegen nur wenige Menschen aus. Eines der Abteile war leer. Zwei Kärtchen hingen über den Eckplätzen neben dem Fenster. Darauf stand: *Lugano–Rom*, sowie die Nummern der Plätze, und dann: Reserviert für *Marignani*. Der Richter beeilte sich, die Kärtchen wegzunehmen und sie in die Tasche zu stecken; seine rasche Gebärde besagte: nicht nötig, daß man weiß, wie wir heißen.

Wahrhaftig nicht nötig, überlegte Linda bitter. Doch wen würde es schon interessieren? Sie nahm den kleinen Filzhut ab, hängte die graue Wildlederjacke an den Haken, setzte sich in ihrer Ecke zurecht und ordnete mechanisch das Haar.

Bleigrau von Kopf bis Fuß – stellte der Richter in Gedanken fest, während er sie verstohlen musterte, und setzte sich ebenfalls. Er entfaltete eine Zeitung und begann zu lesen. Der Zug fuhr wieder. Linda schaute wehmütig aus dem Fenster.

Im Korridor ertönte in ironisch traurigem Rhythmus ein Glöcklein. Ein Angestellter erschien unter der Tür des Abteils: »Abendessen? Pranzo? Dîner?«

»Möchtest du zu Abend essen?« fragte Saverio in einem Ton, der ein Verbot zu enthalten schien.

»Geh du, wenn du meinst! Ich hab keinen Appetit. Ich werde auf deinen Platz achtgeben.«

Daraufhin schüttelte Saverio, dem Angestellten zugewandt, verneinend den Kopf.

»Hast du die Thermosflasche eingepackt?« erkundigte er sich, sobald die Tür sich geschlossen hatte.

»Zwei. Lindenblütentee und Kaffee. Welche möchtest du haben?«

»Später.«

Er begann wieder zu lesen. Und sie versuchte, nicht zu denken. Nicht denken müssen! Wie wenn das möglich wäre bei der Frage, die mit dumpfem, regelmäßigem Pochen aus dem Geräusch des fahrenden Zuges aufstieg. Was verbarg sich hinter dem Telegramm des Advokaten Calasanti? Was bedeutete es? »Eure Gegenwart dringend erwünscht. Erklärungen mündlich.« Und telephonisch war er nicht erreichbar gewesen. Mimmo auch nicht. Weshalb hatte dieser nicht selbst telegraphiert? Denn um wessentwillen, wenn nicht seinetwegen, war ihre Gegenwart dringend erwünscht? ... Und Saverio konnte ruhig die Zeitung lesen. Aber las er sie wirklich?

Das Blatt, eine weitere Wand zwischen ihnen beiden, blieb immer auf gleicher Höhe. Zitterten die Hände, die es hielten, nicht ein wenig? Diese harten, sichern, an entschiedene Bewegungen gewöhnten Hände – war es möglich, daß sie zitterten?

Der Zug eilte vorwärts, raste über den See, über die Brücke von Melide. Plötzlich sank das bedruckte Blatt herab wie ein fallender Vorhang und blieb zerknittert auf den Knien liegen. Das Antlitz erschien: nackt, fassungslos, erbleicht.

»Was ist los?« murmelte Linda.

»Hier in der Zeitung steht's. Ich hatte es nicht sogleich gesehen. Zwischen den verschiedenen Nachrichten!«

»Was?«

»Eine scheußliche Geschichte. Man verdächtigt gewisse angesehene Persönlichkeiten. Wörtlich: ›wegen anrüchiger Geschäfte‹.«

»Aber was geht das dich an?«

»Es scheint ein Geschäftsführer der römischen Zweigstelle der A.E.S.P. darin verwickelt zu sein.«

»Der A.E.S.P.? Der amerikanischen Firma, bei der Mimmo arbeitet?«

»Jawohl. Da haben wir die ›herrliche Zukunftsstellung‹... Und Calasanti war so stolz darauf, sie ihm verschafft zu haben.«

»Aber was denkst du dir bloß? Doch sicher nicht..., daß unser Sohn... Sind denn irgendwelche Namen genannt?«

»Nein. Vorerst sind noch keine Namen genannt. Aber die kann jeder, der es will und der etwas weiß, zwischen den Zeilen lesen.«

»Und du liesest dort... Nicht möglich!«

»Unnütz, mich so anzustarren, Linda. Meine Befürchtungen stammen nicht erst von heute und von gestern. All dieser Luxus!«

»Mimmo verdiente gut. Er ist jung. Ich fürchte eher, es sei ein Verkehrsunfall. Vielleicht hat Calasanti auf diese Weise telegraphiert, um uns nicht allzusehr zu erschrecken. Ach, wäre es doch lieber... wie du meinst.«

»Dir schiene das besser? Aber mir scheint es schlimmer als...«

»Laß mich lesen!« Linda streckte die Hand nach der Zeitung aus. Sie überflog die Zeilen, die ihr vor den Augen tanzten. Fast tonlos fragte sie: »Glaubst du, man könnte auch ihn verhaften?«

»Hast du endlich verstanden?«

»Unbegreiflich...«, stammelte sie. »Mimmo ist ein guter Junge. Wenn man ihn hineingelegt hätte, wenn er sich in irgend etwas hätte verwickeln lassen... in ein unredliches Geschäft; er kann doch nichts allzu Schwerwiegendes getan haben! Und auf jeden Fall wird es dir gelingen, ihn schnell herauszuholen, nicht wahr?«

»Ich denke gar nicht daran. Wenn er mit solchem Leichtsinn unsern ehrlichen Namen beschmutzt hat, soll er auch dafür bezahlen, der junge Herr. Er soll seinen Luxuswagen verkaufen. Und wenn das nicht genügt...«

»Wenn das nicht genügt... Hast du Geld bei dir?«

»Vielleicht hat er eine harte Lektion nötig.«

»Hast du ihm nicht schon genügend harte Lektionen erteilt? Von Kind auf? Und jetzt stellst du dir gleich das Schlimmste vor.«

»Hast du es dir soeben nicht auch vorgestellt? Der Junge ist eitel, ist verwöhnt. Ich hätte ihn mehr strafen sollen... Wenn du dich nur nicht immer dazwischengestellt hättest! Wenn du doch beizeiten eingesehen hättest, wieviel Egoismus deiner Zärtlichkeit beigemischt war!... Aber es ist unnütz, solche Dinge wieder aufzufrischen. Wir haben uns genug damit gequält. Besser, wir versuchen zu schlafen, bevor andere Leute einsteigen. Wir werden unsere Kräfte brauchen in Rom. Wenn wir überhaupt trotz allem hinfahren.«

»Möchtest du umkehren?«

»Ich hätte die größte Lust dazu. Aber die Wirkung dieser Zeitungsnotiz auf den Gesichtern gewisser Kollegen wahrnehmen zu müssen... Nein. In Lugano kennen uns alle. In Rom, außer Calasanti und wenigen andern, niemand.«

»Und Mimmo? Für mich, und auch für dich wird er nie ›niemand‹ sein, was er auch immer verbrochen oder was man ihm angetan haben mag!«

»So ist es. Leider.«

Der Richter schloß die Augen. Es war, als ob er hinter den Lidern Riegel und Ketten vorlege, so verschlossen wurde sein Gesicht.

Linda faltete die Zeitung mit der geübten Gebärde dessen zusammen, der es gewöhnt ist, Ordnung zu machen. Dann wandte sie sich dem Fenster zu. Der See lag zwischen den dunklen Bergen eingeschlossen und trank das letzte Licht. Und zwischen den zum Trocknen aufgehängten Fischernetzen spielten ein paar Kinder.

Mimmo, ihr Kind. Es schien, erst gestern sei er noch ihr Kind gewesen... Sie sah ihn laufen, schreiend... Laufen! Wegen dieser Gier nach Geschwindigkeit hatte die Ankunft des Telegramms sie so erschreckt. Jedoch – war er am Leben, war er gesund, körperlich wenigstens? Was konnte ihm geschehen sein? Was konnte er – wenn er überhaupt etwas begangen hatte – verbrochen haben? O Gott, würden sie ihn wirklich einsperren? In eine öde, kalte Zelle, Mimmo, den schönen jungen Mann, ihn, den verfeinerten, unbekümmerten Massimo, der auf frische Luft und Bewegung versessen war, und der so stolz war auf den neuen, mächtigen Alfa-Romeo-Wagen... Nein, es war nicht glaubwürdig. Vielleicht war *er* es, der über Verfehlungen anderer in seiner Firma am meisten erstaunt und erschrocken war... Um einen Rat einzuholen, hatte er auf diese Art telegraphieren lassen. Ja, so mußte es sein.

Aber Saverio dachte nicht an dergleichen. Sofort sah er ihn als Angeklagten. Auch sie klagte er an. Und doch – wenn man das Schlimmste annahm – wer hatte die Hauptschuld? Wenn er weniger streng gewesen wäre, wenn er nicht von dem Knaben unmögliche Tugendhaftigkeit verlangt hätte, dann hätte sie vielleicht etwas weniger Nachsicht walten lassen. Aber ist eine Mutter nicht dazu da, zu verstehen, zu verzeihen? Und vor allem: zu lieben?

Gespenster von Bäumen, Gespenster von Erinnerungen flohen düster vorbei.

Grausamer Spott schien es, sich daran zu erinnern, daß Saverio und sie diese selbe Reise schon einmal gemacht hatten, so allein, miteinander, vor vielen Jahren. Die Hochzeitsreise! Es gelang ihr nicht, sich in jener Linda wiederzufinden, die so glückselig war über den neuen Familiennamen und über den Ring an ihrem Finger. Linda Marignani. Und derselbe Familienname stand jetzt zwischen ihrem Gatten und ihr wie ein Götzenbild, dem er, wenn es nötig sein sollte, selbst den Sohn zu opfern imstande wäre. Sie drückte das Taschentuch an die Lippen, um einen Seufzer zu ersticken. Indes – so sagte sie sich –, auch wenn sie laut geweint hätte, Saverio würde sich nicht darum gekümmert haben. Nichts galt ihm wirklich etwas, außer seinem Stolz, den er »Ehre« nannte. Aber was bedeutete – verglichen mit dem Leben Mimmos – die Ehre?

Sie trocknete sich die Augen und bemerkte, daß ihr Gatte sie zwischen den nur halbgeschlossenen Lidern betrachtete: mit Abneigung, mit Verachtung und mit zornigem Mitleid.

Linda stützte den Ellbogen auf die Armlehne und legte die Stirn in die Hand. So verharrte sie regungslos, wie wenn sie zu schlafen gedächte.

Da haben wir's, dachte Saverio, das ist also der Trost, den das Schicksal mir gewährt. Diese fremde, graue Gestalt voller Feindseligkeit: meine Gattin. Wahrhaftig: es hat sich gelohnt, studiert, sich Mühe gegeben, gekämpft zu haben! Verzicht geleistet zu haben, mehr als Linda es je ahnte. Und wozu, für wen, im Grunde genommen? Für die Familie, für den Namen.

Gewiß, es brauchte mehr als ein Stück Zeitungspapier, und auch mehr als die mögliche Unkorrektheit eines Jungen, um den Grund zu erschüttern, auf dem der Ruf eines makellosen Richters ruhte. Und doch – um ihn zu bedrohen, um seine besten Hoffnungen zu untergraben, um ihn in seinem geheimsten Stolz zu beleidigen, war ein elender Fetzen Papier, der mit jenem rätselhaften Telegramm zusammenhing, schon mehr als genug... Und in wenigen Tagen würde vielleicht ein anderes, ähnliches Blatt mit ein paar andern gedruckten Worten seinen Namen anschwärzen und ihn den vier Winden des Skandals preisgeben!

War es möglich, daß Massimo so entartet war, sich in »anrüchige Geschäfte« verwickeln zu lassen? War es möglich, daß der schöne Dandy, der Stolz seiner Mutter, versucht hatte, mit verbrecherischen Schmugglerreisen über die Grenze auf unrechtmäßige Art mehr Geld zu verdienen als er, sein Vater, in Jahren rechtschaffener Arbeit? Wer konnte ihn nur dazu gedrängt, verleitet haben? Und was seine Verantwortung betraf, wieviel davon hatten ihm andere, die geschickter und abgefeimter waren als er, aufgebürdet? Das Doktorexamen in Handelswissenschaften sah keine solchen Machenschaften vor!

Unter so vielen Fragen gab es nur *eine* Gewißheit: den Schatten, der jedenfalls den Namen Marignani verdunkeln würde. Ein kleiner Fleck – und das ganze Blatt ist nicht mehr weiß! Und aus der Menge der üblichen Namen, dieser winzigen Sandkörner, ragte jener Namen wie ein Fels empor.

Wer hat keine Feinde? Der Richter wußte, daß er welche hatte. Umsichtige Strenge ist weniger geschätzt als lahme Nachsicht. Einige würden vielleicht die tendenziöse Zeitungsnotiz und ihre möglichen Folgen dazu benützen, ihm einen Strick daraus zu drehen.

Er fühlte sich dem Ersticken nahe. Schon regte sich Linda, um ihm beizustehen: ohne Zärtlichkeit, einfach aus Gewohnheit, reichte sie ihm die Tasse. In eiligen Schlucken trank er von dem heißen Tee. Was für ein Sklaventemperament hatte doch diese Frau! Einst war sie seine Sklavin gewesen, dann die des Sohnes. Und jetzt – wie ein Hund ohne Herrn.

Der Zug hielt kreischend. Chiasso.

Es begannen die gewohnten Formalitäten mit dem Paß, dem Zoll. Offene Koffer, mit den Augen geprüft.

»Nichts zu verzollen?« – Ein Hauch Sarkasmus lag in der Frage.

Eine Ewigkeit schien es zu dauern, bis der Zug sich wieder in Bewegung setzte. Und nochmals eine Ewigkeit, bis die Lichter von Como auftauchten: eine Kette von Lichtern rings um den tintenschwarzen See, Diademe von Lichtern auf den Hügeln, bis weit hinauf zu dem strahlenden Leuchtturm auf dem Gipfel.

»Brunate!« murmelte Linda und hob die Augen. Dann schaute sie instinktiv zum Gatten hinüber, mit einem Lächeln, voll Mitleid mit sich selbst. Sie fügte nicht hinzu: »Erinnerst du dich?« obwohl ihr die Worte auf den Lippen lagen. Es handelte sich um ein kindliches Märchen, vielleicht nicht einmal damals wirklich wahr.

»Brunate, tatsächlich!« bestätigte Saverio. Von neuem hielt der Zug. Wie damals, vor fast dreißig Jahren. Seither war er mit seiner Gattin nicht mehr hier vorbeigefahren.

Sehr selten waren sie miteinander gereist, nach jenem erstenmal. Bald war das Kind gekommen. Dann, immer mit Mimmo und für Mimmo: ans Meer, in die Berge. Er hatte sie mit dem Kinderfräulein reisen lassen, oder mit Freundinnen und deren Kindern, während er in eigenen beruflichen und kulturellen Interessen gereist war. Linda interessierte sich für recht wenig Dinge, außer für ihren Sohn und ihr Haus vielleicht noch für Mode, irgendwelche Romane, ein wenig Glücksspiel. Und für all das mit wenig Erfolg, arme Linda.

Jetzt schien ihm die Glut jenes Honigmondes fast unglaubhaft. Unglaublich auch, daß sie beide, gerade sie beide, hier ausgestiegen waren, am Bahnhof Como, ohne, wie es vorgesehen war, bis Mailand zu warten. Und dann waren sie nach Brunate hinaufgewandert, um ihre Hochzeitsnacht zu feiern. Dort hinauf »zum Punkt, der dem Paradies am nächsten lag« ... sie beide!

Für einen Augenblick ließ die von Kopf bis Fuß in Grau gekleidete Frau, die ihm schweigend gegenübersaß, die andere Linda durchschimmern, jene achtzehnjährige, die ihm damals gegenübergesessen. So blond, in Blau gekleidet, mit einem Hut aus Rosenblättern, sie selber eine frische Rose. Anstatt der echten Perlenkette trug sie ein einfaches Goldkettchen mit einem tropfenförmigen Aquamarin: das erste Geschenk des frischgebackenen Advokaten, der er, der Gatte, damals war – und sie, wie stolz darauf! Vielleicht war sie damals eine schrecklich provinzlerische kleine Frau, ihm aber kam sie vor wie etwas zwischen einer Madonna und einer Göttin. Und wie war sie aufgesprungen, erglühend und lächelnd, an jenem fernen Abend vor sechsundzwanzig Jahren oder sechsundzwanzig Jahrhunderten, die frisch verheiratete Linda, sogleich einverstanden mit seiner unvorhergesehenen, ungeduldigen Bitte: Hier wollen wir aussteigen!

Wieder trafen sich ihre Blicke, wie über einen aschenfarbenen Fluß hinweg. Sechsundzwanzig Jahre vorher. Mit einemmal gab er sich Rechenschaft darüber: Sie hatten die Silberne Hochzeit vorbeigehen lassen, ohne auch nur daran zu denken. Nicht einmal *sie* hatte sich daran erinnert? Oder vielleicht doch ...

Er war sicher, daß sie in diesem Augenblick daran dachte, während sie mit einem grauen Lächeln ihre Perlenkette berührte. Mit einem grauen Lächeln? Nein, die Zähne waren klein und weiß. Sie zeigte sie nur so selten.

»Einsteigen!« schrie eine Stimme. Beim Rütteln des abfahrenden Zuges öffnete sich die Türe. Neue Reisende traten ein: eine Frau, gefolgt von zwei Mädchen, alle drei in Trauerkleidern, beladen mit Koffern und Bündeln.

Der Richter gab seiner Gattin mit finsterem, angewidertem Gesicht den Plastikbecher zurück, und ohne auf das freundliche »Mit Verlaub!« der Neuangekommenen zu reagieren, machte er es sich bequem, wobei er sich sozusagen aufblähte, um möglichst viel Platz in Anspruch nehmen zu können. Die Invasion beginnt, konstatierte er bei sich selber und schloß aufs neue die Augen. Linda hatte mit kurzem Nicken geantwortet.

Während sich die beiden Mädchen auf die Eckplätze neben dem Korridor setzten, verstaute die Frau die verschiedenen Gepäckstücke, welche fast alle Netze ausfüllten. Dann setzte sie sich zwischen das jüngere Mädchen und den Richter.

»Wir sind gerade noch zur Zeit angekommen«, sagte sie ein wenig keuchend. – »Dieses Postauto – ich fürchtete schon, wir würden es nicht mehr schaffen.«

»Natürlich kein Herrschaftswagen!« gab das ältere Mädchen, das ungefähr fünfzehn Jahre alt sein mochte, verächtlich zurück.

»Mir gefällt das Postauto besser«, sagte die Jüngere, »es ist größer und dann sind viele Leute drin, und es schaukelt mehr.«

»Unterhaltender ist's, da hast du recht«, versetzte lächelnd die Frau. Sie strich sich mit einer Hand über die verschwitzte Stirn, brachte, so gut es ging, die Haare in Ordnung und lächelte auch Linda in einer Art mütterlichen Einverständnisses zu. Linda gab ihr unwillkürlich das Lächeln zurück.

Die Frau hatte ein sympathisches, offenes und klares Gesicht, mit starken Brauen über großen, hellen Augen. Das braune Haar war in einem dichten Knoten im Nakken zusammengerafft. Das höchst einfache schwarze Kleid und ein Kettchen mit silbernem Kreuzchen gaben ihr ein schickliches Aussehen. Und auch, dachte Linda, etwas Undefinierbares zwischen Hausfrau und Nonne.

Die Mädchen glichen ihr gar nicht. Auch untereinander sahen sie sich wenig ähnlich, obwohl beide blond waren. Die jüngere und zartere mit ihren lebhaften Bewegungen, ihren aufmerksamen, haselnußbraunen Augen und ihrem unschuldigen Gesichtchen unter dem leichten, leuchtenden Haarschopf hatte etwas von einem Engelchen und einem Eichhörnchen.

»Und jetzt, mein Schatz, halt dich still und schlaf wenn möglich«, sagte die Frau, indem sie der Kleinen das Mäntelchen als Kissen hinter den Nacken schob und dort zurechtrückte. »Dieser Teil der Reise wird viel länger sein.«

»Aber du weckst mich, sobald man Rom sieht?«

»Selbstverständlich. Schlaf du nun auch, Milietta, du hast es nötig!«

»Ich werde schlafen, wann ich Lust dazu habe!«

Trotz des anmaßenden Tons und des verdrossenen Ausdrucks besaß das junge Mädchen mit seinem gelockten »Roßschwanz«, den großen grünen Augen und dem magern Körper, der schon zu blühen begann, eine frische und herbe Anmut.

»Wenn du nicht gern rückwärts fährst, ist hier auch für dich noch Platz«, fuhr die Frau liebreich fort.

»Ich sitze lieber hier«, gab Milietta zurück.

»Möchtest du etwas essen?«

»Ums Himmels willen, Tante Virginia! Wir haben uns ja kaum gesetzt. Kümmere dich nicht um mich!«

Die Tante schüttelte nachsichtig den Kopf. Sie setzte sich besser zurecht, zog einen Rosenkranz aus der Tasche und begann die Perlen durch die Finger laufen zu lassen. Milietta schlug mit einer erbitterten Bewegung die Beine übereinander und wandte das launische Gesicht gegen das Fenster, das in den Korridor hinausschaute.

Como mit seinen Lichtern war schon verschwunden. Vereinzelte Lichtpunkte ließen an Bauernhöfe denken. Die Hügellinie hob sich ein wenig dunkler vom Himmel ab, versank dann in Schatten und verlor sich in der unendlichen Ebene.

Auch das Kind schaute zwischen den schon schweren Augenlidern aus dem Fenster. Es mißfiel ihm, daß man fast nichts mehr sehen konnte. Es war dies seine erste Reise, und wie oft hatte es davon geträumt! Aber nicht so, des Nachts und in diesem häßlichen schwarzen Kleid. Die Tante hatte es in der Küche gefärbt, zum Begräbnis der Mutter. Unter dem grünlichen Schwarz erriet man noch die frohen, einstigen, kleinen Schmetterlinge, aber sie waren weit weg, auch sie waren tot, erstickt in dem fremdartigen Geruch von Tinte und Essig, der sich im

Hause mit den andern beängstigenden Gerüchen nach Kerzen, nach schon ein wenig verwelkten Blumen, nach unerträglich fader Süßlichkeit vermischt hatte. Alles war so, seit einem Monat. Und dies nun die berühmte Reise nach Rom!

»Das Tigerli«, murmelte das Kind, um nicht zu weinen, »das hätten wir doch mitnehmen sollen. Es war Platz genug, ich hätte es auf den Knien halten können.« – Die Abwesenheit des geliebten Kätzchens erschien ihm unter all dem Leidigen und Ungewohnten mit einemmal besonders ungerecht. Leise begann es vor sich hinzuweinen.

»Hör auf!« murrte Milietta. Ihre Augen zwischen den ein wenig geschwollenen Lidern betrachteten das Schwesterlein; sie waren rund und grün wie die des Kätzchens, aber viel weniger freundlich. Das Kind weinte stärker:

»Du hast das Tigerli weggegeben. Es gehörte gar nicht dir. Wir hätten es gut mitnehmen können. Ich hätte es schon getragen...«

»Nach Rom mit einer Katze? Das hätte noch gefehlt. Da würdet ihr jetzt zu zweit miauen.«

»Zu dritt, daß der Nachbar nicht schlafen kann!« fuhr der Richter mehr nervös als belustigt aus seiner Ecke auf und richtete die Blicke hinter den Brillengläsern auf die beiden Mädchen. Das jüngere schwieg sogleich, atemlos. Milietta errötete, zuckte aber die Achseln.

»Sie haben recht, Signore. Haben Sie Geduld«, legte sich die Tante ins Mittel. – »Die Kinder fahren zum erstenmal von zu Hause fort. Es sind Waisen«, fügte sie hinzu und senkte die Stimme.

»Das tut mir leid. Die Ärmsten!« sagte der Richter in kurz angebundenem Ton. – »Um so eher werden sie Sammlung und Ruhe nötig haben. Wie wir andern auch.«

»Gewiß, Signore, gewiß. Versuch zu schlafen, Lucina.« –

Das Kind schloß sogleich die Augen. Es war dies eine Art, sich zu verstecken; auch die fremde Dame, die so grau war wie eine Maus und die es geduldig und recht traurig anblickte, flößte ihm Scheu ein. Schon legte sich der Schlaf wie ein Gewicht auf das Kind.

Nicht einmal der Beamte, der die Pässe zurückbrachte, vermochte es aufzuwecken. »Marignani, Linda! Marignani, Saverio!« Der Richter erschrak. Er streckte die Hand aus, packte rasch die beiden Pässe und gab der Gattin den ihren. Von neuem begann er sich zu räuspern und zu husten. Linda goß wortlos Lindenblütentee aus der Thermosflasche und reichte ihrem Gatten den Becher. Endlich gelang es ihm zu trinken, in kleinen, keuchenden Schlucken.

Milietta betrachtete jetzt die Reisegefährten. Sie erschienen ihr nicht nur alt, sondern auch lästig, verschlossen in ihre Unbeteiligtheit wie zwei Austern in ihre düsteren Schalen. Sie irritierten sie kaum weniger als die Tante in ihrem andächtigen Gehäuse, die den hölzernen Rosenkranz durch die ruhigen Finger laufen ließ. Wenn es wenigstens jener aus Perlmutter gewesen wäre, der Mama gehörte. Aber nein, auch darin mußte sie ihren Stand als Laienschwester betonen, wie wenn die häßlichen Kleider und das armselige Gepäck nicht genügten, ihnen allen dreien den Bestimmungsort aufzuprägen: das Waisenhaus.

Da reisten die Kinder der Herrschaft denn doch anders: Isabella, Gianfranco. Sogar Tim, das Luxushündchen in seinem wattierten Körbchen. – Aber für sie, Milietta, genügte natürlich der lotterige Autobus, das Abteil zweiter Klasse, die düsteren Reisegefährten, die Elendskoffer und die Armutskleider. Für sie war alles armselig, kleinlich, knechtisch.

Würde es ihr wohl immer so gehen? Mit so viel Ungerechtigkeit? Das Glück, das große Glück, es könnte doch auch ihr zufallen, wie so vielen andern jungen Mädchen. Wie armselig hatten gewisse Sterne am Filmhimmel angefangen, und jetzt schwammen sie in Juwelen. In Rom gab es nicht nur die St. Peterskirche und das Waisenhaus, in Rom war auch die Filmstadt... Und sie, sie fuhren doch nach Rom!

Dieser Gedanke, den die Traurigkeit nach und nach ausgelöscht hatte, begann wieder in lauter Gold und grüner Hoffnung zu schillern. Wie in einem Kaleidoskop blitzten Domkuppeln und Filmkameras auf, Luxusautomobile und Kinder in Uniformen, Spiegel und Hefte, hohe Absätze, Statuen, Samtkleider. Rom war ihre ganze Zukunft. Und in der Zukunft konnte alles liegen... alles!

Sie fühlte wieder die Qual des Verlangens, die sie empfunden hatte, wenn sie die Autos der andern sah, Tag für Tag, während sie beim Schulportal im Schnee oder in glühender Sonne auf den altersschwachen Autobus wartete, um von Como nach Cernobbio heimzufahren, wo an der Bucht des Sees ihr sogenanntes Haus stand. Und zu denken, daß viele ihrer Freundinnen sie darum beneidet hatten, um das Pförtnerhäuschen neben der aristokratischen Villa. Doch war das immerhin der einzige Trost gewesen. Tatsächlich war das Häuschen auch ihr, in ihrer Kindheit, recht schön erschienen, schöner als manches andere Haus im Dorf. Aber seit ein paar Jahren! Und jetzt erst!

Nein. Sie fühlte kein Bedauern, sie wollte keines fühlen. Weder wegen der Toten noch wegen der Lebenden, die sie verlassen hatten. Und am wenigsten wegen des Häuschens, jener »schmucken Baracke«, jener »Luxus-Hundehütte für menschliche Wächter«. Mit eigenen Ohren hatte sie es so nennen gehört, von einer geistreichen Freundin der Gräfin. Mit eigenen Ohren hatte sie das Gelächter vernommen, das als Antwort darauf erfolgt war. Wirklich eine Luxus-Hundehütte, Anhängsel des gewichtigen Gittertors, zur Bewachung von Dingen, die nicht ihr gehörten. Seitdem hatte sie das Häuschen gehaßt. (Wie vieles hatte sie seither gehaßt!) Im Gegensatz zu früher war es ihr nurmehr im Winter erträglich erschienen, wenn die Herrschaftsvilla geschlossen blieb und sie, Milietta, sich einbilden konnte, *sie* sei die wirkliche Herrin.

Einsamkeit und Kälte haßte sie, und doch war sie dahingelangt, eine trostlose Schneedecke den blühenden Beeten und der Lustbarkeit des Sommers vorzuziehen. Aber auch im Winter, zu jeder Jahreszeit, mußte das Pförtnerhäuschen dastehen mit Fenstern wie aufgerissene Augen, um nach der möglichen Ankunft der Herrschaften zu spähen: des Grafen, der Gräfin, ihrer Kinder und Freunde und Diener. Von Zeit zu Zeit, oftmals unvorhergesehen, erschienen sie. Alles und jedermann mußte bereit sein, sie zu empfangen.

Der demütigende Kummer wirbelte in ihr in zerrissenen Bildern! Sie dachte an die Platanenblätter: Der Vater hatte sich jeweils darauf versteift, sie im Herbst von den Wegen zu rechen; jeden Tag hatte er aufs neue damit begonnen, bis Regen und Schnee kamen und sie verfaulen ließen. Auch Milietta fühlte ihre fünfzehn Jahre hinter sich wie herabgefallene Blätter. Sie wollte sich den Grund dafür nicht eingestehen. Sie wollte nicht an die Mutter denken. Die Mutter lag unter der Erde wie die Blumenzwiebeln, und nie mehr würde sie zurückkommen. Der Vater, Gärtner in Lugano, bei irgendeiner andern Herrschaft. Das Pförtnerhäuschen leer, bis morgen die neuen Bewohner einzögen.

Wohl bekomm's ihnen! Vielleicht werden sie sich dort wohlfühlen. Vielleicht hatten auch sie eine schöne Tochter, der die junge Gräfin Isabella am Ende jeder Saison die abgelegten Kleider schenkte. Musseline und Leinwand, während es immer kälter wurde. Und welcher der junge Graf Gianfranco zulächelte, wie er ihr zugelächelt hatte... Sie fühlte eine plötzliche Beklemmung. Nein, sie wollte sich nicht an Gianfranco erinnern. Sie hoffte, ihn nie mehr zu sehen. Fest schloß sie die Augen, aber das stolze und muntere Profil stahl sich ihr unter die Lider, und nicht einmal der Lärm des Zuges vermochte jene Stimme zu übertönen: »Sieh da, die Milietta mit ihren Augen! Immer mehr gleichen sie denen eines Kätzchens. Und die Nägel, o Milietta, du Raubtierchen! Mit vierzehn Jahren ließest du dich leichter küssen... Milietta, du Raubtierchen... Raubtierchen...«

Anna Felder
Die Kündigung

Ich war eine unparteiische Katze. Wenn man mich rief, ging ich hin, sei es nun der Alte oder ein anderer gewesen. Und wenn ich keine Lust hatte, wartete ich, bis sie zu mir kamen. Ich wartete und sagte: »Wir werden sehen.«

Die Ansagerin rief, um zu erfahren, ob jemand im Haus war. Wenn Nabucco oder seine Frau daheim waren, vermied sie es hinunterzugehen. Sie rief noch einmal. Sie schrie: »Ist niemand da?« Aber sie erhielt keine Antwort. Dann stieg sie die zwei Treppen hinunter und ging in die Küche. Die Kaffeekanne stand auf dem Herd bereit, man brauchte nur das Gas anzuzünden und zu warten. Die Ansagerin füllte auch mein Schüsselchen, lauwarmes Wasser mit Milch vermischt, aber ich hatte keine Lust darauf; Milch zu dieser Stunde sagte mir nichts. Sie beharrte nicht darauf. Sie schaute sich in der Küche um. Sie nahm einen Schuh der Gesanglehrerin und zog ihn an. Er war ihr ein bißchen zu groß, aber man sah, das Modell gefiel ihr. Sie betrachtete ihren Fuß von vorn und von der Seite, um sich zu überzeugen. Ich konnte es nur von hinten beurteilen. Ich saß auf dem Platz des Alten und wartete, bis die Ansagerin sich umdrehte. Sie mußte sich ja umdrehen, wenn sie das Gas unter der Kaffeekanne abstellen wollte. Jetzt hatte sie beide Schuhe in die Hand genommen und drehte sie zwischen den Fingern, um sich zu vergewissern, daß es gutes Leder war. Ich wüßte nicht zu sagen, ob sie sie nach ihrem Geschmack fand. Die Ansagerin war die einzige Person im Haus, bei der ich nie wirklich sicher war. Ich hatte sie schon gekannt, als sie wenig größer war als der Salbeistrauch. Man hatte mir gesagt: »Das ist das Kind«, und ich hatte ihre Knie beschnüffelt – die damals noch kleiner waren – und hatte mich von dieser ersten Begegnung an gefragt: »Sollte sie nicht eine Katze sein?« Dieser Zweifel ist mir durch all die Jahre, die wir zusammengelebt haben, geblieben.

Der Kaffee war fertig. Die Ansagerin wollte ihn ihrem Vater bringen; aber da trat er schon mit der Werkzeugkiste in die Küche. Nicht einmal ich hatte ihn kommen gehört. Wenn der Kaffee brodelte, war es schwierig, den Schritt der Hausschuhe zu erahnen. Hastig schob die Ansagerin den Schuh, den sie noch immer in der Hand hielt, unter ihren Pullover. Ich setzte mich, um dem Alten Platz zu machen, auf den Tisch hinter die Zuckerdose. Mich interessierte es, dem Gespräch aus der Nähe zu folgen. Schließlich wußte ich um die unnötige Wölbung zwischen den Brüsten der Ansagerin. Es geschah selten, daß der Alte den Elfuhr-Kaffee in der Küche trank. Gewöhnlich brachten sie ihm den Kaffee in sein Zimmer oder auch in den Garten. Er trank ihn in zwei Schlucken, in seine Arbeit vertieft. Er sagte danke und stellte das leere Täßchen ab. Er sagte es mit vom Kaffee nassen Lippen und fing sofort wieder an, die Rosen hochzubinden oder sonst irgend etwas zu tun.

Wie ich so auf dem Tisch saß, hatte ich das Gesicht des Alten und seine Stimme mit dem Kaffeeduft vor mir. Die Stimme der Ansagerin kam von hinten. Jedesmal, wenn sie sprach, redete auch der Schuh ein wenig mit. Sie sagte: »Warum hast du dir nicht helfen lassen?«

Sie sprach langsam und gedehnt. Man spürte, daß sie gar nicht wußte, woran ihr Vater gearbeitet hatte.

Der Alte erwiderte rasch irgend etwas. Er redete nicht gern, vor allem nicht am Morgen. Wenn, dann sprach er lieber mit sich selber.

»Ich hörte den Lärm bis dort oben«, sagte die Ansagerin.

Dort oben hieß: im Dachgeschoß mit den Mansarden. Seit Nabucco verheiratet war, wohnte sie dort oben. Doch die Küche wurde von allen gemeinsam benutzt.

Die Stimme vor mir fügte kurz etwas hinzu. Die Ansagerin erwiderte etwas. Dann sprach wieder der Alte, dann die Tochter, dann, glaube ich, sprach nur noch der Alte. Oder vielleicht hustete er, ohne weiterzusprechen. Ich wachte auf und orientierte mich sogleich: der Husten vorn, das Schweigen der Ansagerin hinten. Ich war überzeugt, daß meine Gegenwart ihnen guttat.

Die Ansagerin zählte von Zeit zu Zeit meine Wirbel; sie rieb sie einen nach dem andern mit den Fingerspitzen, wahrscheinlich ohne es zu bemerken. Ich ließ sie gewähren. Es war eine gewohnte Gebärde, ähnlich wie die, sich eine Haarsträhne um den Finger zu wickeln und sie wieder loszulassen. Sie hatte etwas feuchte Hände; vielleicht war sie eben erst aufgestanden.

Ich drehte mich um und schnupperte an ihrem Gesicht, aber da spürte ich den Geruch des verborgenen Schuhs stärker. Dann streifte ich ziellos in der Küche herum. Die Fliesen rochen frisch geputzt. Ich ging langsam zum Korridor, vielleicht würde ich ins Zimmer der Ansagerin hinaufsteigen. Die Pendeluhr tickte gegenüber den aufgehängten Mänteln und den Schirmen wie immer. Man konnte sich verlieren, wenn man hineinschaute. Nicht, daß ich mir einbildete, ich könnte den Mechanismus anhalten, das war unmöglich, so hinter dem Glas. Aber wenn ich das Gesicht dagegen preßte, dort zwischen dem Messingpendel und dem Schlüsselchen, in diese Schwingungen der Zeit, Minute um Minute, sah ich das Wesen der Dinge hervorspringen. Ich erblickte die Seele einer Katze, ein Schemen aus dunklem, kaum erkennbarem Fell und Schnurrbart, das Leuchten einer Iris; ich wich zurück, und es wich auch zurück. Plötzlich war da das Schemen eines Überziehers, nicht Materie, nicht Stoff, die Idee eines Schirms, sie waren da und waren nicht da; ein Nichts genügte, und sie entschwanden.

Ich rannte die Treppe hinauf. Jetzt hatte ich mich entschieden. Auf dem Treppenabsatz des ersten Stockwerks war mir, als hörte ich jemanden gähnen, ich erinnere mich nicht wen, ich stieg stracks in die Mansarde hinauf. Da war sie. Ich sah sie bei der Lampe, aber ich konnte sie nicht erreichen. Ich sprang auf das Fensterbrett, um mich bereitzuhalten. Das Fensterbrett war schmal, vollgestellt mit Dingen, in der Eile warf ich einen Aschenbecher um. Er fiel zu Boden, aber ich glaube nicht, daß er zerbrach. Die Fliege beschrieb drei Kreise zum Waschbecken hinüber, kehrte auf die Lampe zurück, kam näher, es war eine Frage von Sekunden, sie suchte einen Ausgang, sie suchte das Tageslicht, sie verhaspelte sich im Vorhang und war mein. Ich ließ sie frei, wieder flog sie zur Lampe, prallte gegen den Schirm; ich ignorierte sie, die Beute war mir sicher, ich warf einen Blick aufs Bett, es war noch zerwühlt, ich folgte ihr mit dem Blick, sie war auf dem

Nachttischchen und spazierte ruhig über den Wecker. Ich wartete. Ich hatte mich auf den Boden gekauert und spürte die Anspannung in meinen Muskeln. Ich hatte Lust, die junge Katze zu spielen und mich auf dem Boden zu wälzen. Ich packte die Fliege, spuckte sie ungefähr drei Zentimeter weit auf den Teppich, sie war noch immer am Leben, ich legte mich auf den Rücken und räkelte mich. Dann rollte ich mich auf die Seite und streckte die Pfoten aus. Es machte Spaß, die drei Zentimeter Abstand genau einzuhalten. Als ich die Ansagerin heraufkommen hörte, nahm ich die Fliege ins Maul. Sie mußte eine Knopflochblume sein.

Meine Stärke war es, warten zu können. Es gab nichts Schöneres, als sich mit balkonartig vorgewölbter Brust hinzusetzen und regungslos abzuwarten, was geschehen würde. Ein Gefühl, um vor Vergnügen die Augen halb zu schließen; an solchen Tagen lebte man von Geduld, von einem unendlichen Selbstvertrauen.

Das Warten macht einem warm. Sie aber zog indes die durchsichtigen, enganliegenden Strumpfhosen an, zuerst sitzend und dann stehend. Es war eine geschmeidige Gebärde von den Knien bis hinauf zur Taille, ein sich Drehen in den Hüften. Man vernahm das unbestimmte Geräusch eines grünen Zweiges, der zerbrechen will. Aber sie zerbrach nicht. Sie ging durchs Zimmer, stand da und fühlte sich angekleidet, sie parfümierte sich die Achselhöhlen, um den Tag zu beginnen. Ich hätte mich ebenfalls bewegen, hätte ihr ein Bein stellen oder sie in den Fußknöchel beißen können. Aber nichts von alldem. Ich spielte die Mamie, die Taubstumme, lag da, reglos, doch voller Aufmerksamkeit, jeder Gebärde gewärtig. Es waren winzige Gebärden, voller Genauigkeit, mit den Fingernägeln ausgeführt, und andere, weitgreifendere, die sich bis in den Nacken fortsetzten. So wartete ich.

Sie verwendete Kompaktpuder Ocker-velouté, der ihr auch als Fond-de-Teint diente. Für den Abend wählte sie hellere Farbtöne. »L'art pour l'art«, sagte Michele Roi im Spaß zu ihr, wenn er die Fläschchen auf der Glasplatte über dem Waschbecken sah. »Wer merkt schon etwas davon.«

Ich bemerkte es. Sie schaute auf mich herab und starrte mir in die Augen; ihre Pupillen weiteten sich mißtrauisch. Sie ergriff Lidstift und Pinsel, um sich zu schminken, aber sie starrte mich weiter an. Ich wußte, früher oder später würde sie schließlich vor dem Spiegel nachgeben, und ich schaute sie kurzsichtig, schaute sie weitsichtig an und blendete sie gelb und dann grün. Sie schloß die Augen halb, als höre sie Brahms. Man konnte ihr um nichts in der Welt trauen; sie hielt Lidstift und Pinsel in der Hand, aber die Lider waren weiß, kaum von Farbe überhaucht. Wenn sie Katze spielt, soll sie meinetwegen vornehm tun, dachte ich und lauschte mit weitoffenen Augen Brahms. Es war still in der Mansarde. Es ist die Vierte, wagte ich in die Stille hinein zu bemerken; es handelte sich wohlverstanden um die Symphonien. Es ist die Erste, forderte sie mich zwischen den Lidern hervor heraus. Die Vierte, beharrte ich. Die Erste, beharrte sie; im übrigen war da nur Brahms betroffen. Die Vierte, gab ich kühn zurück; es ging darum, Zeit zu gewinnen. Schmink dich, wollte ich ihr sagen und deutete auf den Spiegel. Sie aber bekreuzigte sich statt dessen. Dann schminkte sie sich ein Augenlid grün, doch für das andere fehlte ihr die Zeit. Daran war Michele Roi schuld. »Du bist ein Engel«, sagte sie zu ihm, als sie ihn heraufkommen hörte.

»Sagst du das zu mir?« fragte er.

Sie empfing ihn mit einem ungeschminkten Auge. Das war ihr peinlich. Sie setzte sich daher in den Halbschatten der Dachschräge. So konnte Michele Roi ihr Gesicht nicht allzu gut sehen; denn er mußte sich notgedrungen auf die andere Seite des Dachfensters setzen, auf einen der niederen Sessel in der Schräge des Daches. Mit der Helligkeit des Fensters zwischen ihnen und jenen beiden Beinpaaren, die ab und zu ihre Stellung veränderten – sie schlugen ein Bein über das andere, sie streckten die Beine mitten in einem Satz im Licht des Fensters aus –, und mit jenem verschwiegenen Gedanken, daß man sich beim Aufstehen den Kopf anstoßen würde, konnte man vergessen, daß man ein Gesicht hatte.

Michele Roi hielt um ihre Hand an. Die Ansagerin sagte nein. Michele Roi bat sie nochmals sehr eindringlich darum. Wenigstens für eine gewisse Zeit, sagte er, für Monate oder vielleicht Jahre. Er wirkte sehr überzeugend.

Sie sagte: »Nein.« Sie sagte:
»Nicht unter diesen Bedingungen.«
Es gab da ein Hindernis.

Sie setzten das Gespräch fort. Sie sprachen in Andeutungen, wägten die Zukunft ab. Es ging um Freiheit, um Egoismus, um Mann und Frau. Von Katzen war nicht die Rede. Aber vom Alten, der ein Mann war, von der öffentlichen Meinung, die ohne Unterschied von Männern und Frauen gemacht werde, mit ihrer Massenpsychologie. Vor allem von einer ganz bestimmten Frau war die Rede, an die Michele Roi gebunden war. Die Frau mußte essen und sich kleiden, und auf diese Art waren Michele Roi die Hände gebunden.

Man mußte sich darüber verständigen, was Freiheit bedeutete. Frei war, wer mit der Hand in der Tasche grüßte. Frei war, wer das Brot Brot nannte. Wer handelte. Wer nicht verheiratet war. Wer frei die Volksvertreter wählte. Wer jemandem zustimmte. Wessen Papiere völlig in Ordnung waren. Wer nicht zustimmte. Jeder Mann. Nicht jede Frau. Du nicht. Du noch weniger.

»Du bist ungerecht.«
»Wir wollen genau bleiben!«
»Es hat keinen Sinn zu unterscheiden!«
»Du verstehst mich nicht.«
»Verstehst du mich etwa?«
»Sprich leiser, man hört dich.«

Von unten drang das Klappern der Schreibmaschine herauf; rasch mußten Arbeiten auf Monatsende erledigt werden. Sie redeten zwischen dem Maschinengeklapper und fühlten sich abgelenkt. Sie verloren den Faden. Die Ansagerin versuchte wieder anzuknüpfen, doch der Faden entglitt ihr erneut, und einen Augenblick lang sah man ihre weißen spitzen Zähnchen. Wenn sie Rasse besaß, mußte man ihr rohes Fleisch geben und sie dann gehen lassen. Mit ihrem nicht geschminkten Auge schielte sie. Michele Roi wurde davon verwirrt. Er wollte aufstehen und schob den Sessel ungeschickt zurück, wobei er allzu viel Lärm machte. Jemand hielt ihn am Knöchel fest, und er mußte nochmals aufzustehen versuchen. Im untern Stockwerk hörte man ihn, das Klappern der Schreibmaschine verstummte. Michele Roi befreite vorsichtig seinen Fußknöchel. Er versuchte, die Ansagerin zu erreichen, um ihr zu zeigen, was für ein Mann er war. Diesmal paßte er auf, damit er sich den Kopf nicht anstieß. Als er stand, reichte er bis zur Decke; denn er war ein großgewachsener Mann. Man sah, daß er nicht für Mansarden geschaffen war.

»Was für ein Kind du bist«, wollte er sagen und machte eine Miene, als wolle er sie festhalten; aber er mußte sich umdrehen, um sie fassen zu können. Die Mansarde war verräterisch. Er beugte sich ungeduldig hinab, ohne daß es ihm gelungen wäre, sie zu packen. »Gerade jetzt«, entfuhr es ihm, als er sie so dastehen sah, mit großen, runden Augen, die zu Boden starrten, eine Handbreit von seinen Schuhen entfernt und doch unerreichbar. Er rief sie beim Namen, bereute es aber sofort. Er fühlte sich schuldig, weil er sie vielleicht nicht verstanden hatte. »Was tust du mir an«, bat er mit leiser Stimme, als er sie auf den Boden zusammengekauert sah, versuchte sich ebenfalls niederzukauern und bereute es, eine Stimme zu haben, wollte ihren Nacken streicheln, aber jemand hielt ihm die Hand fest. Da stieß er drei Pfiffe aus, kurz und scharf, wie wenn man nach der Katze ruft.

Im Haus wußte man, daß Michele Roi vorbeigekommen war, um die Akten zu bringen. – »Er ist gleich wieder weggegangen«, sagte die Ansagerin beiläufig bei Tisch. Und sofort redete man von etwas anderem.

Gertrud Wilker
Dieser Teil eines Lebens

»Wie ist es, Mutter, wenn ihr zusammen schlaft? Für dich, für Vater, für euch beide?«
»Willst du eine Reportage? Technische Anleitungen?«
»Wie ist es für dich, sag, Mutter.«
»Möchtest du vergleichen, von Frau zu Frau?«
»Sag. Ich bin deine Tochter, niemand steht mir näher in dieser Hinsicht, nicht?«
»Nein, niemand. Aber ich habe Geheimnisse, die ich nicht teile, die sind mein Privatbesitz. Verstehst du das?«
»O ja. Sag's aber trotzdem: so und so. Sei nicht feig, Mutter.«
»Was könnte ich sagen? Liebesglück und Liebesunglück sind nicht mitteilbar. Man geht darin unter, ist überwältigt oder enttäuscht oder beides –«
»Du willst nicht? Was würdest du denn preisgeben?«
»Ich kann nicht, Kind, will auch nicht. Du würdest nichts daraus lernen.«
»Doch. Wie man miteinander reden soll, über diesen Teil eines Lebens.«

Leben und Aufbegehren

»Warum willst du dich damit abfinden, Mutter? Ist es etwa nicht gemein, daß wir sterben müssen? Ich denke mit einer großen Wut im Bauch an den Tod.«
»Es ist aber nichts zu wollen, wir sterben so oder so. Man fragt sich, ob man wenigstens mit Anstand wird abgehen können, das fragt man sich, ich frage mich das, Tochter.«
»Mit Anstand? Wem zuliebe? Warum denkst du an deine Würde, wenn der Tod dir das Leben wegstiehlt, ohne dich zu fragen?«

»Ich habe Angst, Tochter, es schlecht zu machen, verstehst du?«
»Wie ich's machen werde, ist mir schnuppe. Hoffentlich unter Protest, hoffentlich habe ich den Mut, zuzugeben, wie gemein ich's finde, daß wir sterben müssen. Findest du's nicht gemein, Mutter?«
»Das hilft nicht gegen meine Angst.«
»Rebellieren hilft, leben und aufbegehren, das ist besser als Angst haben, oder nicht?«
»Du bist erst am Anfang, hingegen für mich –«
»Ich bin auf alle Leute wütend, die an ihren Tod denken, anstatt zu leben. Der Tod interessiert mich nicht, den habe ich ausgeklammert. Aber mir graut vor dem ergebenen Blick ins Jenseits; glaubst du ans Jenseits, Mutter?«
»Ich bin nicht religiös, aber –«
»Aber was? Glaubst du trotzdem daran?«
»Obgleich du nicht meine Hoffnung sein willst, glaube ich, daß du mein Sieg bist gegenüber dem Tod. Ja, daran glaube ich, Tochter.«

Man wird sie nicht los

»Ich möchte wissen, wie es für dich gewesen ist, als ich geboren wurde, Mutter, warst du –«
»Als ob mir noch ein Leben dazugeschenkt worden wäre, so ungefähr –«
»Ich hab' dir aber nichts dazugeschenkt. Vom ersten Tag an war es mein Leben, meines, mein eigenes, mein Besitz, nicht deiner.«
»Nein, mein Besitz nicht, aber schon bei deiner Geburt: eine Hoffnung.«
»Ich möchte nicht mal deine Hoffnung sein, auch die bindet mich an dich, weißt du, Mutter, ich will mich frei machen.«
»Ich auch, Tochter. Manchmal wünsche ich meine mütterlichen Hoffnungen zum Teufel, man wird sie aber nicht los. Und wenn du sie später nötig hast –«

»Du sollst mich loslassen, endgültig abnabeln, jetzt bin ich erwachsen wie du, Mutter. Vielleicht später werden wir gemeinsam –«
»Du und ich? glaubst du?«

Hochzeitsschuhe

Ich bin doch eine moderne und ganz und gar nicht romantisch veranlagte Frau, dachte sie. Ich weiß seit Jahren darüber Bescheid. Bin auch nicht mehr unerfahren genug, mir darauf übertriebene Hoffnungen zu machen. Warum sitze ich denn hier auf diesem Hotelbett wie ein Huhn, das sich vor Erwartung plustert? Warum ist trotz dem mokierten Staunen über meine Situation diese Flut feierlicher, unbändiger Hoffnung nicht aufzuhalten?

Sie blieb auf dem schneeweiß bezogenen Bett sitzen, ohne sich zu bewegen. Obschon es sie fror in dem besonders für diese Nacht gekauften dünnen, mit handgestickten Röschen verzierten Batistnachthemd, waren ihre Hände heiß, ihr Mund ausgedörrt, ihre Augenlider brannten. Sie hätte gern etwas Kaltes zu trinken gehabt, konnte sich aber nicht rühren. Sie blieb sitzen, hörte auf dem dicken Läufer draußen vor der Tür ihres Hotelzimmers jemanden vorbeigehen, während sie, ohne es aufhalten zu können, spürte, daß sie anfing zu lächeln. Ungefähr so, wie sie den Dekan angelächelt hatte, blindlings, als er ihr im Beisein einer Dekanatssekretärin und ihres Fachvertreters zum bestandenen Doktorexamen gratuliert hatte, kindlich, ganz und gar nicht damenhaft oder herablassend oder flüchtig, wie sie gerne gewollt hätte, sondern voller dankbarer naiver Genugtuung. Dann ging die Tür zu ihrem Zimmer auf.

Er schloß hinter sich zu. Riegelte ab. »So«, sagte er, beugte sich über das rosarote Doppellavabo, spülte erst den Mund aus, putzte sich danach lange die Zähne, wusch sich kalt das Gesicht ab, zog die Smokingjacke aus, dann nahm er den dunkelroten Schlips ab und knöpfte das vorne gefältelte Smokinghemd auf, zog Hose, Lackschuhe und Seidensocken aus, nahm vom Kopfkissen das neue hellblaue Pyjama, streifte es über und sagte nochmals: »So.«

Er schlüpfte unter die Decke.

»Komm«, sagte er zu ihr.

Sie ging auf nackten Füßen schnell zum Fenster, öffnete es ein wenig, zog die dicken schwefelgelben Samtvorhänge über dem geöffneten Flügel dicht und kam zu ihrem Bett zurück, immer weiter lächelnd, wie damals. Kindisch, dachte sie, unerfahren, naiv. Und dann kroch sie auf ihrer Seite des breiten, mit schwefelgelbem Samt überzogenen Doppelbetts ebenfalls unter die Decke.

»Lösch aus«, sagte er.

»Warte«, lächelte sie, stand nochmals auf und holte seine schwarzen Lackschuhe mitsamt ihren eigenen, ebenfalls schwarzen Lackpumps unter den Stühlen hervor, riegelte die Tür des Zimmers wieder auf und stellte die Schuhe schön nebeneinander in den Korridor. Dann riegelte sie sehr schnell und als hätte sie das tausendmal mit denselben Handgriffen geübt, die Tür wieder zu, rannte zum Bett zurück, löschte das Nachtlämpchen über ihrem Kopfende aus und lächelte immer noch, spürte auch die Flut feierlicher ungestümer Hoffnung in sich immer noch anschwellen und begann mit den Lippen zu zittern.

»Was ist mit dir?« fragte er. »Ist dir kalt?«

»Ja, mich friert«, antwortete sie.

Er kam zu ihr ins Bett.

»Wärm dich an mir«, sagte er zu ihr, »du wirst doch nicht etwa Angst haben davor? Wir sind zwei aufgeklärte moderne Menschen. Wir kennen uns aus, wissen Bescheid, nicht wahr? Da gibt's nichts zu fürchten.«

»Nein«, flüsterte sie, »überhaupt nichts.«

»Siehst du«, flüsterte er zurück. »Endlich sind wir so weit, du und ich. Zieh dieses dünne Nachthemd aus, komm zu mir, dann friert dich nicht mehr.«

»Sie haben Ihr Doktorexamen mit dem Prädikat ›summa cum laude‹ bestanden«, hatte der Dekan ihr mitgeteilt; »ich gratuliere Ihnen.« Er trat auf sie zu, schüttelte ihr die Hand, mehrmals, während sie versuchte, so auszusehen, wie sie glaubte, daß eine soeben ihr Doktorexamen glänzend bestanden habende junge Biologin auszusehen habe, gelassen, nicht etwa unterwürfig; dabei hatte sie ihr kindliches, naives Lächeln einfach nicht aus ihrem Gesicht nehmen können, so wenig wie es ihr jetzt gelingen wollte, aufzuhören, mit den Lippen zu zittern und ängstlich, aber voller sieghafter verrückter Hoffnung das Nachthemd abzustreifen, bis er ihr zu Hilfe kam, im Finstern, hinter den dichten Vorhängen ihres Hotelzimmers, das aufs Meer hinausging, wo der Mond die am Sandstrand langsam und träg sich hochschleppende und wieder zurückweichende Flut beleuchtete und woher hinter den Fenstern ein sanftes, an- und abschwellendes Seufzen zu hören war.

»Das war der Blick von unserem Hotelfenster aufs Mittelmeer«, sagt sie zu ihrer Tochter. »In der Nacht hat man im Zimmer das sanfte, an- und abschwellende Seufzen der Wellen gehört, damals«, sagt sie.

Sie wühlen zusammen in einem großen Briefumschlag voller alter Photos herum.

»Was für komische Absätze man damals getragen hat«, sagt die Tochter, »und was für eine ausgefallene Idee, eure Hochzeitsschuhe zu knipsen, wie sie im Korridor nebeneinanderstehen. Furchtbar komisch.«

»Ich erinnere mich deutlich an das sanfte Seufzen der Brandung, auch an vieles andere«, sagt die Mutter. An meine sieghafte verrückte Hoffnung, denkt sie, daran erinnere ich mich, die habe ich nicht vergessen. »Aber«, sagt sie laut zu ihrer Tochter, mit diesem immer noch kindlichen, naiven Lächeln, das sie nicht abstellen kann, obschon es eigentlich jetzt gar nicht mehr zu ihr paßt, »aber wie unsere Schuhe vor unsere Zimmertür gekommen sind damals, daran erinnere ich mich nicht. Dein Vater muß sie geknipst haben, als ich noch im Bett lag und nicht den Mut fand, mich anzuziehen und mich unten im Frühstückszimmer zu zeigen.«

Damals, denkt sie, als ich glaubte, über Nacht die Liebe kennengelernt zu haben, welche ich eigentlich noch immer nicht ganz kennengelernt habe, am allerwenigsten in meiner Hochzeitsnacht.

Das Lächeln auf dem Gesicht meines Sohnes

»Meine Damen, meine Herren«, hätte ich gesagt, »sehr verehrte Mitglieder des Stiftungsrates.« Wie die korrekte Anrede hätte lauten müssen, hätte mir vorher jemand schnell auf einem Zettel notiert, denn auf korrekte Anreden wird bei solchen offiziellen Anlässen, gerade von Behördenvertretern und Ehrengästen, besonders geachtet.

Ich hätte keine Notizen verwendet. Eine in Stichworten zusammengebastelte Ansprache hätte ich in der Tasche versorgt. Wäre danach meine Einleitung – Ausdruck der Freude, in meiner Geburtsstadt so freundlich geehrt worden zu sein, und Dank für die mir verliehene Verdienstmedaille –, wäre sie erledigt gewesen, hätte ich mit den Augen unter den Zuhörern meine Kinder ausfindig zu machen versucht, und in Gedanken hätte ich sie angelächelt. Nur in Gedanken. Von da weg hätte ich mich darauf beschränkt, mich an die Gesichter der vor mir in der ersten Reihe sitzenden Ehrengäste zu wenden. Trotz ihren vielleicht erstaunten, vielleicht auch betretenen oder gleichgültigen Mienen hätte ich mich nicht abhalten lassen.

»Meine Damen, meine Herren«, hätte ich fast hastig gesagt, »es befinden sich unter Ihnen auch meine eigenen Kinder, erlauben Sie mir, einer über siebzigjährigen Frau, daß ich zu Ihnen allen ein wenig wie zu den eigenen Kindern spreche.« Ich wäre etwas verlegen geworden und hätte schnell einen Schluck aus dem bereitgestellten Wasserglas getrunken und dann meine Hände beobachtet, die sich vorn an der Rednerkanzel festklammerten, was mich mit Rührung erfüllt hätte für diese hilflosen, unruhigen Greisinnenhände, worauf ich gesagt haben würde, meine Entdeckung sei keineswegs, wie man das in der Laudatio ausgedrückt habe, ein von mir vollbrachtes Wunder. Ich sei bloß von einem Gedankenschritt vorsichtig zum nächsten weitergegangen; um blitzartige, sozusagen schöpferische Erkenntnis habe es sich bei meiner Entdeckung nicht gehandelt, sondern um zähes Ausprobieren, Abwägen, Kombinieren in Hunderten von Gedankenexperimenten, wie das eben für den theoretischen

Physiker üblich sei. »Es ist mir, im Vertrauen auf das mir von meinen Lehrern und Vorgängern zur Verfügung gestellte Wissen und den damit arbeitenden Verstand auch keinen Augenblick zweifelhaft gewesen«, hätte ich hinzugefügt, »daß es gelingen werde, auf eine physikalisch richtig und vernünftig gestellte Frage eine richtige und brauchbare Antwort zu erhalten – was ja vom Vermögen, klare Schlüsse zu ziehen, abhänge und nur zufällig von einer bestimmten Person.«

»Hingegen habe ich als junge Frau«, hätte ich fortgefahren, »trotz meinen Einblicken in den gesetzmäßigen Verlauf physikalischer Ereignisse, es als ein einmaliges Wunder erlebt, daß sich mit der Geburt meiner Kinder auch Liebe und Vertrauen zu ihnen eingestellt haben, ohne daß mein naturwissenschaftlich geschulter Verstand mir hätte Garantien liefern können dafür, daß diese Liebe und dieses Vertrauen vernünftig oder zweckmäßig seien.«

»Sehen Sie, meine Damen und Herren«, hätte ich gesagt, »was, im Rückblick, mein Leben nicht nur lebens-, sondern liebenswert gemacht hat, ist, wie ich jetzt feststelle, nicht die in der Fachwelt anerkannte Formel, welche mir, das heißt meiner Denkfähigkeit, die heutige Ehrung eingetragen hat, sondern –«

Meine Tochter, selber Mutter zweier Buben, hätte hierauf vermutlich versucht, mir Zeichen zu geben, ich möge mich nicht in persönliche Äußerungen verlieren. Ich weiß, es wäre ihr und auch meinen beiden Söhnen unangenehm gewesen, mich anstatt von meiner Forschung von privaten Erfahrungen sprechen zu hören. Andererseits, scheint mir, wären sie, inmitten fremder Menschen, eher als mit mir allein geneigt gewesen, diese privaten Erfahrungen zur Kenntnis zu nehmen, da es nicht nur solche ihrer Mutter, sondern zugleich diejenigen einer öffentlich anerkannten Physikerin gewesen wären.

»– sondern«, hätte ich fortfahren wollen, dabei aber feststellen müssen, daß mir für diese mir wichtigsten Erfahrungen meines Lebens die Worte fehlten.

»Ja, meine sehr verehrten Anwesenden«, hätte ich daraufhin zu sagen versucht, »physikalische Erfahrungen lassen sich eindeutig formulieren – sie sind letzten Endes in einer Gleichung unterzubringen –, eindeutiger als alles, was unsere menschlichen Erfahrungen betrifft. Jedenfalls sehe ich mich außerstande, Ihnen wissenschaftlich glaubhaft zu machen«, hätte ich beigefügt, »daß erst die Liebe, welche die Natur mir zu meinen Kindern mitgeliefert hatte, erst diese, wie der mathematische Ausdruck lautet, ›eineindeutige‹, aus den Wurzeln des Lebens hervorgegangene Liebe mich nach und nach befähigte, nicht allein mich selbst als Trägerin dieser Liebe wiederzulieben, sondern sie als den einzig erstrebenswerten ›Besitz‹ zu betrachten.«

»Es sei ein Besitz«, hätte ich nach einigen weiteren Schlucken aus dem Wasserglas ausgeführt und während des Sprechens vielleicht einen der Magistraten in der vordersten Sitzreihe gähnen sehen oder eine Dame ihren Taschenspiegel aus der Handtasche klauben, »es sei ein Besitz von physikalisch nicht meßbarer Größe, was ihn um so staunenswerter mache, weshalb es mir daran liege«, hätte ich hinzugefügt, ohne die Stimme zu erheben, »Ihnen und meinen Kindern zu beteuern, es sei mir in diesem Augenblick nichts so klar wie die Hinfälligkeit wissenschaftlicher Erkenntnis im Gegensatz zur Überlebensfähigkeit menschlichen Liebesvermögens.«

»Seien Sie versichert«, hätte ich dann im deutlichen Gefühl hinzugefügt, die Zuhörer, vielleicht auch meine Kinder ungeduldig gemacht zu haben, »seien Sie versichert, daß diese meine sehr persönlichen Äußerungen nicht nur Ihnen, sondern auch manchem meiner Kollegen als höchst unwissenschaftlich, als eine naive, meiner Eigenschaft als Frau zur Last gelegte Entgleisung erscheinen müssen, ja daß sogar ich selbst noch heute morgen beim Aufstehen im Sinn gehabt habe, eine ganz meiner Wissenschaft gewidmete Ansprache zu halten, und erst in letzter Minute mich anders entschied. Erst in dem Augenblick, meine Damen und Herren, sehr verehrte Anwesende, als ich das stolze Lächeln auf dem Gesicht meines jüngeren Sohnes erblickte, während mir die Verdienstmedaille überreicht worden ist – erst dann kam es mir zum Bewußtsein«, hätte ich gesagt, »daß ich nicht den Stolz meiner Kinder auf eine meiner intellektuellen Leistungen in ihrem Lächeln hätte gespiegelt sehen wollen, sondern jene Liebe, die sich auf nichts als auf sich selber beruft.«

Obschon dieser Satz mein Schlußsatz gewesen wäre, hätte niemand applaudiert, vielmehr hätte ein paar Augenblicke lang Schweigen geherrscht, verlegenes Husten; das wäre mir aber nicht etwa unangenehm gewesen, so wenig wie die Stille dieses Zimmers, wo ich eben am Radio gehört habe, die Verdienstmedaille der Joachim-Huf-Stiftung sei jener greisen Physikerin verliehen worden, die leider nicht habe anwesend sein können, weil sie, wie man überall gelesen habe, schon seit Tagen im Sterben liege.

Eveline Hasler
Novemberinsel

Seit Wochen die immer wiederkehrende Vorstellung: eine riesige Spule, die, mechanisch sich drehend, Faden aufwickelte; ein Faden, der, wie bei einer Spinne, gebildet war aus ihren geheimen Lebenssäften. Das Gefühl, immer schlapper, kraftloser zu werden. Diese pausenlose Reduktion, verursacht durch den mörderischen Mechanismus der Spule.

Das Haus auf der Insel ist meine einzige Überlebenschance, hatte sie zu Helena gesagt, eine Möglichkeit, mich zu bewähren. (Den nächsten Gedanken kann ich nicht aussprechen: Geht es nicht, schneide ich den Faden ab.) Das Wort *Bewähren* war ihr Lieblingswort; auch der Psychiater, im Gespräch mit ihrem Mann, hatte es benützt: »Entweder Internierung oder diese Art von *Bewährung,* geben wir ihr die Chance.«

»Erschöpfungszustand« – hatte er noch gesagt, und Curt hatte fragend den Kopf gehoben:

»Soll ich mitfahren?«

Aber der Arzt hatte energisch abgewinkt.

»Sie besteht darauf, den Jüngsten mitzunehmen«, hatte er nach einer Pause hinzugefügt, und Curt ärgerlich: »Das habe ich mir gedacht, dieses Kind ist noch nicht abgenabelt.«

Flackern in seinen Augen. Wut auf diese Krankheit, die ihr allein gehört. Bis jetzt, dachte er, haben wir alles gemeinsam gehabt: Kinder, Haus, Alltagsaufundab.

Ohnmächtige Wut auch, weil dieser Krankheit nicht beizukommen war mit Methoden, mit denen er am Konferenztisch der Firma Probleme löste: vernünftige Gespräche, Alternativ-Vorschläge, Planung.

»Du mußt nur wollen«, hatte er im Winter vor einem Jahr gesagt. »Reiß dich heraus. Wenn alles nichts fruchtet, so hilft Tapetenwechsel.«

Er konnte sich Mitte Februar für Skiferien freimachen. Nach seiner Devise (»Organisation ist das halbe Leben«)

löste er auch die häuslichen Probleme. Durch den Quartierverein fand er eine Hauspflegerin. Eine energische, rotblonde Person, die am Vorabend ihrer Abreise Schubladen und Schranktüren auffliegen ließ: »So habe ich sofort die Übersicht.« Als Hildegard wegen des Jüngsten Bedenken äußerte, meinte die Pflegerin: »Wenn die Mütter erst mal aus dem Haus sind, klappt es von selbst.«

Zögernd, das Geschrei des Kindes im Ohr, ging sie am Morgen den Siedlungsweg hinunter.

Curt drängte: »Mach schon. Das Taxi wartet.«

Aus dem Hotelzimmer Blick in den heiteren Engadinerhimmel. Eine unsichtbare Lichtquelle hinter dünner Himmelshaut. Waldhügel, schwarz-weiß bebändert, aufgeplustert wie Perlhuhngefieder.

Vor dem Hotel, einem unförmigen, von der Gruppe der Dorfhäuser abgerückten Würfel, ein Gehege mit Polarhunden.

Die tänzelnden Bewegungen der Hunde hinter dem Drahtgitter. Ein schwarzer Strich über dem Nasengrat stellt die Verbindung zwischen den beweglichen Lackaugen und der Lackschnauze her. Das Übrige: Tarnfarbe. Kaum zu unterscheiden vom schmutzigen Schnee.

»In 10 Minuten geht der Sportbus«, sagt Curt.

»Trag die Stöcke. Ich nehme die Skier.

Noch fünf Minuten.

Noch drei.«

Wie immer läßt sie sich antreiben von seinen Rufen. Sie trägt nie eine Uhr. Die stumpfsinnige Emsigkeit der Zeiger setzt ihr zu.

Das Rosegtal vormittags um elf im Schatten. Warum sind die erstarrten Wasserfälle an den Steilwänden bläulich? Sie hat zu Hause eine Sammlung von blauem Glas.

Die Kufen der Langlaufloipe sind gefroren. Lärchennadeln dämpfen das schabende Geräusch der Skier.

»Halte dich rechts!

Tiefer in die Knie!

Gleiten lassen!

Mehr Abstand, es geht abwärts!«

Die Abfahrten über Buckel und Bodenwellen jagen ihr Angst ein, der Abstand zwischen ihm und ihr wächst.

Nach einer Weile schaut er zurück.

»Rechtsgutmehrsofalschlängerbesserdurchnieschnellso...« Ballungen von Wörtern als Dunstfahne vor seinem Mund. Curt, eine Figur aus dem Comic-Strip.

Die Sonne beleckt den Rand des wannenförmigen Tals.

»Setzen wir uns drüben an die Sonne?«

»Hm, ja, könnten wir.«

Die einhundert täglichen, ihr abgerungenen Mini-Entscheide erschöpfen sie.

»Deine Entschlußlosigkeit. Du tappst dauernd im Vagen.« Eine Milchglasscheibe zwischen ihrem Drinnen und Draußen. Woher diese Eintrübung?

Ich lasse mich antreiben. Er ist mein Dynamo. Ich zwinge ihn in diese Rolle, zwinge ihn zu Sätzen, für die ich ihn, Augenblicke lang wenigstens, hasse.

»Schön?«

»Ja, ja... herrlich.«

»Magst du Schokolade?«

Sie liegt, vom Stanniolpapier entblößt, auf seinem Handteller.

»Hm, nein, lieber nicht...«

Sie denkt an das pelzige Gefühl auf der Zunge.

Er bricht sich ein Stück heraus. Hält ihr die Schokolade nochmals hin.

»Willst du?«

Hat er sie vorhin nicht verstanden? (Du sprichst immer leiser, wie einer, der seinen Satz schon im Sprechen bedauert.)

»Ja, also, gut. Aber nur wenig.«

Sie sieht ihre Finger zu widerlichen Zangen werden.

Café am Roseggletscher. Curt sagt: »Die Loipe geht noch weiter, macht eine Schleife vorne am Gletscher. Eine Stunde, schätze ich. Für dich zu anstrengend, nicht?«

Der Fingerdruck auf ihrem Oberarm läßt nach. Seine Hand fährt in den Fäustling aus Leder.

Curt von hinten: sein gewölbter Rücken, ein Schild gegen Lichtpfeile. Der stahlblaue Skianzug mit den elastischen Seitenteilen sitzt tadellos. Wie immer hat er beim Einkauf lange verglichen, mit Bedacht gewählt. Darüber der Nacken, kämpferisch vorgeneigt. Sein Nacken ist stämmig. Daß er auch rot ist, schreibt man mal der Hitze, mal der Kälte zu.

Die Skier fahren aus, treiben ihre Spitzen ins Weiße.
Arme und Beine schwingen nach Vorschrift.
Curt im Gegenlicht, immer kleiner werdend.

An der Hauswand, die langsam warm wird von der Februarsonne, läßt sie sich zurückfallen in die Abpolsterungen ihrer Ängste.

Das Verlangen, den Jüngsten zu sehen, nimmt im Lauf des Urlaubs zu, zumal die Pflegerin am Telefon gesteht, er liege erkältet, mit leichtem Fieber, im Bett.

»Er wird uns doch nicht die Ferien verpatzen«, grollte Curt. Dieses Kind, im Gegensatz zu den drei andern, nicht mit Hilfe von Biorhythmen und nach der Berechnung des Eisprungs geplant. »Unser Surplus« hatte Curt es manchmal scherzend genannt.

In anderen Zusammenhängen pflegte er zu sagen: »Mit Ungeplantem hat man Scherereien.«

Der Aufenthalt im Engadin hatte an ihrem Zustand wenig zu ändern vermocht. Der Sommer brachte Aufhellungen, aber der Herbst färbte dunkler ein.

Tage, wo sie mit dem Druck auf der Brust erwachte. Durch die dünne Wand am Kopfende des Bettes hörte sie einen Wecker abgehen. Inas Wecker. Curts Wecker, fünf Minuten später, gab alle zwanzig Sekunden summende Weckimpulse. Im Gang schrie das Kind. Fröstelnd kleidete sie sich vor dem Fenster an. Das Tagesweiß im Fensterrechteck sah wolkig aus, so, als hätten es schon viele befingert.

Wenn alle aus dem Haus waren, ging sie fast schlafwandlerisch umher, räumte Geschirr in die Spülmaschine ein, machte die Betten, saugte den Gangteppich. Sie verrichtete alles mit gezielten, aber langsamen Bewegungen. Ihre Hände waren weit von ihr weg. Es war ihr manchmal, als sitze sie gegenüber auf dem Hügel und schaue mit einem Fernrohr durchs Wohnzimmerfenster ihren Händen zu, wie sie über den Betten, über dem Spültrog flatterten. Auch über die Füße besaß sie keine Macht. Zwischen den Zimmern wuchsen die Schwellen zu Hindernissen. Ihre Beine fühlten sich bleiern an, als schleppe sie sich über gigantische Treppenstufen.

An solchen Tagen warfen die größeren Kinder, die hungrig von der Schule gekommen waren, vom Eßtisch aus scheue Blicke nach der Mutter. Die wollte wieder einmal nichts essen, saß zusammengekrümmt im Lehnstuhl. Nur der Jüngste schien nichts von dieser Beklemmung zu spüren, er kletterte von seinem Sitz, ging hinüber und zerrte sie am Rock, quengelte, stampfte, verlangte mit Zornröte auf der Stirn nach einem Glas Sirup. Die seltsame Abwesenheit der Mutter machte ihn aufmüpfig; sie blickte ihn dann, wie von weither zurückkehrend, müde an, stand schließlich auf, um ihm den Gefallen zu tun, langte ein Glas aus dem Schrank, griff nach der Sirupflasche.

Mann und Kinder beobachteten schweigend, wie der Jüngste für sie eine Art Motor war, der sie antrieb, das Alltägliche zu tun.

Unten am Meer, als sie die Versuchung angekommen war, bei den Felsen den letzten aller Fäden durchzuschneiden, war plötzlich das Kind neben ihr gewesen, hatte sie mit seinen vom Sand panierten Wangen angelacht.

Später, im Dorf, riß sich der Junge von ihrer Hand weg, rannte auf eine Gruppe von Kindern zu, denen er seinen Teddybär zeigte. Er stutzte, als die Kinder mit unverständlichen Worten auf ihn einsprachen, dann begann er, Schreie und Jauchzer ausstoßend, herumzutoben. Die Mutter, die ihn vom Stand des Gemüsehändlers aus beobachtete, ließ ihn gewähren. Ich habe das Kind aus dem Kreis seiner drei Geschwister weggerissen, sperre es ein in ein Inselhaus, das drei Schritte breit, acht Schritte lang ist, binde es auf Gedeih und Verderben an mein Schicksal, bin aber auch, auf Gedeih und Verderben, mit ihm verbunden.

Über den Dorfplatz wehte ein angriffiger Wind, Zeitungspapier, das Einpackmaterial für Tomaten und Salat, raschelte am Boden vor dem Stand. Sie holte das Kind von den spielenden Dorfkindern weg und ging mit ihm an der BAR AMERICANO vorbei zu Luccas Haus.

Lucca hatte ihr gestern geraten, die Lebensmittelsäcke dazulassen, der Rucksack mit dem Notwendigsten sei für sie schwer genug. Als sie eintrat, war er am Küchentisch mit Gemüserüsten beschäftigt, sofort wischte er die Hände ab und drängte sie in den Wohnraum zurück. »Nein, bitte nicht«, sagte sie, »mir ist wohl in der Küche, die Wärme des Kochherds tut mir gut.«

Auf dem fleckigen Plastiktuch des Küchentischs bot er ihr Kaffee an. Die winzige Espressotasse erinnerte sie an die Puppentassen ihrer Kindheit.

Der Kaffee war so stark, daß er auf der Zunge brannte. Sie trank langsam, Schluck für Schluck. Es kam ihr vor, als rinne ein Magmastrom durch sie hindurch bis zu den Finger- und Zehenspitzen. Im Rücken fühlte sie die dumpfe Wärme des erhitzten Backherds, Lucca hatte die Klappe geöffnet, als einzige Möglichkeit, die Temperatur des Küchen- und Wohnraums leicht zu überschlagen.

Sie erzählte vom defekten Dach und ihrer Sorge, Helenas Haus richtig zu lüften. Als sie außer Haus gegangen sei, habe sie die Fenster hinter den Läden offen gelassen, aber der Wind schlage sie zu.

Lucca sagte nichts, quälte sich damit ab, eine Zwiebel zu schneiden. Er kam schlecht damit zurecht, mußte immer wieder anhalten, um sich die tränenden Augen auszuwischen. Sie hätte es gerne für ihn gemacht, traute sich aber nicht, aus Angst, ihn zu beleidigen. Die Zwiebelstückchen gab er in ein Becken zu Tomatenscheiben, dann goß er sich nochmals Kaffee ein und verharrte schweigend. Sein Schweigen, von seiner Anwesenheit knisternd erfüllt, breitete sich im Raum aus. Das Pupillenspiel seiner Augen verriet, daß er nachdachte, auch gingen Schatten- und Lichtfelder über seine Stirn.

Sie atmete in das raschelnde Blattwerk dieses Schweigens hinein; zum ersten Mal seit Wochen fühlte sie einen Druck von sich weichen.

Aus der Ecke der Küche kamen die Knabbergeräusche des Kindes, vom Aufstieg und der frischen Inselluft erschöpft, hatte es sich mit Luccas Keksen auf den Boden gesetzt.

Nach einer Weile sagte er: »Ich habe mir Gedanken gemacht über das Lüften in Helenas Haus. Ich will Haken kaufen – solche –«, er hielt ihr den gekrümmten Zeigefinger hin –, »und mache sie an Flaschenkorken fest. Wenn man die Korken zwischen die Fenster steckt und den Haken an den Beschlägen einhängt, gehen die Fenster auch bei Wind nicht mehr zu. Was nun die Decke betrifft, so müssen Sie bei Margherita vorbeigehen, sie betreut Helenas Haus. Margherita soll mit dem Maurer sprechen. Wenn es nicht klappt, kann ich selber Angelo benachrichtigen, es ist ein junger Verwandter von mir.«

Sie merkte bald: Er überlegte alles, was an ihn herankam, vor- und rückwärts. Deshalb sein Schweigen; er brauchte es, um seine Gedanken aufgehen zu lassen. Es war eine Stille um ihn, die das Gegenteil von Tod und Leere bedeutete: eine Treibhausstille, mit wabernder Wärme und dem Wirken geheimer Kräfte ausgefüllt.

Erica Pedretti
Die Vorzüge der Brunft

Tannbach stand auf einer Waldlichtung und betrachtete – »zum Teufel das Kribbeln« – betrachtete die auf der ebenen Erdfläche in Reihen gepflanzten Obstbäume, liebevoll. Ja wirklich, ich kann es liebevoll nennen, seinem Gesichtsausdruck nach zu urteilen. Und liebevoll gepflegt wirkten auch die Bäume mit ihren aufstrebenden und ausladenden Ästen, die ihre frischen Triebe der Sonne, und was für einer Sonne, entgegenstreckten.

»Daß du das aushältst«, sagte ich.

»Was? Das Kribbeln?«

»Nein, die Sonne«, und bemerkte erst jetzt, daß Ameisen an ihm, der schon ungewöhnlich lange dastand, so als wär er ein Baumstamm, in einer dichten Linie, einer bevölkerten Allee, hinauf- und hinunterhasteten.

»Alex!« rief ich erschrocken, aber er schlug sich bereits einen Ast an die nackten Beine, »zum Teufel!« und sprang auf und ab, immer heftiger an sich und um sich schlagend.

Das Kribbeln tags und oft sogar nachts. Nicht nur beim Gedanken an Alex. Die Ameisen konnte man, indem man sorgfältig Gift auf ihre Straßen stäubte, loswerden. Oder fast. Auch die Fliegen, die auf den Gesichtern und überall herumliefen und sich gleich wieder niederließen, kaum hatte man sie verscheucht. Oder die Mücken, Moskitos, Küchenschaben und was weiß ich noch alles. Am schlimmsten aber und am ausdauerndsten und resistent gegen Gift, Um-sich-schlagen und Kratzen war das Kribbeln Tag und Nacht, ja, vielleicht jede Nacht, versteckt in den Träumen, aus denen man beunruhigt, auftauchte, Gekribbel in den Fingern und sogar in den Zehen. Während ein Gespräch vor sich ging, oder irgendeine an sich gleichgültige, oder vielleicht auch mehr oder weniger wichtige Erscheinung, der in die Breite verzogene Mond hinter den Wipfeln, oder während einer Beobachtung, wie der, daß dieser ungeduldig erwartete Mond täglich länger auf sich warten ließ, während dem Baumfällen und Entrinden etwa, wenn also die Aufmerksamkeit auf eine bestimmte Sache gerichtet war oder sogar geteilt wurde in verschiedene Wahrnehmungen, kribbelte es. Meist ohne von irgendeinem bemerkt zu werden. Außer ich setzte mich, oder Tannbach setzte sich hin und gab der leisen Unruhe nach, hätte sich dieser fast unmerklichen Bewegung ausgesetzt und ihr Form gegeben.

Einmal beim Wasserholen, auf dem Weg zum nächsten Ort, mitten im Wald und umgeben vom dichten Unterholz, wurden wir von einem Röhren erschreckt, das an Intensität alles, was ich bis dahin gehört hatte, überbot. So daß nicht nur ich, sondern auch Tannbach an den Platz wie genagelt war, für etliche, ich denke fünf Minuten, bewegungslos bis auf die sich ängstlich in unsern Gesichtern rasch hin- und herbewegenden, suchenden Augen. Nichts zu finden. Ein starker, fremdartig süßer Geruch überfiel uns in Schwaden.
»Alex, was ist das? Sind das Hirsche?«
Wieder, entfernter und von verschiedenen Stellen her Brüllen, das leiser werdend in Gelächter oder etwas ähnliches überging.
»Menschen«, sagte er, »das war längst zu erwarten. Wir werden uns von jetzt an mit ihnen oder zwischen ihnen einrichten müssen.«
Und tatsächlich hörten wir in den nächsten Tagen, meist schon früh, es war noch nicht einmal ganz hell, Getrampel, Laufen hinter der Hecke, oft direkt hinter unsern Köpfen. Wir zogen die Schlafsäcke über uns und versuchten weiterzuträumen, zumindest zu dösen. Sehen konnten wir sie selten, und wenn, dann nur teilweise, so daß wir nicht bestimmen konnten, um wen, um welche Art es sich eigentlich handelte, auch wenn wir gerne mit ihnen geredet hätten und bekannt oder sogar Freunde geworden wären. So vermuteten wir und bestätigten es uns in langen Ausführungen, wahrscheinlich um unsere innere Ruhe nicht zu gefährden, daß es sich um Harmlose handelte. Manchmal schienen sie sich auch, nicht weit entfernt, zu paaren, im Unterholz, was man nicht sehen, doch hören konnte.

Langsam gelang es sogar, sie über Stunden hinweg zu ignorieren, indem wir uns, immer mit Blick auf die Waldlichtung, die hohen, vom Sturm schräggestellten Bäume um uns und die pittoresken Felsköpfe am Horizont, in ein Gespräch vertieften, das uns von den Gegebenheiten fort und in utopisch-phantastische Bereiche führte. Zu Tannbachs Lieblingsthemen, wie etwa die Vorzüge der sich einmal jährlich ereignenden Brunft.

»Hörst du sie?« und er zeichnete mit einer begeisterten Armbewegung röhrende Hirsche auf die Felsen und in den Wald, »warum können wir nicht so lieben wie sie?«

In der Landschaft überall röhrende Männer, durch die Straßen und über die Plätze jagen Menschen in Rudeln, quietschen, brüllen, jeder fängt sich, wen er kann, fällt voll Vergnügen aller Orten über den, über die, über die andern her.

»Ja«, sagte Alex, »mit größter Lust, einer Intensität, wie du sie bis dahin noch nie, oder nur einmal gekannt hast, einen Monat lang lieben, ohne Scham, was wäre das dann, und was wäre dann noch Rücksicht, alle Hemmungen wärst du los, oder fast.« Und die Vorteile gegenüber unsrer unvermeidlichen Unruhe und Unberechenbarkeit jetzt, durch ein ungeregeltes sexuelles Verlangen bedingt:

»Die Vorteile liegen auf der Hand. Die unangenehme Unruhe wären wir für den Rest des Jahres los. Abgekämpft und angenehm müde könnten wir uns anderem zuwenden, uns auf unsre Aufgabe konzentrieren, ohne Abschweifen könnten wir utopische, philosophische, abstrakte Gedankengänge verfolgen, das würde uns, vielleicht, weiterbringen. Und wie jetzt auf die nächste Jagd, könnten wir uns, leise und ohne wirkliche Sehnsucht, auf das uns ein Leben lang sichere nächste Mal freuen.«

Dann verstummte das Gespräch. Sei es weil Tannbach müde geworden war, aber das war, besonders bei diesem Thema, selten, oder ich zu stumpf für die Fortsetzung. Zwar dachte ich an das Imponiergehabe und die Drohgesten, an Territorial- und Brunftkämpfe, ich hörte das schauerliche Geräusch beim Aufeinanderschlagen der Geweihe, dachte an Spießer oder Mörder, die mit langen, unverästelten spitzen Stangen ihre Konkurrenten durch-

bohrten, aber was wußte ich schon Genaueres über Hirsche und andere brünstige Tiere. Oder, eher, das Gespräch verstummte, weil eine Unstimmigkeit, wer weiß, vielleicht die Jagd, eine mir doch fremde Freude, betreffend, aus einem winzigen Anlaß zugenommen, sich ausgebreitet hatte zwischen den einzelnen Sätzen, die Wörter sich nur widerspenstig einstellten, sogar nach und nach mit versteckten Widerhaken ausstaffiert worden waren, so daß sich erst kleinere öde Ebenen, darin dann Risse zwischen uns bildeten, die nicht mehr leicht zu überspringen waren. Und zum Brückenbau fehlte uns, wohl wegen der Hitze, die Kraft. Sobald das Gespräch also verstummte und das Trampeln, Laufen oder Stöhnen ringsum um so aufdringlicher wurden, nahm das Kribbeln deutlich überhand. Manchmal schon vorher. Noch während Tannbachs Sätze mich verfehlten und ich mich auf mich selbst und meine nicht mehr laut werdenden, nicht mehr widertönenden Gedanken zurückzog, es vorzog, was ich dachte, nicht mehr zu Wort zu bringen. Und weil dieses wörtliche, das heißt auf Wörter und Sätze angewiesene Denken mir Unbehagen eintrug, fiel es leicht, ganz darauf zu verzichten und bald
gedankenlos griff ich zum Papier und fing aus alter Gewohnheit an, mich dem Kribbeln, das ich nun, wortlos, in voller Stärke wahrnahm, zu überlassen. Und brachte es nicht nur aufs Papier, sondern damit auch zur Ruhe.
Hatte ich grade noch vorgehabt, angeregt von den Läufern oder den Hirschen oder von etwas, das Alex behauptet und mir bewiesen hatte, etwas, das aus der Behauptung hervorgegangen oder durch inneren Widerspruch entstanden war, aufzuzeichnen, die Balzspuren von Auerhähnen oder einen Balzplatz der Birkhühner, eine Arena voller Fußspuren im Schnee und die Abdrücke in den Schnee geschlagener oder schleifender Flügel, ja das hätte ich gut zeichnen können, oder eine Brücke etwa, eine Brücke über einen Abgrund, so war dieser Gegenstand, das Thema vergessen und verloren, sobald ich mich meiner Unruhe überließ. Die sich nun statt in mir vor meinen manchmal staunenden Augen aus der Hand aufs Papier übertrug. Woran ich selber, gedankenlos, kaum aktiv beteiligt war, nur ein von mir wie auch von Alex meist

verschwiegener Teil brachte sich ans Licht und begann erst kleinere öde Ebenen, dann dünne Risse, die sich langsam zu Abgründen und Abbrüchen vertieften und ausweiteten, zu zeichnen.

Sobald jedoch die Linien und Flächen ihre Begrenzung überschritten, die Kanten des Papiers berührten und dann über die Blattränder hinaus über die Unterlage wuchsen, bis meine Hand mit dem Stift absackte und ins Leere fiel, fingen wieder unverhofft die Wörter an. Wie eine Melodie, und keineswegs immer eine wohlklingende, setzten sich Wortverbindungen und Sätze in mir fort, und setzten sich fest, ohne daß ich sie wissentlich gesucht, gedacht oder gerufen hätte.

Eine freudige Überraschung, mit deren Hilfe sich die Übereinstimmung mit Tannbach schlagartig wieder herstellte.

»Warum nicht?« Ich wußte kein Argument mehr gegen eine zeitlich beschränkte Leidenschaft, wenn diese Kürze durch Intensität wettgemacht wurde. Nur war ich eben, waren wir beide anders konzipiert. Das Zeichen- und Schreibpapier auf dem Bauch, lag ich träg im Schatten eines alten, seine Zweige flach in sechs Himmelsrichtungen weit ausladenden Baumes und blickte auf die Pflanzung vor mir, deren Bäume und Erdreich, was für ein Wort, deren Erde wir wochenlang, so gut wir konnten, und buchstäblich im Schweiß nicht nur unsres Gesichts gepflegt und unterhalten hatten. Die Obstbäume dankten uns unsre Mühe, soweit Bäume danken mögen, wenn nicht mit reichem Ertrag, so doch mit vielen langen, saftigen rötlichen Trieben, die auf ein gutes Gedeihen und zukünftige Früchte hoffen ließen, die Erde lag locker, frei von Unkraut, und der abends aufkommende Wind trieb sie in hübschen Wirbeln, um sie bald wieder abzulegen.

Ein täglich wiederholter Vorgang, der die ganze Fläche, Pflanzen und Menschen mit dem gleichen feinen, in alle Poren dringenden grauockrigen Material bedeckte, vereinheitlichte, so daß wir und unsre Umgebung in einem bis dahin noch nie wahrgenommenen Grade eins wurden, oder wie ein Kunstwerk, ein plastisches Gebilde, ästhetisch ablesbar, dechiffrierbar. Ein tatsächlich erfreulicher Zustand für uns beide, die wir uns vor allem mit Plastik,

Malerei und anderen Möglichkeiten der nonverbalen Darstellung gewöhnlicher und ungewöhnlicher, meist nur schwer mitteilbarer Zustände beschäftigen.

Daher Tannbachs und auch mein Bedauern, diesen Ort und Zustand wieder verlassen zu müssen. Doch durch den mit der Zeit unmäßigen Auftrag von Staub wurde nicht nur unsre Atmung erschwert und die Bewegungsfreiheit beeinträchtigt. Damit ließ sich noch leben. Auch die Hecken, die uns umgaben, hatten gelitten, vor allem die Blätter des mühsam gepflanzten Flieders, wohl auch durch die wochenlang andauernde trockene Hitze, der nur Lorbeer und Rhododendron widerstehen konnten. Es waren überall Lücken im Gebüsch entstanden, durch die uns fast ununterbrochen Menschen, durch unsre ungewohnte Anwesenheit angelockt, bald Tag und Nacht in den Sträuchern hockend, beobachteten, so daß wir in unsern unumgänglichsten Beschäftigungen gehemmt oder durch Lachen, Schreien und Stöhnen sogar gehindert wurden. Daher der doch immer deutlichere Drang zum Aufbruch. Denn für Zärtlichkeit oder gar Liebe hätte es vor diesen Augen und bei den lästigen Geräuschen affenartige, ja brünstige Schamlosigkeit gebraucht. Die Einsamkeit, beobachtet mitten im Wald, war aber ohne Liebe nicht zu ertragen.

II

»Steh auf«, sagte Tannbach, »so gehts doch nicht weiter, steh jetzt auf, wir müssen zusammenpacken.«

Ich wollte den Kopf heben, denn ich hatte den Staub vergessen. Es ging nicht. Oder nur mit größter Überwindung. Seit dem letzten Versuch war es eine Weile her, und schon damals bedeutete es Anstrengung, von Aufsetzen oder Aufstehn gar keine Rede, ich hatte den Kopf schnell wieder fallen lassen. Und lag seither ruhig und nicht unzufrieden im blauen Baumschatten, nur hie und da von den sternförmigen Lichtern geblendet, die durch die Lücken im Laub drangen und im Verlauf der Stunden über meinen Körper und das Gesicht wanderten. Auch von Kühle konnte noch immer nicht die Rede sein, selbst nachts war jede Decke zuviel. Trotzdem versteckten wir uns nach wie vor unter den Schlafsäcken, sobald es hell wurde. Und grade das war so quälend, diese an sich unnötige Bedeckung, »zum Teufel mit diesen dicken, widerlich verschwitzten Schlafsäcken«, die Angst vor den Störenfrieden.

»Also steh auf und komm!«

»Wie denn?« Mit innerlicher Spannung wie vor einem schwierigen Sprung, mit höchster Konzentration zog ich meine Stirn hoch und das Kinn vor, nahm dann so was wie einen bewegungslosen Anlauf, und es gelang mir, den Kopf knapp anzuheben, die Schultern und alles Übrige blieben an den Boden zementiert. Das Flimmern vor den Augen – mußte einem von einer kleinen Lageveränderung so schwindlig werden! Die Luft kochte, brodelte auf der überhitzten Erde, alles um mich her war kreisende, weißglitzernde Glut, die Sterne waren vor den Lidern zusammengeschossen, der Himmel, die Zwischenräume aufgelöst. Als ich die Augen öffnete, nach einer undefinierbaren Zeit, sah ich Tannbach verschwommen noch an der selben Stelle in immer noch der selben Stellung stehn. Auf meine Bitte, mir zu helfen, kam außer einem langen, einem liebevollen Blick, keine Antwort. Vielleicht, ja sicherlich wäre mir mit seiner handgreiflichen Hilfe mehr möglich als aus eigener Kraft, die, wie ich grade erfahren hatte, nirgends hinreichte. Obwohl ich energischere Zustände in Erinnerung hatte, in denen, wenn ich mich nicht täuschte, mir vieles, was ich mir vorgenommen hatte, auch auszuführen gelang, meine heutigen Zweifel hätte ich belächelt, ja tatsächlich war es mir, und das war noch gar nicht so lange her, möglich gewesen, eine Reihe von zehn, fünfzehn Bäumen nach den Regeln der Gärtner zu stutzen, die abgeschnittenen Reiser gebündelt zur Seite zu tragen und anschließend die Erde aufzuhacken und von Unkraut, Brombeerranken und hartnäckigen Distelwurzeln zu säubern. Um nur einen praktischen, leicht rekonstruierbaren und auch mit einem Blick nachprüfbaren Arbeitsvorgang zu nennen. Andre, schwer zu beschreibende und entsprechend mangelhaft erinnerte Vorgänge oder Leistungen aufzuzählen war mir im Moment viel zu mühsam. Und auch zuwider. Woran ich mich aber deutlich erinnerte, das war die Genugtuung nach jeder erfolgreichen Anstrengung, etwas wovor mir jetzt ekelte: Genugtuung, pfui der Sache, pfui dem Wort! Dieses freudige Zufriedensein nicht nur über den hübschen Anblick, den ein gepflegter Garten bietet, und ähnliche Anblicke oder Bilder, wenn ich mich genau erinnere, so war es mehr noch als das die Freude, daß mir solche Anstrengungen ohne weiteres gelungen waren, daß ich über mich soweit verfüge, das was in mir schlief, wenn ich nur wollte, wecken konnte.

»Was waren das für Zeiten, Alex!« Zeiten her. Und die Zeichnungen. Hin. Wahrscheinlich schlummerte oder schlief nichts mehr in mir. »Und in dir?« Jedenfalls konnte ich horchen und zu spüren versuchen, wie ich wollte, aber wollte ich? Da war nichts zu hören und nichts zu spüren. Hin. Nichts zu wecken.

»Alex!« versuchte ichs noch einmal. Jetzt konnte ich wieder klarer sehn. Er stand da wie vorhin, grauockrig und unbeweglich bis auf die sich ängstlich in seinem Gesicht rasch hin- und herbewegenden suchenden Augen und ein leichtes Winken seiner Hand. Wenn das überhaupt Winken war, diese müde Regung, die ich mir vielleicht auch nur, um meine innere Ruhe nicht zu gefährden, eingebildet hatte. Ja wirklich, ich kann von innerer Ruhe reden, meinem Gefühl nach zu schließen, denn vom Kribbeln war, zumindest tagsüber, längst nichts mehr zu spüren. Es war auch gelungen, die beunruhigende Umgebung fast vollständig zu ignorieren, und selbst Ameisen, Fliegen, Mücken und Moskitos konnten weder mich noch Tannbach in Bewegung setzen.

Übrigens ein schöner Anblick, Alex, verglichen mit den unermüdlichen Läufern in ihren an Brust, Armen und Unterschenkeln klebenden und um den Po schlotternden Trainingsanzügen. Leben im Übergang zur Statue. Apoll von Barbentane. Nicht mehr ganz jung, ja um vieles älter als Apoll im allgemeinen dargestellt und vorgestellt wurde. Aber das machte nichts, war vielleicht besser so. Besser als die Vorstellung, ein noch junger Mann, sagt man blühend? sollte mitten in der Handlung der Bewegung entzogen werden und derart versteinern. Zu traurig. So wie es war, mittelalterlich wie wir waren, mit einer gehörigen Ration von Genuß, Freude, Erwartung, sogar Leid und Enttäuschung bereits hinter uns, war es schon arg genug.

Habe ich grade von einer gehörigen Ration gesprochen? Arg. Dagegen sollte ich mich wehren; gegen diese Überlegung, diese, meiner mittelalterlichen, in einer Zeit der Rationierung aller oder fast aller Genüsse aufgewachsenen Generation anerzogenen Denkart, möchte ich mich wehren: gehörig – ungehörig zu denken, was kommt mich an, was kommt mir zu, was kommt mir, da ich so vieles ja bereits gehörig genossen habe, nicht mehr zu, was würde das Maß voll machen und was würde es zum Überlaufen bringen?

»Alex, hörst du mich? Wehr dich! Für dich und für mich. Warum wehrst du dich nicht? Warum wehre ich mich nicht?«

So wie es war, ohne Auflehnung mit innerer Ruhe betrachtet, war es schon arg genug. Eigentlich eine erschreckende Überraschung, wenn, was ich vermutete und was ich, vorlaut wie gewöhnlich, zu schnell ausgesprochen hatte, wahr war. Das hätte ich niemals denken, geschweige denn sagen dürfen. Das durfte nicht wahr sein!

»Alex!« schrie ich, schreien konnte ich also noch, »bitte komm oder gib mir zumindest ein Zeichen.«

Ein kleines Schlenkern seines linken, mir zugewandten Armes, das war alles.

»Geduld«, sagte ich mir vor, »Geduld«, und mir schien, als käme das gleiche Wort auch aus Tannbachs Richtung: »Geduld.«

Aber war mir und war ihm denn damit geholfen? Sollten wir uns wirklich nur geduldig zusehen, ich reglos sehen, wie er bewegungslos dastand, den Blick auf die Obstbäume, und, indem er ihn leicht zur Seite verschob, er zusah wie ich dalag? Und geduldig abwarten, bis die Blätter gänzlich verdorren und eins ums andere auf mich herabsegelt und mich zudeckt, und warten, was weiter mit uns geschieht und es geduldig geschehen lassen?

»Deine ewige Ungeduld«, sagte Tannbach vorwurfsvoll.

Wenigstens das, welche Erleichterung, daß er noch reden, mir was vorwerfen, und daß ich ihn hören konnte.

»Oder hat deine Ungeduld uns jemals geholfen? Deine vorschnellen Schlüsse? Versteinerung! Das ist doch zum Lachen, das hättest du niemals denken, geschweige denn sagen dürfen.«

So funktionierte also auch die Telepathie, soll ich sie die eheliche nennen? Auch das noch. Ich würde, da wir einander so nahe standen, in Zukunft vorsichtiger denken müssen.

»Auch das noch. Warum denn?« fragte Tannbach, »warum willst du plötzlich geheimnisvoll oder rücksichtsvoll oder gar heimtückisch werden?«

Schreien war fortan nicht mehr nötig, Reden überflüssig. Wir verbrachten die nächste Zeit still, mit dem Unhörbaren beschäftigt, zärtlichen Gedanken, unter, an der Kruste hinstreichenden Sätzen und weniger zärtlichen, die anstießen und verletzten, achteten auf unsre immer wieder an diese Käfige stoßenden, wild rotierenden Gedanken – eine ausreichende Beschäftigung. Ja, und beachteten die verschiedenen Zeiten der Mondaufgänge. Oder lauschten, leicht schaudernd, einem von weither vernehmbaren Geräusch, das so tönte, als würden Hörner, Geweihe mit aller Gewalt gegeneinander geschlagen. Wenn wir nicht schliefen. Aber konnte Tannbach stehend schlafen? Ich hatte ihn schon lange nicht mehr liegen oder sitzen gesehn.

»Mach dir doch keine Gedanken, du kennst meinen unverwüstlich guten Schlaf, überall, auch unter unvorhergesehenen Bedingungen.« Er lachte noch, so als machte ich mir Gedanken über die kontrastfarbenen Seitenstreifen an all den bunten Trainingsanzügen, die uns vorgeführt, vorgelaufen wurden.

Mir hingegen graute vor meinen Nächten. Die Hitze, das Jucken in dieser Staubhülle, die oft würgende Enge verdarben mir dann die Ruhe, ungeduldig erwartete ich die Morgendämmerung. Würden die Spielhähne mit sausendem Flug einfallen, eine Weile den Platz sichern, Kopf und Hals hochgereckt schließlich zu zischen und zu blasen beginnen, das Schwanzgefieder ausbreiten, während die nackten roten Rosen über ihren Augen unheimlich anschwollen, der erste dann einige ruckartige Luftsprünge vollführen, einer um den andern sich dem Zeremoniell einfügen, die Flügel gelüftet, den Kopf und den geblähten Hals waagrecht ausgestreckt, das Gefieder gesträubt zu kollern, rodeln, grugeln anfangen und dem nächsten Hahn entgegenlaufen, und würde es, genau wie Tannbach mir den Vorgang so manches Mal schon beschrieben hatte, zu dem anfangs spielerisch wirkenden Kampf mit Angriff, Flucht sowie Hin- und Herlaufen kommen, am Ende sogar Verletzungen geben? Nein, nicht hier, wir waren am falschen Ort. Ich brauchte meist den ganzen Tag, die Aussicht auf etwas Schöneres, um über die vergangene üble Nacht hinwegzukommen. Um so mehr genoß ich die Abende und versuchte, ihre Farben und Stimmungen so lange als irgend möglich hinzuziehen. Das feine Rauschen im rotbeleuchteten Wald, eine Elster, die in geringer Höhe über den ebenen Boden zwischen den Obstbäumen flog, in dem sich mit der Trockenheit dünne Risse gebildet hatten, die sich zunehmend zu Abgründen und Abbrüchen vertieften und ausweiteten, die hölzern hohlen Zurufe, mit denen sich die beiden Häher über uns, über die Lichtung hinweg verständigten, seit wann war die Nachtigall verstummt, waren die Liebespaare ausgeblieben? nicht aber der Sechsuhrwind. So freuten uns, anspruchslose Logengäste, weil sich nichts anderes mehr ereignete, die tanzenden Staubwirbel, Schleier, die vor und um uns aufstiegen und sich schwingend, wie wiegend, hüpfend oder in vor- und rückwärtstreibenden Stößen bewegten, Abend für Abend, bis der Luftzug, der sie aufgezogen hatte, absackte oder das langsame Verlöschen der Scheinwerfer noch vor dem Schluß der Vorstellung unsre Freude beendete.

Sind wir jetzt wirklich schon so weit? Mir war, als hätte ich einen ganzen Lebensabschnitt übersprungen, es fehlte ein wichtiger Teil im Text, so als wäre ich von meiner Aufgabe abgelenkt und hierher verführt worden. Oder hatte meine Ungeduld mich wieder mal verführt, statt zu gehen, zu laufen, ja zu springen, obwohl es absurd war, in diesem Zustand an Gehen und Springen auch nur zu denken, so als wäre mir, und eben nicht zum ersten Mal, an einem verfrühten Ende gelegen.

»Es geht ja gerade darum, die verschiedensten Wege auf ihre Brauchbarkeit hin zu erproben«, meinte Tannbach, »ihre Möglichkeiten zu erforschen. Dazu müßte man ihnen eine Zeitlang folgen, die ganze Strecke mit allen Windungen gehen, gehen, nicht laufen, und falls es der falsche Weg wäre, immer wieder einen neuen und hoffentlich besseren einschlagen und bis zu einer besseren Einsicht weiterverfolgen«, sagte Tannbach anspornend, und er redete jetzt wieder laut.

»Gut, bis zu den pittoresken Felsköpfen dort vorn, probieren wirs«, antwortete ich laut.

»Von diesen Felsen aus müßte man weitersehn«, plante er, »wahrscheinlich hat man dort eine bessere Übersicht.«

Ich stellte mir hinter ein paar mit Thymian und Rosmarin bewachsenen Hügeln, dem Vorgebirge, eine weite, fruchtbare Ebene vor, Bahnlinien, Straßen, ja warum nicht, wenn wir uns schon Sand in die Augen gestreut hatten, hinten im blauen Dunst eine größere Stadt, eine Großstadt.

Nein, das wollte er lieber nicht, grade so gut hätten wir ja dahin zurück können, woher wir einmal, wann war das? gekommen waren, und wie sind wir eigentlich hierhergekommen? Nein, nicht in diese Richtung. »Schau, dort glänzt ein Stück Wasser und dort wieder ein Stück eines in großen Windungen fließenden Flusses.« »Also gut, ein Strom mit Schiffen«, sagte ich, »Lastkähne, das heißt Öllachen, Kraftwerke, Schnelle Brüter, Abwasser, ach, laß mir die Stadt, die ist doch unvermeidlich!«

Er entwarf mir ein ganzes System miteinander korrespondierender Orte, verwarf die Atomkraft, und ich stellte mir, vor allem ihm zuliebe, jenseits der Ebene im Rücken der Stadt einen zweiten, unserem Gebirge ähnlichen Bergzug vor: Hügel mit Schafherden, auch Wild, eine Felskette, darauf angesiedelt Rackelhühner, die Mischlinge aus Auer- und Birkwild, deren Balzen, wie Tannbach behauptete, bedeutend feuriger und verzückter ist als das der Spielhähne, ja Wild, Gemsen, Hirsche,

Hasen, Füchse, Vögel im Wald, und hauptsächlich Pinienwald, keine Tannen, die stimmten uns traurig, doch, nehmen wir an, Zedern.

»Gemsen und Pinien, das sieht dir ähnlich, das gibts doch nicht. Und Zedern? Wo denkst du hin?«

»Südlich.« Ich dachte an die Hitze, die andauernde Trockenheit, das intensive Licht. In meinem Zustand war es auch nicht mehr möglich, in einer andern als der einmal gegebenen Richtung zu denken. Die Bäume um uns herum ließen auf die Vegetation in der weiteren Umgebung schließen, und mir lag daran, wenn schon die Gedanken merklich schwerfälliger und vage wurden, wenigstens die Landschaft bildhaft und detailliert vor mir zu sehen.

»Ich weiß, was du willst«, sagte Tannbach, er wollte mich mit sich fortreißen, indem er mir alte Träume versprach, »windgeschützte, von hohen Hecken, Pappel- und Zypressenwänden begrenzte Geländekammern, schön, warum nicht gleich ein Glashaus?« Ich sollte die Stadt vergessen.

»Ja, gut«, ich wünschte mir Südfrüchte, »süße Pfirsiche, reif, daß einem der Saft aus den Mundwinkeln rinnt, Melonen, Kaki und Mandeln, Nüsse, Avokados und Aubergines, das heißt violette Eierfrüchte.«

»Das wärs. Ich habe Hunger.«

Damit hatte ich, hatten wir nicht mehr gerechnet. Was jetzt? Was machen gegen den Appetit? Woher und vor allem wie sollten wir uns Essen besorgen, wenn unser dürftiger Vorrat zu Ende war?

»Weiter in der gleichen Richtung«, schlug Alex vor, »über den Felskopf und zwei, drei kleinere Berge klettern, über einen langgezogenen Hügel, durchs Gestrüpp und zu den Feldern hinunter, über die Plantagen, über die Pfirsiche und Marillen herfallen, ja, dort angelangt wäre es Nacht, und so könnten wir uns unbemerkt mit allem Nötigen eindecken und ungesehen vor Tag hierher zurückkommen.«

»Wir müßten nicht unbedingt hierher zurückkommen«, meinte ich, »aber wir müßten bald aufbrechen.«

»Versuchs doch!« rief er, versuchte es selbst und brachte wieder nur eine unvollkommene Bewegung, etwas wie ein Abwinken zustande.

Mir war beim Gedanken an alle mit dem Essen verbundene Mühsal der Appetit vergangen. Tannbach offenbar auch, denn ohne daß wir es abgesprochen hatten, war von Delikatessen von nun an nicht mehr die Rede. Ich vermied es sogar, mir die Lippen zu lecken, denn der Staub auf der Zunge hatte einen leicht beißenden Rauchgeschmack, nicht schlecht, doch mußte ich gleich an chinesischen Tee, Lapsang Souchong, denken, und gerade daran war jetzt nicht zu denken.

»Alex, wir sollten uns irgend etwas einfallen lassen!«

»Die Brunft!« rief er freudig.

Die hatten wir ganz vergessen, stellte ich betroffen fest, als aus dem Dickicht, ganz nah aus dem Wald und sogar von fern aus den Bergen plötzlich wieder Getrampel, Quietschen und Seufzen zu hören war, langanhaltendes Kollern und Grugeln und Lachen und Stöhnen und Schreien und Kreischen und Röhren, so laut und intensiv und so verheißungsvoll wie nie zuvor.

Rahel Hutmacher
Allein

Meine Tochter ist mir weggegangen. Die Hälfte meines Herzens hat sie mir ausgerissen, als ich schlief, und ist damit weggegangen. Meine Stimme hat sie mir aus meinem Mund gestohlen, als ich nach ihr rief. Jetzt kann ich nicht mehr rufen Komm zurück. Ich fleh euch an: Gebt mir meine Tochter wieder.

Wir können dir nicht wiedergeben, was dir nicht gehört. Du bist von jetzt an allein.

Aber sie gehört mir doch. Gebt sie mir zurück. Sucht sie, holt sie, bringt sie mir zurück.

Sie gehört dir nicht. Sie gehörte dir nie.

Aber sie braucht mich doch. Sie muß essen, sie muß trinken, sie muß eingesungen sein. Sie muß gewiegt werden für die noch bleibenden Tage.

Du kannst sie wohl wiegen: wenn sie will. Wenn sie nicht will, mußt du sie gehenlassen: sie gehört dir nicht.

Aber sie ist doch noch klein. Sie ist neugeboren. Noch hat sie Schwalbenknochen. Noch ist sie einäugig und einhändig. Zwölf Häute hat sie noch zuwenig. Bringt mir meine Tochter wieder, ich bitt euch.

Wir können sie nicht wiederbringen. Du bist von jetzt an allein. Von jetzt an bist du ungeschirmt: wie alle andern auch. Von jetzt an wartest du.

Vielleicht kommt sie zurück: wenn du gerade schläfst. Vielleicht ißt sie von deinem Essen: wenn du nicht zusiehst. Sie wird wissen wieviel, du nicht, du nie mehr. Sie wird gehen und kommen wie geschneit; wird dich ansehn oder nicht: du kannst sie nicht locken.

Sie wird dich lieben, wann sie will, weswegen sie will. Sie wird dich hassen und dir nicht sagen warum. Sie wird dir nachts Geschenke bringen: wenn du schläfst und sie nicht mehr erwartest. Sie wird gekränkt sein, wenn du ihr dafür dankst. Wenn du ihr nicht dankst, wird sie gekränkt sein und sieben Jahre nicht mehr kommen.

Womit kann ich sie anbinden.

Du kannst sie nicht anbinden. Immerzu wird sie von

dir weggehen und alles liegenlassen, was du vor ihr aufhäufst, das süße Essen, die sieben Gaben, die neuen Schuh.

Ratlos

Warum, warum. Aber meine Tochter antwortet mir nicht mehr.

Als sie noch ein Kind war, schwieg sie manchmal auch für Stunden, für Tage. Aber da sprach sie nachts wieder, am nächsten Morgen wieder, sagte Mutter, fragte, weinte.

Jetzt ist sie kein Kind mehr, jetzt geht sie weg und schweigt, kommt zurück und schweigt; ich wage nicht mehr, sie zu fragen, sie zu rufen, sie am Morgen aufzuwecken.

Wenn ich sie frage, beißt sie mich. Wenn ich sie rufe, schlägt sie mich. Weck ich sie am Morgen auf, öffnet sie ihre Augen und schreit, zerschlägt ihr Bett, zerschlägt die Wand und schreit.

Ich möchte fliehen, aber wohin soll ich denn gehen. Warum geht denn sie nicht weg, meine schweigende Tochter, meine tobende Tochter, warum bleibt sie denn bei mir, was will sie denn noch.

Warum, warum; aber meine Tochter antwortet mir nicht mehr. Was sie mir wohl sagen will, und ich versteh sie nicht. Will sie, daß ich gehe, und sie bleibt: ungestört, ungefragt. Aber wohin soll ich gehen. Oder will sie, daß ich bleibe, und sie geht. Aber warum kehrt sie denn jeden Abend zurück, schläft bei mir, schreit im Traum und ißt mir meine Kästen leer.

Töchterchen, ich bin jetzt ratlos, ich bin jetzt ängstlich und zornig. Ich bin dir keine gute Mutter mehr, ich weiß nicht mehr was tun. Ich kann dir nicht mehr helfen; ich brauche selber Hilfe. Du möchtest, daß es ist wie früher: ich bin stark und helfe dir, und du bist schwach und geborgen. Aber es ist nicht mehr wie früher.

Jetzt hört meine Tochter auf zu schrein, jetzt hört sie auf, mir die Haare auszureißen; sie steht still und hört mir zu.

Du hast meine Stärke aufgegessen. Du hast das Schwarze aus meinen Haaren gesogen und das Weiße aus meinen Zähnen. Ich hab nichts mehr, was ich dir geben könnte; meine Geduld ist jetzt aufgebraucht. Ich helf dir nicht mehr, Töchterchen; geh und hilf dir selbst.

Hanna Johansen
Zwei, drei Geschichten

Zwei Kinder hämmerten gegen die Abteiltür und schrien, weil sie sie nicht allein aufschieben konnten. Ich schämte mich, als sie so laut waren, und sprang sofort auf. Mein Mann, der gleich hinter ihnen kam, ließ sich auf seinen Platz fallen und sah mich seufzend an. Ich hatte keine Zeit, zurückzuseufzen.

Wir waren mit den Kindern unterwegs zu ihrer Großmutter, welche ihren Sohn lange nicht gesehen und das Recht auf eine Gelegenheit hatte, Licht auf all das zu werfen, was im Laufe eines dunklen Lebens ungeklärt geblieben war. Der Gedanke, daß sie eines Tages im Dunkeln sterben konnte, war uns beiden unerträglich geworden. So hatten wir uns auf den Weg gemacht.

Es ist Zeit, daß du hier mal rauskommst, hatte Werner gesagt, der beruflich viel unterwegs ist und weiß, daß die reine Seßhaftigkeit den Menschen zur Verzweiflung treiben kann.

Die Kinder saßen nun wieder auf ihren Fensterplätzen, und es gelang mir, sie dazu zu überreden, daß sie dreifarbige Klötze zu bizarren Gestalten zusammensetzten, so daß ich für eine Weile hinaussehen konnte. Ich hatte diese Klötze angeschafft, weil es hieß, daß sie die kindliche Kreativität förderten, und nur wenige Monate später waren Stimmen mit der Behauptung laut geworden, von solchem Spielzeug werde jede persönliche Regung im Keim erstickt. Draußen machte der Autobahnneubau einer kleinen Ortschaft von historischem Aussehen Platz. Nach und nach schob sie sich vorbei, und kaum hatte sie uns den Rücken zugewandt, sah ich eine Kirche. Sie stand im Freien. Nichts Ungewöhnliches, diese Kirche, nur daß sie andern Kirchen nicht glich.

Wenn ich je im Leben beten sollte, dachte ich plötzlich, dann hier.

Ich hatte keine Ahnung, was ich mit diesem Gedanken anfangen sollte. Ich habe nie gebetet und nie damit gerechnet, daß ich es eines Tages tun würde. Im Gegenteil.

Mit neunzehn bin ich aus der Kirche ausgetreten und hatte dabei das Gefühl, daß ich es schon viel früher hätte tun sollen. Ich hatte sogar ein schlechtes Gewissen deswegen.

Dann also keine kirchliche Trauung, sagte Jahre später meine Schwiegermutter zu ihrem Sohn. Du mußt ja wissen, was du tust.

Er war es mit den Jahren müde geworden, ihr die Ursachen seines Handelns zu erklären, was in diesem Fall auch nicht nötig war, da ich ja als zureichender Grund deutlich sichtbar daneben stand. Im Gegensatz zu mir ließ er kein gutes Haar an der Kirche, was meine Schwiegermutter ihm kaum verübelte, weil ich dafür ebenfalls den zureichenden Grund lieferte. Aber er ist nie ausgetreten, obwohl er viel davon sprach.

Mir gefiel es, im Zug zu sitzen und zu sehen, wie weit die Welt in Wahrheit war.

Mein tägliches Leben zwischen Waschmaschine, Parkplatz und Kinderarzt hatte mir mit den Jahren so zugesetzt, daß ich Tabletten gegen die Enge unserer dreieinhalb Zimmer brauchte. Sie unterschieden sich nach der Tageszeit, die Pillen. Bunt, wie sie von der Industrie angeboten werden, hatte ich mir angewöhnt zu sagen: Wenigstens bringen sie Farbe in mein Leben.

Ich bin nicht stolz auf diesen Satz. Er steht in einem störenden Widerspruch zur Wahrheit, welche lautet: mein Leben ist von Farbe geradezu überschwemmt. In der Gestalt von Kinderspielzeug in allen Elementar- und Mischfarben sucht sie jeden Winkel meiner Existenz heim. Kaum daß meine unangemessene, weil grau gewordene Seele noch einen angemessenen Platz findet, wo sie sich verkriechen kann ohne die schrillen Herausforderungen eines bunten Alltags.

Jetzt weideten sich meine Augen am Anblick von weidenbestandenen Flüssen, wie sie in unvorhersehbaren Schlingen dahinzogen, und gelegentlich einer Herde von Schafen, die ohne ihr Winterfell unsäglich dünn aussahen und doch voller Güte auf die wollenen Lämmer hinunterblickten, die ihnen gegen die Beine sprangen. Gerade weil ich sie liebte, wandte ich den Blick ab um des überwältigenden Gefühls willen, daß ich alles falsch gemacht hatte.

Und nicht genug damit. Ich wußte nicht einmal, wie ich es in Zukunft besser machen sollte.

Meine Kinder, ein Mädchen und ein Junge, begannen sich seltsamerweise sehr früh nach Geschlechtsmerkmalen zu unterscheiden, obwohl das etwas ist, woran ich nicht glaube. Tag für Tag benutzte ich die Gelegenheit, mit mir ins Gericht zu gehen wegen der kleinen Unterschiede, die sich trotz besten Absichten in meinen Umgangston eingeschlichen haben mochten. Freisprechen konnte ich mich nicht. Wenn ich ehrlich war, entdeckte ich in mir jedesmal den Wunsch mitzuspielen, wenn meine Tochter ihre Puppe ins Puppennachthemd steckte, um sie für eine erfundene Nacht ins Puppenbett zu legen, während mir regelmäßig dann, wenn ich ihr die Rennautos aus dem Regal geholt hatte, all das einfiel, was noch zu erledigen war, bevor es Zeit wurde zum Abendessen. Es ist mir dann gleich, wenn sie das Interesse verliert und ihr Bruder die Autos übernimmt. Sie ist ein stilles Kind. Soll ich deshalb meinen Sohn zurechtweisen, wenn er laut wird?

Wir wohnen in der achtzehnten Etage. Zuerst war ich begeistert und sah von unserer zugigen Loggia mit dem Gefühl moralischer Überlegenheit auf eine Gruppe von Einfamilienhäusern hinunter, weil sie den wenigen Platz, den unser Planet zur Verfügung stellt, rücksichtslos für sich selbst aufbrauchten, ohne an andere oder gar an die unzerstörte, aber nur allzu zerstörbare Natur zu denken. Alles hatten sie in Rasen oder jene vielfarbige Blumenpracht verwandelt, die jetzt üblich ist, während wir so hoch oben praktisch überhaupt keinen Grund und Boden verbrauchten und dafür eine unglaubliche Aussicht hatten.

Später, als die Kinder nicht mehr damit zufrieden waren, wenn ich sie im Kinderwagen zu den Spielplätzen fuhr, begann ich, anders darüber zu denken. Unzulässige Gefühle wie Ungeduld und Neid entdeckte ich in mir. Ich sah, wie unten auf ihrem Rasen eine Frau in einem weißlackierten Gartenstuhl Kartoffeln schälte. Die sanften Klänge der Kommunikation zwischen ihr und ihrem rosafarbenen Kind, das in seiner eigenen Sandkiste herumkroch und sich selbstgebackene Sandkuchen in den

Mund stopfte, erhoben sich bis zu meinem luftigen Standort, während sich die Stimmen meiner eigenen Kinder bereits mit unzähligen andern Geräuschen bis zur Unkenntlichkeit vermischt hatten, bevor sie auch nur das Küchenfenster erreichten. Die Tatsache, daß private Sandkisten der kindlichen Gesundheit mittlerweile ebenso abträglich waren wie öffentliche, tröstete mich nicht.

Bei jedem Schrei, den ich hörte, rannte ich ans Fenster und schaute in die Tiefe mit der Befürchtung, meinen Kindern könnte etwas zugestoßen sein.

Sie waren zu klein, um allein Lift zu fahren. Um genau zu sein, sie hatten nicht das nötige Gewicht. Es war ihnen auch von der Hausordnung verboten. Jedenfalls stand das so auf einem Schild, das ich jedesmal Wort für Wort las, als müsse man damit rechnen, daß die Botschaft sich inzwischen verändert hatte. Sie aber wollten trotzdem nach unten. Dort angekommen, konnten sie mich nicht mehr brauchen. Sich mit mir unter ihresgleichen zu zeigen, hätte ihren Ruf ruiniert. Ich fuhr also gleich wieder nach oben.

Der Lift, langsam und nicht immer verläßlich, übernahm die Funktion, die im Leben unserer Vorfahren der Dorfbrunnen gehabt haben soll. Aber nur, solange man darin fuhr oder auf ihn wartete. Zurückgekehrt hinter die eigene Wohnungstür, machte sich jede von uns ihre Sorgen um das, was den Kindern draußen begegnen mochte, für sich allein.

Sie stritten sich um Besitztümer und Territorien. Ich hatte versucht und versuchte es jeden Tag von neuem, eine andere Art von Bewußtsein in ihnen wachzuhalten. Es war mir nicht gelungen.

Es schien mir überhaupt nicht viel zu gelingen.

Und wenn sie Sturm läuteten, weil sie wieder nach oben wollten, ließ ich alles fallen und hoffte, daß der Lift, mit dem ich sie heraufholen konnte, nicht allzu lange brauchte.

Auch wenn sie oben waren, kam ich nicht zur Ruhe. Kein Wunder, daß ich Pillen brauchte. Ich fürchtete mich, auch nur einen Augenblick unaufmerksam zu sein, weil jeder Augenblick der eine Augenblick sein konnte, der über ihr Schicksal entschied. Ich fürchtete mich vor allem, was ihnen zustoßen konnte. Wie sollte ich ihnen die Freiheit geben, die Kinder brauchen? Du solltest sie weniger einengen, sagte ich mir dann.

An andern Tagen quälte mich, wenn sie endlich sicher eingeschlafen waren, die Vorstellung, daß ich es an Aufmerksamkeit fehlen ließ. Oft saß ich und träumte einfach ein paar Minuten, in denen ich mir nichts so sehr wünschte, als allein zu sein. Dann war es mir gleich, was sie taten. Wie aber sollte ich ihnen ein Gefühl von Sicherheit vermitteln, wenn ich es an der festen Hand fehlen ließ? Jeder weiß, daß Kinder Grenzen brauchen. Leise schaute ich nach, ob sie wirklich schliefen, und schämte mich, weil ich ihnen zu viel Freiheit ließ.

Das sind die Gedanken, die mir abends durch den Kopf gingen. Hinzu kamen andere, die sich in unberechenbarer Folge einstellten, sobald ich begann, all das bunte Zeug, das sie tagsüber in der Wohnung verteilt hatten, wieder einzusammeln. Sie betrafen die Ernährung und andere, noch grundlegendere Fragen der körperlichen und seelischen Gesundheit sowie die Zukunft überhaupt. Ungefragt stellten sie sich ein, ein nie endender Katalog von Fehlern, die ich bereits gemacht hatte oder in der Zukunft machen würde, einer nach dem andern. Ich konnte sie aber auch gleichzeitig denken.

Werner, sagte die Stimme meiner Schwiegermutter zu mir, während wir erst die Rucksäcke herunternahmen und dann Gummistiefel und Overalls auszogen, um in nagelneue Hausschuhe zu schlüpfen, Werner, sagte sie, aber zu mir, als wir auch die Glastür zum Wohnzimmer hinter uns zugemacht hatten, war früher nie erkältet.

Ich ging noch einmal hinaus, weil mir erst jetzt auffiel, daß ich vergessen hatte, den Mantel auszuziehen.

Es muß an den Baustellen liegen, sagte ich beim Zurückkommen in der Absicht, die Schuld von mir weg und auf neutrales Gebiet zu wälzen.

Werner hatte sich schon in die dunkelrote Sofaecke gesetzt, in der er seine Kindheit verbracht hatte, neben sich einen Stapel von Zeitungen, der es ihm für die

Dauer unseres Besuchs erlauben sollte, die versäumten Lokalnachrichten von zwölf Monaten nachzuholen.

Das ist nicht die richtige Arbeit für ihn, sagte seine Mutter, an die Baustellen anknüpfend.

Ich nickte, halbherzig, denn ich war zwar der gleichen Meinung, aber aus andern Gründen.

Die frische Luft, in der er unterwegs war, hatte ihn, wie er sagte, so abgehärtet, daß ihm kein Sturm mehr etwas anhaben konnte. Wenn er sich dennoch erkältete, dann geschah das in Zeiten, wo er zu Hause war, weil er nicht genug ins Freie kam. Er hatte mit den Jahren einen unbeschreiblichen Haß auf Erkältungen entwickelt, weil sie bei ihm stärker zuschlugen als bei andern Leuten, und zwar so sehr, daß er jeweils all seine Pläne fürs Wochenende aufgeben und sich ins Bett legen mußte.

Er sah es gern, wenn ich mit den Kindern an die Luft ging.

Der Mensch braucht das, sagte er. Zum Auslüften.

Ich brachte ganze Nachmittage in der heiteren Luft von Kinderspielplätzen zu, fühlte mich aber nie wirklich ausgelüftet.

Komm doch mit, sagte ich.

Aber er wollte keine Lungenentzündung bekommen.

Es ist eine Erkältung, sagte ich. Du weißt, daß es vorbeigeht. Andere Leute sind auch erkältet.

Das ist es ja gerade, sagte er. Und ich bin es, der sich anstecken lassen muß. Wie kommt es eigentlich, daß die Kinder dauernd erkältet sind?

Dann beginnt er sich zu fragen, ob die Kinder richtig, und das heißt der Jahreszeit gemäß angezogen sind. Vielleicht hat er recht. Bei uns oben knöpfe ich pflichtbewußt ihre dicken Jacken zu, jedes Jahr eine neue, prächtigere Ausgabe. Unten, sobald sie wissen, daß niemand mehr zuschaut, ziehen sie sie wieder aus. Wenn ich die Kinder dann heraufhole, sammle ich zuerst ihre Kleider ein, die zu den Füßen der betonierten Sitzklötze liegen. Dann nehmen wir auf unsern farbenfrohen Klappstühlen unsere Vitamine zu uns, um alles wieder gut zu machen. So sind sie trotz allem, was mein Mann sagt, nicht allzu oft erkältet.

Werner bewahrte eine lebhafte Erinnerung an die Erkältungen seiner Kindheit, jeweils großartige Begebenheiten, die ihn dazu gezwungen hatten, grauenvolle Tees zu trinken und sich in mehrere Lagen von schneeweißen Tüchern fesseln zu lassen, als müsse er für seinen Leichtsinn bestraft werden. Auch die Schrecken der Halswickel werde er nie überwinden, sagte er und setzte hinzu, sie seien der Grund dafür, daß ihn noch heute jede Erkältung in Panik versetze. Dennoch sehnte er sich nach Halswickeln, überzeugt, daß sie das einzige waren, was ihm helfen konnte.

Ich weiß nicht, wie man das macht, sagte ich zu Anfang. Dann habe ich es gelernt.

Seine Mutter kam nun mit dem Tee herein, den sie inzwischen in der Küche aufgebrüht hatte.

Du mußt die Kinder nicht zwingen, am Tisch zu sitzen, sagte sie zu mir. Kinder spielen gern am Boden.

Sie hatten Schwierigkeiten, die Schnallen und Reißverschlüsse der Reisetaschen aufzumachen, hinter denen sich all die Gegenstände verbargen, ohne die meine Kinder nicht leben oder auf Reisen gehen können. Die brauchten sie jetzt. So kam es, daß ich eine Weile bei ihnen auf dem Teppich saß. Wenn sie dann ihre Siebensachen zu sehr verstreuten, sammelte ich sie wieder ein und wünschte, ich hätte sie zu etwas mehr Ordnung erzogen.

Komm doch zu uns, sagte die Großmutter. Kinder können sich gut allein beschäftigen.

Ich nickte. Ich war froh, wenn es uns gelang, Formulierungen zu finden, zu denen wir beide stehen konnten, auch wenn wir etwas sehr Unterschiedliches darunter verstanden. So waren wir uns darin einig, daß die Kinder früh ins Bett gehen sollten. Sie wollte es, weil sie der Meinung war, das sei wichtig für Kinder, während ich andere, egoistischere Motive hatte.

Trotzdem, nach dem Essen, die Kinder lagen vergnügt in ihren unvertrauten Betten, nahm ich eine Tablette für den Abend, weil ich ein solches Wochenende anders nicht durchstehen konnte.

Ich habe Kopfweh, sagte ich, um die zweifarbige Kapsel zu erklären.

Aber du bist doch noch jung, gab meine Schwiegermutter kopfschüttelnd zur Antwort, während ihr Sohn seine

Hand auf meinen Arm legte. Ich habe früher nie Kopfweh gehabt, sagte sie dann, zu mir gewendet.

Sie schien auf eine Antwort zu warten.

Werner legte die Zeitung auf den Tisch, ohne sie zusammenzufalten.

Das ist nicht wahr, sagte er. Und du weißt es. Jeden Sonntag hast du die Rolläden heruntergelassen und dich ins Bett gelegt. Mit Kopfweh.

Nicht jeden Sonntag.

Jeden einzelnen gottverdammten Sonntag.

Das hätte er nicht tun sollen. Schweigend sieht sie mich an. Sie ist der Meinung, daß ihr Sohn mit dem Fluchen angefangen hat an dem Tage, wo er mich getroffen hat.

Wenn nur der Tisch noch nicht abgeräumt wäre, denke ich. Dann hätte ich einen guten Grund aufzustehen. Ich wollte nicht dabei sein, wenn es zu den alljährlichen Versuchen kam, die dunkle Vergangenheit endlich ans Licht zu ziehen, um vielleicht irgendwann doch noch einmal besser zu verstehen, wie das Leben sich zu seiner jetzigen Form hatte entwickeln können. Sie enden jedesmal in hemmungslosem Streit. Ich ertrage Streit nicht, nicht die Tränen der ohnmächtigen Wut, die dann aufsteigen und sich nur mit Mühe zurückdrängen lassen.

Ich stand auf, um nach den Kindern zu schauen und dem Gespräch in der Stube nicht im Wege zu stehen. Ich wollte gar nicht wissen, was sie sich zu sagen hatten.

Als ich nichts mehr hörte, kam ich zurück.

Sie schlafen, sagte ich.

Warum auch nicht?

Ich nickte.

Werner wollte etwas zu mir sagen, konnte es aber nicht, weil er husten mußte.

Du brauchst einen Halswickel.

Nein, sagte er.

Einen Tee.

Er schüttelte den Kopf, hustend, weil seine Mutter schon aufgestanden und hinausgegangen war. Mit dampfendem Tee kam sie zurück.

Langsam tranken wir Frauen unsere Schalen leer, während er seine nicht anrührte.

Beim Frühstück war es, als hätte es nie einen Streit gegeben. Nur ich war schweigsam, weil ich immerzu daran denken mußte. Auf die Frage, warum ich nicht spreche, konnte ich nicht antworten. Ich wollte nicht lügen.

Hast du Kopfweh?

Nein.

Bevor wir richtig angefangen hatten zu frühstücken, waren die Kinder schon fertig und sprangen auf, ohne jemanden um Erlaubnis zu fragen, obwohl ich sie auf der langen Reise mehrmals darum gebeten hatte.

Werner hat früher nicht so schnell gegessen.

Während Werner sich wieder über die Zeitungen beugte, hatten wir Frauen Gelegenheit, miteinander zu reden. In all den Jahren hatte ich herausgefunden, daß es eine Möglichkeit gab, das zu tun, indem wir über das Leben sprachen, wie es in ihrer Kindheit gewesen war. Andere Möglichkeiten kannte ich nicht. Aber es machte mir nichts, nach Geschichten zu fragen, die ich schon gehört hatte.

Mein Mann schaute auf aus seiner Sofaecke und sagte:

Wo ist die Zeitung vom zehnten September?

Seine Mutter stand von ihrem Stuhl auf, um zu antworten: Wo ist sie?

Sie fehlt.

Nein, sagte sie. Das kann nicht sein.

Das kann sehr gut sein. Bei dir ist schon ziemlich viel verschwunden.

Erschrocken wartete ich auf das, was nun kommen würde. Sie aber sagte Ja und fing einfach an zu lachen.

Als Mutter und Sohn beide Stapel, den gelesenen und den ungelesenen, Stück für Stück durchsucht hatten, ging sie nach draußen.

Mein Mann begann zu husten.

Es ist jedesmal das gleiche, sagte er.

Sie kam nach längerer Zeit zurück, ohne die Zeitung vom zehnten September gefunden zu haben. Jeder einzelne Gegenstand, der im Laufe des letzten Jahres verschwunden oder vorübergehend unauffindbar gewesen war, kam ihr in diesem Augenblick in den Sinn. Es war, als hätten die leblosen Dinge angefangen, sich nach eigenen Gesetzen zu bewegen und dergestalt ein Leben zu führen, das von ihrem Tag für Tag unabhängiger wurde, so daß sie am Ende nicht mehr wußte, worauf sie sich verlassen konnte.

Jetzt wollte sie im Keller nachsehen.

Laß nur, sagte er.

Als sie darauf bestand, schaute er auf die Uhr und sagte:

Wir müssen sowieso gleich gehen.

Jetzt schon? sagte sie vollkommen überrascht.

Wenn die Kinder abends rechtzeitig in ihren eigenen Betten ankommen sollten, mußten wir vor dem Essen zum Zug. Mehrmals hatten wir es gesagt. Sie hatte trotzdem ein Mittagessen vorbereitet.

Ich dachte, begann sie, brach aber ihre Erklärung an dieser Stelle ab.

Ihre unbegreifliche Fassungslosigkeit wiederholte sich jedes Jahr. Jedes Jahr verschlug sie mir die Sprache, obwohl ich sie jedes Jahr ein wenig besser begriff.

Der Zug, nachdem seine unbeirrbar wiederholten Anläufe, eine Stadt zu verlassen, die stets von neuem zu beginnen versuchte, schließlich doch Erfolg hatten, fuhr nun im Grünen. Zwischen den Köpfen der Kinder sah ich die Wiesen an, kleine Waldstücke und dann und wann ein Dorf. Auch die erstaunliche Stille der Wasserläufe, die ungerührt ihre Bahn zogen neben der unsern, als wüßten sie nichts von all dem Zeug, das wir ihnen beifügen.

Werner führte seine Tochter und seinen Sohn in den Speisewagen.

Kommst du nicht mit?

Nein.

Ich wollte zum Fenster hinaussehen, schlief aber sofort ein.

Im Traum fand ich mich draußen und sah einem Zug, in welchem ich saß und aus dem Fenster schaute, beim Vorbeifahren zu. Dann betrat ich die Kirche, die mir am Tag zuvor dadurch aufgefallen war, daß sie im Freien stand.

Zu meiner Überraschung roch die Luft genauso wie die in andern Kirchen. Dennoch schaute ich mich um.

Wer bin ich? sagte ich angesichts der Bänke, in denen

seit siebenhundertdreiundzwanzig Jahren lebendige Menschen gebetet hatten um das, was ihnen zum Leben fehlte. Wieviel Angst, fragte ich mich, hatten sie hierhergetragen, jedes Jahr, jeden Tag, und wieviel hatten sie wieder mitgenommen?

Ich weiß, daß es den Bänken gleich ist, wer ich bin. Es wäre schlimm, wenn es anders wäre.

Ich versuchte zu atmen trotz dieser Luft, die schwer war von siebenhundertdreiundzwanzig Jahren der Angst und der Hoffnung, die sie mit sich schleppte und nicht abschütteln konnte.

Gib mir die Kraft, sagte ich inbrünstig, mich über Wasser zu halten.

In diesem Augenblick wußte ich, daß ich träumte. Von hinten kam ein leises Knacken im Holz. Dann war es wieder still.

Kraft? flüsterten die Bänke, nachdem ich lange gewartet hatte in all der Stille. Wer zum Schwimmen Kraft braucht, hat es noch nicht begriffen.

Als ich die Augen aufmachte, sah ich draußen die Weiden, von einem hellen Grün, das sich kaum aus dem Rotbraunen herausgearbeitet hatte, die Birken dagegen noch leer, als wären sie in diesem Winter gestorben. Die letzte, gleich bei der Autobahn, war undurchsichtig von Nestern, zahllosen zerzausten Vogelnestern in ihren Zweigen.

Helen Meier
Zeitlich begrenzt

Wollen wir wieder einmal um den See wandern, sagte die Frau. Die erste Frage ist die Frage nach dem Alter, also, wollen wir wieder einmal um den See wandern, mein Alter wissen Sie, nein, Sie wissen es nicht, Alter ist kein Wissen, immer noch sind wir beim Sie stehen geblieben, Alter ist eine Säge im Herzen. Was soll das Alter, sagte der Mann, ich hole Sie ein, bald bin ich so alt wie Sie. Hier hätten wir, wie im Märchen, den Unterschied, hier ist der Unterschied greifbar, für sie ist das Alter eine Koketterie, für mich mein Körper, mit dem ich zu reden habe, Ihre Hände sind immer noch makellos, wenn auch etwas schwach, sagte die Frau, also wollen wir wieder einmal um den See wandern. Das haben Sie jetzt schon dreimal gesagt, Frauen wiederholen sich, eigentlich sind sie die ewigen Wiederholerinnen. Männer hören vielleicht nicht genau zu, wenn Sie genau zugehört hätten, hätten Sie gemerkt, daß die Wiederholung, ob wir wieder einmal um den See wandern wollen oder nicht, dreimal eine verschiedene Bedeutung hatte. Sie machen mir diese Bedeutungen nicht weis, sagte der Mann, Frauen wollen etwas weismachen, aber vor dem Weisgemachten nehmen sie Reißaus, über was wollen sie ohne aufzuhören sprechen, eine frühere Freundin schreibt mir, sie möchte mit mir reden, reden, es gibt nicht viel, über das sich zu reden lohnte, vielleicht über die Schönheit, die nicht betuliche Schönheit, der Chefredaktor jener Zeitung, wie heißt sie schon wieder, ist ein schöner Mensch. Warum, sagte die Frau, sollte die Schönheit etwas sein, worüber zu reden lohnte, ein Käfig der Frauen ist sie, das Schema der Schönheit ist eine männliche Erfindung, unterstützt vom jugendlichen Eifer der Benützerinnen dieser Erfindung, eine bequeme, lausige, sie dient der Erleichterung der Arbeit, der Verwandlung der Augen, ich liebe dich, wenn du mir angenehm bist, die Läuse sehe ich nicht, die Haare bedecken sie. Frauen müssen Haare haben, sagte der Mann, was müssen Männer, sagte die Frau, und was ist, wenn sie ausfallen, dann trägt sie eine Perücke, Perücken stören beim Liebesgetue, wenn sie Phantasie hat, kann sie auch kahlköpfig eine Hexe sein, eine gute oder böse, sagte die Frau, wenn die Frauen aus zwei Bezeichnungen, gut, böse, bloß nicht einen Lebensfaden machen wollten, außer einer Prostituierten habe ich keine getroffen, die es nicht störte, wenn ich neben ihr zur gleichen Zeit noch eine andere im Bett hätte. Sie erhebt Anspruch auf totale Vereinzelung, sagte die Frau, einmal möchte sie total gesehen werden, aha, sagte der Mann, das Erheben, das Erheben, warum kann der Akt nicht ein Akt sein, eine Tatsache, abgeschlossen, wunderbar in sich selbst, warum braucht er die Zote der Liebe. Fürchterlich, sagte die Frau, warum machen Sie aus der Liebe eine Notdurft, Liebe ist Notdurft, Frauen sollten stolz sein, eine Not zu stillen, und der andere fürchterliche Vergleich, Sie Unmensch, Männer wie Sie sollten von Frauen geprügelt werden, morgens und abends. Beide lachten so sehr, daß sie stehen blieben, der See hatte immer noch die gleiche Farbe, eine Mischung aus grün und gelb. Besitzfreude und Vergnügen ist sie, wenn sie ein Schrecken ist, wird sie noch besser, keine Freude ohne Schrecken, sagte der Mann, Angst vor der Sucht, der Frau zu dienen, braver Altarbube zu sein. Diese Wellen von Eifersucht, sagte der Mann, sind Sie eifersüchtig, nein, nie, wenn ich liebe, brauche ich keinen Eifer, die Liebe legt mir den Geliebten, vollendete Beute zu Füßen, wenn die Liebe vorbei ist, ist der Geliebte ein fleischloses Gerippe. Sie verwursten ihn, schneiden schmale Rädchen ab, sagte der Mann, Sie irren sich, sagte die Frau, ich habe die Angst einer Sklavin, ich wasche ihn, bringe ihm Leibspeisen, würde mir die Haut abziehen, ihn zu erfreuen. Genau, das ist es, sagte der Mann, mit Haut und Haar, das macht mir Angst, nein, sagte die Frau, mit Haut und Hirn, das einzige Mittel des Lebens. Der einzige Zweck des Lebens, meinen Sie, Zwecke sind aber schändlich, wichtig ist nur das Geschaffene, das Hervorgebrachte, die Tatsache, die zweite Welt, das Absichtslose. Die Freiheit, sagte die Frau, die in der Gefangenschaft stöhnt, Liebe, welche die ganze Zeit aufbraucht, die Zeit in die Erde verlocht, um sie nie mehr auszugraben.

Wollen wir wieder einmal um den See wandern, sagte die Frau, warum nicht, sagte der Mann, beschäftigte Frauen sind erträglich. Ich habe noch keinen Mann getroffen, der mit einem andern neben mir im Bett liegen wollte, sagte die Frau, Sie wollen doch nicht die Arbeit einer Dirne tun, sagte der Mann, außerdem könnten Sie das gar nicht, Sie sind nicht abgebrüht, das geht nur mit einer vom jenseitigen Ufer oder mit einer ganz und gar Schönen. Dieser Stich hat die Liebe erstochen, sagte die Frau, die Wahrheit erfreut mich, eine junge Unschöne wäre annehmbar, eine alte Unschöne ist ein Anstoß, ein Stück Luft, den Blick auf das jenseitige Ufer akzeptiere ich nicht, es ist ein männlicher Blick, er dient den Zwekken. Aber sie täuschen sich, ich bin schön, das Alter ist die Anhäufung aller Lieben, doch mit Ihnen nie, nie die Benutzung, nie die günstige Gelegenheit, nie die gräßliche Nähe, nie das Unveränderbare, der Schluckauf des Aufgewärmten, nie den Schlag ins Genick, die nachfolgende Verpäppelung, diese Liebe soll nicht kaputtgehen, sagte die Frau, der Mann sagte, überlassen Sie das dem Zufall, reden wir nicht davon, wozu muß alles beredet sein, wenn Sie schön sind, läßt sich das nicht ändern, nur ändern läßt sie sich, Schönheit wird schön, sie ist erst im Entstehen, sie ist eine Erscheinung, die erschaffen werden muß.

Wollen wir wieder einmal um den See wandern, sagte der Mann, ich rede gern mit Ihnen, nein, sagte die Frau, ich habe keine Zeit, ich habe eine Sitzung beim Haarschneider, das letzte Mal waren Sie es, der keine Zeit hatte, jetzt sehen Sie, wie es ist, wenn die Zeit als Vorwand dient.

Wir wollen wieder einmal um den See wandern, sagte der Mann. Er trug alte Bergschuhe mit Nägeln. Er übertreibt, sagte seine Frau, die nicht mitkam, lieber nicht. Sie haben eine schöne Frau, sagte die Frau, was macht Ihr Mann, sagte der Mann, gegenwärtig geht es gut, sagte die Frau. Sie trug ein neugekauftes Wanderkostüm mit dazu passenden Wanderschuhen. Der See sah nicht wie ein See aus, wie ein untiefer Weiher, es dauerte zwei Stunden, bis er umwandert war. Manchmal führte der Weg vom Schilf weg, ein Nieselregen bedeckte das Wasser mit einem Nebelchen, die Kamine am Horizont standen in der Helle. Die Frau achtete nicht auf die Landschaft, nicht auf das Wetter, sie achtete auf die Bewegungen des Mannes, der Mann blieb hie und da stehen, sagte, ist das nicht schön hier, ein Magnetband war sie, das alles, was er sagte, in elektrische Impulse umsetzte, sie hätte das Aufnahmegerät gerne wütend abgestellt. Scheußlich ist es hier, sagte sie, Sie haben Glück, sagte sie, Ihre Frau langweilt Sie nicht, sie hält Abstand, Göttin aus Bronce, und was noch, Schwertengel mit Stahlhelm, hautnahes Verrücktsein ist zeitlich begrenzt, ein Licht, nur in Bruchteilen von Sekunden möglich, ein Zerfall der Materie. Neben ihr komme ich mir vor wie eine gerupfte Ente, und sie ist der Schwan, sagte die Frau. Zwagg, sagte der Mann, dieses eingebildete Arschloch, sagte die Frau mit genüßlerischer Sturheit, hat wieder einmal seinen Darmschmutz in die Startlöcher der anderen geschaufelt, sagte der Mann, Frechheit, in der Schweiz sei die Literatur ein Gärtchen. Mit gepflanzten Käsekuchen, sagte die Frau, Entrüstung um des Effektes willen ist zum Kotzen. Das ist eine Beleidigung der Eisenbahnergärtchen, der Hangbauernkartoffelgärtchen, einer ohne Schwielen sollte mit den Vergleichen aus dem Bauernleben vorsichtig sein, sagte der Mann. Wenn der nur, sagte die Frau, einmal, einmal nur, sorry, bei mir ist nichts Erwähnenswertes vorgefallen, ich habe nichts zu sagen, sagte und daheim bliebe. Wo ist die Schweiz, nur geographisch ortbar, ist sie ein imaginärer Punkt in Kälteschrumpfung, in archaischen Gefühlen aufbewahrt, ist sie das große Nest unserer großen Annehmlichkeiten, was ist Literatur, sie geht quer durch die Herzen von Einzelnen und diese Einzelnen sind überall. Ich habe die erste Lehrzeit bestanden, sagte die Frau, ich will schreiben. Haben Sie genügend Starrsinn, lernen Sie die Grammatik, sagte der Mann, es heißt, die Frauen haben schwarze Schleier über dem Gesicht getragen, nicht über das Gesicht. Wenn Sie nicht unbedingt es tun müssen, halten Sie sich weg davon, Sie halten sich weg von einer Sorte von Verzweiflung, die nicht die angenehmste ist. Die Literatur, sagte der Mann, ist ein Kampf mit vorsätzlichen Einbildungen, mit durchsichtigen Gespenstern, sie muß Ereignisse beschreiben, wo es keine gibt.

In der Wirklichkeit oder sagen wir schlicht im Leben sind Ereignisse äußerst selten, ein Wassertropfen in der Wüste, ein Luchs in den Alpen, ein Lächeln im Sechsuhrbus, eine Lilie auf dem Felde oder sie sind von solcher Langsamkeit, daß sie nicht wahrgenommen werden, sie sind so selten, daß man ebensogut sagen könnte, das Leben ist Ereignislosigkeit. Die Frau sagte, vielleicht ist die Liebe darum noch nicht ausgestorben, sie ist der Versuch zu einem Ereignis, ein rasender Versuch. Merkwürdig, wie Sie die Liebe übertreiben, sagte der Mann, also, in der Literatur muß für jeden Satz ein Ereignis her, sozusagen ein totes Ereignis, aus Fingernägeln mit Schmutzrändern, einem Trunkenbold, einem ehemaligen Bach neben einer Fabrikation, einem laufenden Lastwagen, Säugling mit Augenverband, strickenden Basarweiblein, einem abgeschnittenen Ohr, Gras, Hund, Kamin, muß ein Ereignis gemacht werden. Wenn die Erfindung der Ereignisse überstanden ist, nähert sich der Kampf der Verknüpfung der Ereignisse, soll die Schmutzhand das Ohr ergreifen, das Kamin die Basarweiblein betäuben, der Hund den Süchtigen über das Gras in den Bach geleiten, noch nicht genug, die Verknüpfung der Ereignisse soll nichtlandläufige Meinungen erwecken, ein abgeschnittenes Ohr blutet, ein laufender Lastwagen steht still, ein weißer Säugling ist beschmutzt. Aus der Meinung, auch um die Seitenzahl zu erhöhen, müssen die Beteiligten der Ereignisse sich in Gesprächen ausdrücken. In Wirklichkeit gibt es keine dieser schönen. In Wirklichkeit, sagte die Frau, haben wir Angst vor Dialogen, als seien sie unanständig, wir schämen uns unserer selbst, wir haben Hemmungen, uns preiszugeben, wie wir Beklemmungen haben, uns zu entkleiden, sich bloßzustellen, scheint ein Zeichen von Kindlichkeit zu sein. Einsilbige Laute der Annäherung, der Antipathie, des Gegenteils, des Hungers, Signale des Standortes, des Geschlechts, des Angriffs, der Verteidigung, bloße Selbstlaute würden genügen, sagte der Mann, I für: Welch schöne Jacke tragen Sie, U: Bin nicht in Stimmung, auch nur die Hand zu schütteln, E: Gibst du mir einen Hunderter, geb ich dir zwei Fünfziger, O: Hopp, in die Liegestellung.

Die Frau sagte, ich will schreiben, aber dazu brauche

ich Sie, sonst mache ich Fehler. Wenn wir jenen Film gesehen hätten, sagte der Mann, gingen wir wahrscheinlich in ein Hotel. Wahrscheinlich nicht, sagte die Frau oder nur mit dem Beistand eines zweiten Mannes, einer anderen Ausgabe eines Mannes, einer entgegengesetzten, neutralisierenden, meinen Sie, ich lasse mich von Ihnen vergiften, mit Siechtum schlagen, meinen Sie, ich liebe mich mit Ihnen zu Tode, schlimmer noch, zum Leben. Der Mann küßte die Frau auf die Wange. Hören Sie auf mit Ihren Wangenküssen, sagte die Frau, wie wenn Sie mir mit dem Schuh die Hand gäben. Auch bin ich enttäuscht, sagte die Frau, meistens sind es die Männer, welche die belehrenden Gespräche führen, könnte es nicht einmal anders sein, die Frau belehrt den Mann, und die Frau wartet keine Sekunde, keine Sekunde gibt sie ihm. Ich bin Ihr Gläubiger, sagte der Mann, der wartende Empfänger Ihres Urteils, er verbeugte sich, wie ein Schauspieler, lachend hob er den Arm. Sie legten sich von Zeit zu Zeit eine Hand an den Rücken, leichtstreifend der Mann, leichtschlagend die Frau, ihre Wanderung dauerte länger als ihre Reden, manchmal sprachen sie nichts, lachten so für sich hin, schauten einander von der Seite an. Manchmal bückten sie sich, warfen Steinchen in die Luft.

Wenn sie schnell gingen, konnten sie die Wanderzeit auf anderthalb Stunden begrenzen. Wenn sie liefen, liefen sie nicht lange, beide kamen überaus schnell außer Atem. Lauter Blödsinn, was wir gesprochen haben, sagte die Frau, wann reden wir endlich ernsthaft miteinander, wahrhaftiger Blödsinn war es, sagte der Mann, aus dem kann niemand eine Geschichte machen, sagte sie, einverstanden, sagte er, geschichtlich unbrauchbar.

Er ging, als warte er und hätte keine Zeit, sie hingegen ging, als hätte sie Zeit zum Verschwenden.

Maja Beutler
Fremdkörper

Als Frani sich unsicher umsah im blitzhellen Kurslokal, fiel ihr der alte Kindshimmel ein. Eine Art finstern Estrichs hatte sie sich vorgestellt, voller schneeweißer Knopfschachteln; in Längsreihen standen sie bis unters Dach; ein Engel sauste auf einer Leiter den Gestellen entlang: Sollte er vorn einen Säugling herausziehen, oder hinten?

Und hier der weißgekachelte Raum, das Wort »steril« lag unter einer Operationslampe, Schwester Margrit packte es: Wir hätten also geboren, unser Kindchen wäre bereits abgenabelt. Sie hielt triumphierend eine Gummipuppe an den Füßen in die Luft. Sollte das die Zukunft sein?

Unser Kindchen schreit wacker, und die Hebamme wird uns das Wännchen neben den Geburtstisch rollen. Bei jedem Wort zitterte Schwester Margrits Mundschutz heftig: Wir werden unser Kindchen also selber baden. Wir machen es seit gut drei Jahren so, um die Mutter-Kindbeziehung zu festigen.

Die Schwester zog mit der freien Hand geschickt die Plastikwanne auf Rädern heran. Schaut alle her: Das linke Beinchen wird immer mit der linken Hand gefaßt; nur so liegt das Köpfchen sicher in unserer Armbeuge, und unser Kindchen schluckt kein Wasser.

Red wenigstens normal, »sonst säuft der Schreihals ab«, heißt's.

Als die Schwester die Gummipuppe ins Wasser tauchte, erhoben sich die andern Frauen wie auf Kommando von ihren Stühlen. Lauter aufgeblasene Luftballons stiegen neben Franis Augenwinkeln hoch. Sie blieb sitzen und senkte den Kopf. Ihre rotglänzende Trikothose umspannte die festen Schenkel, das schlabbrige Mickymaus-Shirt wölbte sich prall über dem Bauch. Total daneben. Frani drehte den Kopf zum Fenster. Die Linde blühte, ihre gewaltigen Äste verdeckten die Stadt; nur die graue Filigran-Spitze des Münsters ragte aus den hellgrünen

Blättern. Dieses Bild, nein, die stimmige Betulichkeit dieses Bildes, widerte Frani dermaßen an, daß sie sich doch wieder dem Tisch zukehrte. Das Gummikind wurde eben aus dem Wasser gehoben und in ein weißes Frottiertuch gewickelt. Die Schwester rubbelte die Puppe rundum und murmelte immerzu: rubbel, rubbel, rubbel. Die krummen Gummibeine ragten aus dem Frottiertuch wie zwei geknickte Schneckenfühler.

Der Engel in Heilandsandalen hielt die Leiter an, zog ein Schächtelchen heraus und äugte hinein, angewidert warf er den Deckel zu und stellte es zurück, dann sauste die Leiter weiter, und im Flug riß der Engel ein neues Schächtelchen aus dem Gestell: Du? Runter, mal wieder Leben leben; aber pünktlich zurück in die Schachtel, Asche zu Asche!

Plötzlich hörte Frani das Wort »Käseschmiere«. Wenigstens war es neu, und grauslich war es auch. Die blonde Frau neben Frani sagte: Ist die Natur nicht wunderbar eingerichtet?

Schwester Margrits Augen lächelten, der Mundschutz bewegte sich kaum, als sie sagte: O ja, die Käseschmiere ist ein ideales Gleitmittel.

Frani platzte heraus mit einem kurzen Lacher.

Die Schwester schaute sie verdutzt an, alle drehten stumm den Kopf.

Direkt vom Quacksalber, japste Frani. Das Wort hätte alle anstecken sollen mit Gelächter, aber es blieb vollkommen still. Waren die andern schon Vollmitglied der Muttersekte? So starrten sie doch auf sie herab: verlorene Tochter.

Ernüchtert sagte Frani: Was soll das Gesäusel; ist doch eine Bieridee von der Natur, das Kind durch die enge Scheide zu jagen. Und ihr wollt dankbar sein, weil's nicht in Schmirgelpapier gewickelt ist? Alle schwiegen; oh, Frani spürte genau, was in den Köpfen rumorte: das Wort »versündigen«, gleich würde es das Hirn sprengen, in den Mund hinunterstürzen, es wollte schon zwischen den Lippen durchgleiten, Käseschmiere.

Frani begann wieder zu lachen, aber sie wehrte mit beiden Händen ab, daß man auf sie achte; nur weiter im Text, weiter, weiter.

Schwester Margrits Mundschutz zitterte heftig, ohne daß ein Wort zu hören gewesen wäre.

Die findet den Eierstock nicht mehr, um sich dran festzuhalten.

Frani spürte, wie das Gelächter ihren Hals blähte, gleich würde er zerbersten. Aber Schwester Margrit blinzelte Frani zu: Lachen Sie einmal richtig ungeniert heraus, Frau Brand, vielleicht löst das Ihre Spannung. Ich weiß doch Bescheid: ein großer Einschnitt, im Leben jeder Frau.

Geradezu ein Kaiserschnitt, aber ich heiße trotzdem Brenner.

Franis Schultern begannen zu zittern, es war wie im Konfirmandenunterricht: jeder Einfall die Zündung der nächsten Lachsalve.

Brenners Dauerbrenner.

Unsere hormonelle Instabilität während der Schwangerschaft ist erwiesen, sagte Schwester Margrit, genieren Sie sich nicht, Frau Brenner, wir sind unter uns Pfarrerstöchtern. Hatten Sie auch Verstimmungen vor oder während der Menstruation?

Nur wenn das Fruchtwasser planscht. Es riß Frani die Lippen auseinander, sie grölte es heraus und hatte den Eindruck, eine so famose Idee habe die Natur schon lange nicht mehr gehabt: zog sie schlicht aus dem Verkehr, mit lauter Lachlust. Frani legte den Kopf auf die Arme und lachte, lachte, sie hustete vor lauter Lachen.

Schwester Margrit kam und massierte Franis Nacken. Gleich haben wir's überstanden, sagte sie freundlich. In diesem Moment spürte Frani das Kind, es stupfte sie zweimal sacht gegen den Oberbauch, sie hielt den Atem an. Vorbei, sagte sie und richtete sich auf, die Lachtränen liefen ihr noch über die Wangen, sie wischte sie rasch mit einem Zipfel des T-Shirts weg. Dann schaute sie sich verstohlen um: Irgendwo ein echtes Gesicht, oder nichts als leere Vollmonde – volle Bäuche?

Einen Augenblick wollte das Lachen wieder hochkommen, da merkte Frani bestürzt, wie trostlos seicht ihre Gedanken waren: angesteckt.

Tatsächlich komisch, wenn man's richtig überlegt, sagte die kraushaarige Frau, die als einzige stehengeblieben war. Sie schien älter als die andern, man sah kaum, daß sie schwanger war; aber sie trug ein hellblaues, plissiertes Hängerchen mit weißem Spitzenkragen.

Eigentlich wird alles komisch, wenn man lange darüber nachdenkt, oder nicht? Die Frau begann zu lachen, in kurzen Stößen. Als Schwester Margrit auf sie zuging, trat sie hastig einen Schritt zurück: Danke, ich brauche keine Massage. Sie legte den Kopf schief, um an der Schwester vorbei Frani zu sehen: Eine Tante von mir mußte lachen, wenn ihr Mann sich auf sie legte. Ist es denn kein Witz?

Eine massive Verdrängung, sagte die blonde Frau neben Frani; sie hielt ihre Hände über dem Bauch gefaltet und nahm die Augen nicht von der Gummipuppe.

Hallo Psychotrip, sagte Frani. Die blonde Frau wandte kurz den Kopf: Ich heiße Anselm, Kathrin Anselm.

Frani nickte. Verstanden. O ja, eure Sorte versteh ich gegen den Wind, ihr leistet Trauerarbeit, ich heul bloß Rotz.

Tolles coming-out, sagte Frani und grinste die blonde Frau an, schafft auch nicht jede hier, was?

Darf ich die Damen bitten, sagte Schwester Margrit scharf, sie hatte rote Flecken am Hals.

Die kraushaarige Frau zwinkerte Frani zu und deutete mit dem Daumen aufwärts.

Ich? Bin ich Spitze?

Dann machen wir also weiter mit unserem Kindchen, sagte Schwester Margrit. Die kraushaarige Frau und Frani lachten gleichzeitig.

Verwirrt schaute Schwester Margrit von einer zur andern.

Nur los, sagte Frani.

Die Schwester ließ die beiden nicht aus den Augen, als sie das Frottiertuch auseinanderschlug. Mit der rechten Hand faßte sie geschickt eine Gazewindel, faltete sie zu einem Dreieck und legte es der Puppe unter. Ich empfehle dringend Stoffwindeln für die ersten paar Tage, Pampers sind eine Gefahr für die Haut von Neugeborenen. Offene Sicherheitsnadeln natürlich auch. Wir kontrollieren das besonders.

Frani äugte blitzschnell, ob auch die kraushaarige Frau bemerkte, was für einen Stuß die Zicke ... Da rief Schwester Margrit: Finden Sie das eigentlich fair, Frau Brenner, oder wollen Sie Ihr Kind gar nicht erst haben?

Frani wollte den Mund aufmachen, da lächelten Schwester Margrits Augen schon wieder: Mickymäuschen müssen doch zu tun haben; demonstrieren Sie uns, wie's weitergeht, ich schaue unterdessen für Sie in die Luft.

Die Schwester nahm ihren Mundschutz ab und deutete, daß Frani selbst einen aus der Schachtel ziehen sollte; dann trat sie hinter den Tisch zurück und verschränkte die Arme. Frani wechselte widerstandslos vor die Puppe, und bevor sie überhaupt verstand, daß sie der Blamage nicht mehr ausweichen konnte, schaute sie in Schwester Margrits Gesicht: Sie sah all die roten Äderchen auf ihren Wangen, die grobporige, feiste Nase, und auf einmal verstand sie, was die Schwester verstanden hatte: Out.

Frani hob die Schultern. Sorry, sagte sie. Schwester Margrit zog die Brauen hoch: Und wo ist unser Mundschutz?

Ich mach's mal ohne, sagte Frani.

Wir machen's richtig, sagte die Schwester, ein Dragoner im Kasernenhof. Frani betrachtete still die Gummipuppe auf dem Gazedreieck und streckte die Hände wie zwei fingerlose Stumpen vor, um die Schneckenfühler zu berühren; sie zuckte zurück, als ob die Puppe unter Strom stände. Aha, sagte Schwester Margrit. Eigentlich war Frani dankbar für den triumphierenden Ton: Wie du mir, so ich dir.

Entschuldige, daß ich mich einmische, sagte die kraushaarige Frau, zu Hause machst du eh, was du willst; aber hier wird der Ernstfall geprobt. Frani grinste ihr zu, zog den Mundschutz aus der Schachtel und streifte sich die beiden Gummizüge über die Ohren. Eigentlich hätten doch alle schon schallend lachen müssen. Aber die Frauen erhoben sich nur wieder von den Stühlen.

Frani sagte: Erst muß man natürlich den Hintern pudern. Verdammt, wo ist der Streuer hingekommen?

Wir waschen im allgemeinen zuerst, sagte Schwester Margrit, Ihr Kind wird nämlich, genau wie alle andern, Kindspech absondern; so nennen wir den Stuhlgang nach der Geburt, er ist schwarz und schmierig.

Geschieht mir recht, sagte Frani. Die Frauen lachten,

sogar Schwester Margrit verzog den Mund. Kindspech. Frani sah auf die Schlafaugen dieser lächerlichen Demonstrationspuppe hinunter und wollte gehorsam den Gazelappen aus dem Wasserbecken fischen, als sie in ihrem Leib wieder das Kind spürte, es drehte sich förmlich um, und blitzschnell verstand Frani sein Signal: Es wollte nicht eingeübt werden, nicht routiniert in Besitz genommen, nicht... Kindspech? Es leistete ihr Widerstand, das Kind, sie hatte es verraten, die verdummte Mutter war das Kindspech.

Frani spürte eine unbändige Lust, einfach ins Wasser zu patschen mit voller Wucht, die Windel unter dem Puppenhintern wegzureißen und durch die Luft zu wirbeln: Ich bin ja einverstanden, ich halte es aus, ich will gar nicht weiterwissen, Schwester. Kein Handgriff kann gelernt werden, wenn er nicht schon da ist, ich habe ihn gekonnt, ich habe ihn vergessen, darum kann mein Kind alle Sprachen, hat jeden Gedanken in seinem Hirn, die ganze Welt, und wenn ich es ausgetrieben habe, wird seine Verdummung einsetzen, keinen Schritt wird es mehr gehen können, kein Wörtchen reden, ohne daß...

Frani riß sich den Gazeschutz herunter und hielt sich beide Hände vor den Mund, dieses Unrecht, sie war drauf und dran zu erziehen, sie würde nicht ruhen, bis es geworden war wie sie: eine Gans, die jeder nach Belieben stopft...

Was ist denn nun wieder los, fragte Schwester Margrit irritiert.

Ihr ist schlecht, sagte die kraushaarige Frau. Sie kam schon auf Frani zu, legte ihr den Arm um die Schulter, plötzlich umhalsten sich die beiden, Frani drückte ihr Gesicht gegen die fremde Frauenbrust. Bscht, bscht, flüsterte die Frau, gehen wir raus.

Im Korridor rechts, es steht an der Tür, sagte Schwester Margrit.

Frani ging ohne sich umzuschauen hinaus. Im Treppenhaus fiel eine schräge Spur Licht durchs Oberfenster, Frani sah den Staub tanzen, es roch nach Bohnerwachs und Desinfektionsmittel. Sie ließ sich auf die oberste Stufe plumpsen, mitten ins Licht, sie keuchte.

Die Frau schloß die Tür leise und blieb hinter Frani stehen. Ich habe mir dasselbe überlegt, sagte sie.

Es blieb eine Weile ganz still. Nicht einmal Schwester Margrits Stimme drang durch die Tür. Aber Frani hatte den Eindruck, die Frau rede pausenlos weiter, und sie gebe ihr Antwort. Zwei Ungeborene, kein Mißverständnis möglich. Ganz langsam drehte Frani den Kopf und schaute auf: Wenn's ja nicht vorhanden wäre, könnte man nichts wissen, sagte sie. Genau, sagte die Frau, ich würde nicht mal eingewilligt haben zu einer Spitalgeburt, wenn diese Unklarheit nicht wäre. Allerdings – ich bin erst im Fünften. Auf dem Monitor sehen sie die Händchen nicht deutlich. Sie ließ sich neben Frani nieder und schaute geradeaus: Ist bei Ultraschall was rausgekommen, bei dir?

Warum, fragte Frani, geht so was auf Kasse? Ich bin sowieso nur einmal gegangen, mit Pietsch, kannst dir ausmalen, warum. Aber nicht mit mir, kam nicht in Frage.

Imponierend, sagte die Frau, toll, daß du zu deinem Kind stehst.

Out, dachte Frani, voll in den Scheiß-Sprüchen drin, könnte Gertrud heißen, oder sonst was Himmelblaues.

Hast du nie Angst, fragte die Frau, ich denke von früh bis spät: Hände, Hände, Hände, ich müßte es doch mit meinem Gehirn steuern, jedes Äderchen denke ich mir aus, die Knochen, die Nerven und Sehnen, die Muskeln. Mein Mann hat mir ein medizinisches Handbuch gebracht, ich schlag jeden Morgen die Farbtafeln auf und denke ... Quatsch, sagte Frani, ist ja keine Schachtel, die du aufräumen mußt. Und was zeigt der Monitor? Die Frau schwieg. Frani streckte die rechte Hand aus und zupfte ihr an den Löckchen: Dauerwellen?

Die Frau schüttelte den Kopf.

Heult sie? Kommen bloß keine Tränen?

Hab ich mir als Kind ausgemalt, sagte Frani, ich meine die Schachteln, und irgendsoein Engel kommt, reißt sie auf, und ... Quatsch, glaub mir doch, alles Quatsch. Heißt du Hanna?

Kristin T. Schnider
Die Kodiererin

Sie ist nicht wirklich eine Kodiererin. Das muß gleich klargestellt werden. Schon weil sie nichts kodiert. Eine kleine eckige Maschine kodiert, was sie ihr eingibt. Sie arbeitet an einem sogenannten Kodierplatz. Das macht sie noch lange nicht zu einer Kodiererin. Eintasterin könnte sie sich nennen. Mehr nicht.

Ich nenne mich gar nichts. Ich bin nicht dies oder das. Eine kleine Angestellte bin ich in einem großen Betrieb. Und brauchen sie mich unten, bin ich Läuferin, und stellen sie mich oben an die Schächte, bin ich Werferin, und ich bin, darauf bestehe ich, Kodiererin, einen Tag lang alle halben Stunden und während der anderen halben Stunden Zubieterin, teilen sie mir diesen Dienst zu.

Fünfmal pro Woche, morgens um 7, didididitt, ihr Wecker im Staccato. Tagschicht. Aus den Decken. Vorhang auf. In den Vorsprüngen des Nachbarhauses regt sich schon etwas. Eine Frau Nachbarin poliert ihr Balkongeländer. Ihr pensionierter Ehemann tritt auf in langen orangen Unterhosen. Licht steht eingerahmt in den Fenstern der unteren Stockwerke. Dahinter werden vermutlich Zähne gebürstet. Zuunterst im großen Büro, wo niemand wohnt, sitzt einer bereits hinter Papierbergen. Es ist kalt. Die Leute auf der Straße tragen Mäntel.

Gefrühstückt wird nicht. Fünf Minuten länger dösen oder nur herumstehen ist schöner. Sie zieht sich an. Es kostet sie genug Zeit, sich Brote zu schmieren, zu belegen, einzuwickeln, in ihre Tasche zu packen. Eine Tasse Kaffee trinkt sie aber. Wasser setzt sie auf, bevor sie irgend etwas anderes tut.

Sie trägt ihre Turnschuhe mit der festen Sohle, zwei schwarze Jacken, einen Schal. Brille, Brote, gelbe Arbeitshandschuhe, Schere, Kaugummi, Garderobenschlüssel, alles in der Tasche. Die hängt sie um. Ist auch alles in Ordnung? Ist nichts vergessen worden? Das Bett zurechtgezupft. Das Fenster im Schlafzimmer steht halb offen. Frau Nachbarin schüttelt wild einen gräulichgelben

Lappen aus, zerfranst ist er, hat das Balkongeländer wischen müssen, wie jeden Morgen, noch einmal muß er schnell drüber, bevor sie mit ihm hineingeht in die Wohnung. Sie grinst (das ist kein Lächeln mehr): Auf dem Balkon, da steht man schon in der Öffentlichkeit, da wird man gesehen, das ist bekannt. Oder grinst sie selbst im Schlaf? Fett ist sie, aber kompakt, ein fest in Korsettstrumpfhalter eingeschnürtes Bündel Putzsucht.

Heftig reißt sie den Vorhang, ein an den Fensterrahmen genageltes Leintuch, über den einen Fensterflügel; gleichzeitig ruckt mit strammen Armen Frau Gegenüber ihren Netzvorhang vors Balkonfenster. Ihre Blicke treffen sich.

Sie sollte sich beeilen. Poltert also die Treppen hinunter, mit langen Schritten zur Bushaltestelle. Auf der Straße stehen die Autos Schlange. Sie windet sich hindurch. Kauft am Kiosk vor der Unterführung vorsichtshalber noch mehr Kaugummi. Zwischen den dicken Betonwänden kratzt sie sich möglichst unauffällig.

Ich wische und wische und verliere Zeit, aber da bleibt immer etwas zurück, ich klemme die Arschbacken zusammen, ganz ausgeschissen bin ich auch nie, reiße die Hosen hoch, packe meine Tasche. In einer Pause den Rest erledigen, geht nicht. Ich kann das nicht, ich muß es aufschieben und vergesse es des öftern ganz. Sogar die kleinen analen Freuden des Tages sind einer Angestellten nicht vergönnt. Die Tasche schlackert gegen ihre Rippen. Die Jacken haben sich verschoben. Ihr Slip ist zu klein. Der Schal ist nach hinten verrutscht. Ihre Hand verirrt sich zum Spalt hin und flattert zurück.

An der Haltestelle wartet eine Menge Leute. Die Hälfte kennt sie nicht. Entweder kommen die Busse zu früh oder zu spät. Ihre Armbanduhr hat sie vergessen. Erst am Arbeitsplatz wird sie wissen, um wieviel zu spät sie gekommen sein wird. Sie drückt sich in die Fensternische der Bar an der Bushaltestelle.

Sie ist blaß und sieht aus, als ob ihre Eingeweide wüßten: gleich werden wir verprügelt. Ihr Magen duckt sich verängstigt. Der Bus, der endlich vor ihnen allen hält, schafft keine Abhilfe.

Der Bus fährt irgendwohin, wohin ich nicht will.

Leise jammert der Bus den Stromleitungen nach und

brummt ab und zu und bummert über die unebene Straße und schlenkert das mit Gummifalten vom Vorder- abgetrennte Hinterteil keß. Er kann ja nicht anders. Sie sieht nichts, eingemauert von naß riechenden dunklen Mänteln, sie hört nur Gemurmel, worüber sprechen sie, über die Arbeit, zu der sie fahren. Sie ergattert sich einen Sitzplatz, einen Einzelplatz, sie starrt aus dem Fenster, sie ignoriert andere Leute, die ebenfalls gern säßen, Haß regt sich, schüttet Wärme über den vorher angstvollen Magen, ihre Hände krampfen sich um die Träger der Umhängetasche.

Ein Gemurmel im Kopf, sie möchte sich kratzen, sie will sich nicht kratzen, sie möchte tot sein vielleicht, aber so leicht stirbt keiner, verrückt wird auch keiner so schnell, nur weil er es will. Es gibt ein Leben nach dem Tode, sagt sie sich: Das hier muß es sein.

Sie ist da. Sie steigt aus. Sie ist zu spät, aber nicht nur sie. Der Bus ist schuld. Das Gebäude, in dem sie arbeitet, hängt drohend über ihr, silberglänzend, glatt.

Das Gebäude ist silbergrau. Von einer Aluminiumhaut überzogen. Ein Bunker mit schmalen Fensterschlitzen.

Das Betriebsgebäude verläuft parallel zur Hauptstraße und längs der Bahngeleise. Bahnwaggons und Lieferwagen und Personenautos fahren durch für sie bestimmte Öffnungen in das Betriebsgebäude hinein. Dreihundertzehn Meter lang. Aus dem Betriebsgebäude ragt das Kerngebäude. Fünfzig Meter hoch. Unten im Kerngebäude sitzen Leute hinter Glas in der Kantine. Über der Kantine Ruhezimmer, Pingpongtisch, Fernsehzimmer, Eßzimmer. Oben im Kerngebäude sind Dienstwohnungen, in denen jemand wohnen soll. Zuoberst gleiten graue Wolken über die Dachterrasse, ein Aquarium ohne Fische, ohne Wasser, umgeben von meterhohen Mauern, darin schmale Fenster. Acht Meter hoch, eineinhalb Meter über dem Boden beginnen sie. Die Dachterrasse ist quadratisch. Silbergrau. Silberne Stühle und silberne Tische stehen da. Ein Stuhl steht vor einem Fenster. Wenig Abfall ist im silbernen Eimer. Die Aufschrift auf den beiden Türen, die von der Dachterrasse zum Kühlturm, zur Abluftzentrale führen, ist gelb auf blau. Das Kerngebäude steht auf hohen, dicken Säulen.

Die beiden großen weißen Lifte des Kerngebäudes fahren zehn Stockwerke hinauf. Tritt einer in den Lift, tritt er sich selbst entgegen. Vom zweiten Stock aus, von der Kantine, erreichen die Angestellten das Betriebsgebäude über eine Treppe. Unter dem Eingang zum Betriebsgebäude ist die Empfangshalle mit der riesigen Fensterfront. Unter der Empfangshalle ist der Personaleingang, diese lange Zunge, schwarz belegt, und überdacht, über die die Angestellten jeden Morgen, jeden Abend gehen.

Oft sehe ich vor mir, wie du dir mit gespreizten Fingern durchs Haar fährst von unten her, vom Genick her, du hältst deinen Hinterkopf einen Moment lang mit gekrallter Hand, fährst weiter, nach oben, langsamer streicht deine Hand dem Haarboden nach, das ist dein Kopf, das ist er, du starrst nach vorn, die Fingerspitzen erreichen die Stirn, und deine Hand fällt wie von selbst auf einen deiner Schenkel, die andere liegt schon nutzlos auf dem anderen Bein, du hebst sie schnell hoch, legst sie dir auf deinen Bauch, sie ist dir fremd, du läßt sie baumeln. Das ist, was in mir stillsteht, denke ich an dich, dieses Bild, das wiederholt sich immer wieder.

Jetzt – du wartest, deine gelben Handschuhe streichen den Konturen des Paketes vor dir nach – sehe ich dich so.

Immer dein Zögern. Deine ungelenken, beherrschten Bewegungen: sich über den Kopf fahren, ins Nichts starren mit hängenden Armen. Du willst nicht, daß ich mir dich ansehe, schon gar nicht, daß ich dich darauf anspreche, dich schelte. Ich störe dich. Daß ich schweige, willst du. Du weißt aber, daß ich dich trotzdem betrachte, beobachte, dich höre und sehe, von innen, von innen her, denn du bist schließlich ich, und ich bin du.

Der Arbeitsplatz der Kodiererin ist im zweiten Stockwerk des Betriebsgebäudes, im sogenannten Norden, im hinteren, von der Hauptstraße abgewandten Teil des Gebäudes; es ist einer der Plätze 1–8.

Pro Kodierplatz 2 Frauen, 1 Sessel, 1 an diesem Sessel angebrachtes Kodiergerät, 1 Fußschemel, 1 Abfalleimer, der mit dem Nachbarkodierplatz geteilt wird (mit Ausnahme der Plätze 1 und 8 und 9 und 16, die einen eigenen

Abfalleimer haben), 1 Sackpaketeschacht (mit Ausnahme der Plätze 1 und 8 und 4 und 5 und 9 und 16 und 15 und 14, die einen eigenen Sackpaketeschacht haben), 1 langes Metallförderband, das gemeinsam mit dem benachbarten, direkt anschließenden Kodierplatz mit Paketen beliefert werden muß.

Zwei aneinander anschließende Arbeitsplätze, 1 und 2, 3 und 4, 5 und 6, 7 und 8 im Norden, 9 und 10, 11 und 12, 13 und 14, 15 und 16 im Süden, bilden eine Arbeitseinheit, die ein gemeinsames langes, schmales Metallförderband bedient.

1 Sessel, der an Platz 1 zum Beispiel, ist jeweils dem langen, schmalen Metallförderband, der andere, der an Platz 2, dem großen Rollförderer zugewandt.

Die Arbeitsplätze und die kleineren und größeren breiteren Bänder, die schließlich zum langen, schmalen Metallförderband führen, wachsen aus dem hinter ihnen angebrachten großen Rollförderer, der quer zu ihnen verläuft, heraus.

Grüne Metalleinfassungen verbinden alles.

Jeder Arbeitsplatz hat einen eigenen kleinen Rollförderer, dessen unterste drei Walzen Pakete auf ein kleines Stoffband befördern, nachdem sie kodiert und freigegeben sind und die erste Lichtschranke, die eine niedrige Barriere am Ende des kleinen Rollförderers kontrolliert, passiert haben.

Zwei eng beieinanderliegende Lichtschranken kontrollieren die Bewegungen des kleinen Stoffbandes, das Pakete auf ein breites Bandzwischenstück befördert, an dessen linker beziehungsweise rechter Seite ein sehr schmales, hochkant gestelltes, kurzes, schräg über das Bandzwischenstück verlaufendes Metallband Pakete, die von der rechten oder linken Seite herkommen, so weiterschiebt und abdrängt, daß das lange, schmale Metallband, das nur halb so breit ist wie das breite Bandzwischenstück, sie weiterbefördern kann.

Die letzte Lichtschrankenkontrolle ist hinter sehr kleinen, kurzen Metallrollen, die nach dem breiten Bandzwischenstück angebracht sind, und von denen die Pakete auf das nur wenig niedriger liegende große, schmale Metallförderband fallen; sie verhindert die Anhäufung von

Fehlern. Passieren ein nicht kodiertes Paket oder 2 eng beieinanderstehende Pakete die Lichtschranke, signalisiert sie der kleinen, niedrigen Barriere am Ende des kleinen Rollförderers hochzuschnellen, und dem Kodierapparat, das Kodieren mit der Anzeige »Warten: Eingabefehler« zu unterbrechen. Beide aneinander anschließenden Arbeitsplätze sind betroffen von dieser Unterbrechung, da sie ein und dasselbe schmale, lange Metallförderband zu beliefern haben. Es kommt vor, daß der Arbeitsrhythmus der 4 für ein langes, schmales Metallförderband zuständigen Frauen immer wieder gestört wird, wenn sich Fremdkörper vor einer der Lichtschranken befinden, wenn große Pakete beim Fall von den kleinen, kurzen Metallrollen auf das große, schmale Metallförderband zu sehr wackeln, wenn sich breite Pakete zwischen der Bandeinfassung und dem gegenüberliegenden kleinen grünen Kästchen mit der Lichtschranke verkeilen, wenn Pakete genau dort vom Band herunterfallen, wenn eine der Kodiererinnen eine Anfängerin ist, wenn die 4 Kodiererinnen zu schnell arbeiten, wenn alle 16 Arbeitsplätze besetzt sind. Dann ist nämlich der Rechner, den sie den Kopfrechner nennen, der einfach der größere der beiden großen Rechner ist, also der Hauptrechner, zu langsam, obwohl er 100 000 Impulse pro Sekunde empfangen und weiterleiten können sollte, dann schnellt die Schranke hoch, dann können sie warten, die Kodiererinnen und die Zubieterinnen, dann gehen Hunderte von Paketen fehl, dann kommen sie eben wieder und werden noch einmal eingetastet, vorher hochgehoben und umgedreht und auf die kleinen Rollförderer gestellt und angeschoben, nachdem sie unten von den Läufern und Läuferinnen aus den Rutschen gefischt und fluchend wieder auf den Weg nach oben geschickt worden sind, der Kopfrechner ist eben zu langsam, obwohl neu, und ein schnellerer ist eben zu teuer.

Die am großen Rollförderer arbeitende Frau, die Zubieterin, trägt Handschuhe. Die meisten am Kodierapparat sitzenden Frauen, die Kodiererinnen, tragen Brillen. Einige wechseln zwischen Brille und Handschuhen, andere tragen immer Brillen, einige tragen während des Kodierens immer mindestens einen Handschuh, an der

Hand, die die vorbeirollenden Pakete, kommen sie zu schnell, zurückzuhalten, kommen sie zu langsam, zu greifen und dann anzustoßen hat, so daß sie auf dem kleinen Band vor dem breiten Bandzwischenstück weiterbefördert werden, während die Kodiererin mit der anderen Hand ohne Handschuh bereits das nächste Paket auf der Tastatur des Kodierapparates eintastet.

Die am Rollförderer arbeitende Frau benötigt Handschuhe, um ihre Hände vor Schnitten von Paketschnüren, ihre Nägel vor dem Abgerissenwerden, ihre Finger vor schmerzhaftem Eingeklemmtwerden zwischen Paketen oder zwischen Rollwalzen zu schützen. Ohne Handschuhe werden die Hände rissig, aufgeschwollen, zerschnitten, die Fingernägel brüchig; die Hände werden zu schwieligen, roten, fern vom Arbeitsplatz mit Ekel betrachteten, fremden Gegenständen.

Am großen Rollförderer werden die Rückenmuskeln ungleichseitig beansprucht. Die Pakete müssen entweder von links nach rechts oder von rechts nach links seitlich vom großen Rollförderer heruntergezogen und von der Zubieterin so auf den kleinen Rollförderer gestellt werden, daß die am Kodierapparat sitzende Kodiererin die Adresse auf den Paketen gut lesen kann und die Möglichkeit einer Arbeitsunterbrechung wegen Wackeln oder Fallen der Pakete gering bleibt. Die Rücken- und Armmuskeln der Zubieterin werden vom Hochheben und Wenden der Pakete und vom Zurückstoßen der Paketflut beansprucht, die nur zu oft durch die am Arbeitsplatz angebrachte Öffnung in der Rollfördererumzäunung – zwei mit Riegeln ineinander verkeilbare Holzleisten, die nach Arbeitsschluß oder bei Arbeitsunterbruch geschlossen werden müssen! – quillt oder über die Umzäunung hinaus auf die Füße der Zubieterin oder den Boden fällt.

Zerdrückte, aufgeweichte, zerrissene, offene Pakete müssen die am großen Rollförderer arbeitenden Zubieterinnen entweder herausziehen, sie sorgfältig herunternehmen und in einen für sie vorgesehenen gelben oder grauen Plastikbehälter, tropfen sie, sind sie feucht von Lack, Öl oder Wein, auf einen dafür vorgesehenen Metallrost legen, oder an sich vorbeiziehen lassen, möglichst unangetastet, so daß sie am Ende des großen Rollförderers von der letzten Zubieterin heruntergenommen und in den entsprechenden Behälter oder auf den Rost gelegt werden können. Viele dieser Pakete sind schwer.

Die auf dem rot gepolsterten, schwarzgrau verschalten Sessel sitzende Kodiererin sollte, sind ihre Augen schwach, unbedingt eine Brille tragen, arbeitet sie doch hauptsächlich mit ihren Augen, die die Postleitzahlen genau lesen und die von ihr eingetasteten Zahlen, die mit weiteren Angaben über den Bestimmungsort des kodierten Paketes auf den beiden kleinen Anzeigestreifen erscheinen, über die der obere Teil des Kodierapparates verfügt, um festzustellen, ob sie die mit der korrekt abgelesenen Postleitzahl übereinstimmenden Tasten gedrückt, nicht zu viele und nicht zu wenige Pakete, die Anzahl der kodierten Pakete wird auf dem unteren der beiden Anzeigestreifen des Kodierapparates – 1 P, 2 P, Tastaturpuffer voll, Tastaturpuffer leer – angezeigt, losgeschickt, freigegeben hat mit Hilfe der breiten, orangen Freigabetaste, die die niedrige Barriere am Ende des kleinen Rollförderers zu ihrer Linken unten hält, so daß korrekt kodierte Pakete unverzüglich befördert werden.

Auf dem Kodiersessel werden die Muskeln des linken Armes am meisten beansprucht. Auch an diesem Arbeitsplatz sind schon Nägel abgerissen, Finger eingeklemmt oder angeschnitten worden. Die Kodiererin zieht die an ihr vorbeirollenden Pakete zu sich, kippt sie, sind sie groß, hat sie die Postleitzahl nicht genau gesehen, hat ihr die Zubieterin die Postleitzahl eines großen Paketes nicht angegeben, weil sie überlastet ist, wütend oder maulfaul, sie stößt die Pakete von sich, sind sie schwer beweglich auf den Rollwalzen des kleinen Rollförderers; Bleiplatten, zum Beispiel, krumme Pakete, die holpern, Koffer, Taschen, reißt sie zurück, bevor sie die Lichtschranke erreichen, sind sie zu schnell oder von ihr falsch kodiert und bereits freigegeben. Da ihre stets etwas gebückte Haltung zu einer Verkrampfung der Nackenmuskeln führt und sie natürlich alle halben Stunden als Zubieterin am großen Rollförderer steht, ist es durchaus möglich, daß sie nach der Arbeit Schmerzen, von Genick bis Steiß verspürt. Die Füße hat sie auf den dafür vorgesehenen Schemel zu stellen.

Bei Fehleingaben piepst der Kodierapparat aufdringlich. Die Schranke scheppert, schnellt sie hoch. Zwischen die Rollwalzen gefallene, zwischen den Rollwalzen und der Bandeinfassung eingeklemmte Gegenstände – aus den Paketen gefallenes Füllmaterial, Abfall, Styropor – quietschen, schreien, pfeifen, zwitschern und müssen mühselig, durch Anhalten der Walzen von Hand, mit einem Finger hervorgeklaubt werden. Alle Förderbänder, die kleinen, die breiten, die schmalen, die aus Stoff, aus Metall, die unter den Walzen, die unter den langen, schmalen querlaufenden, die über den Köpfen, die aus dem Bahnhof oder den Botenanlagen hereinführenden sind alle mit einem Antriebsmotor ausgestattet. Unmittelbar vor beziehungsweise hinter den Arbeiterinnen ist der größte, der gelbe Antriebsmotor des großen, schmalen Metallförderbandes, hinter und unter ihren erhöhten Arbeitsplätzen sind die kleinen Motoren, die die kleinen Förderbänder und Rollwalzen antreiben, und unterhalb des kleinen Rollförderers ist ein ganz kleiner Antriebsmotor für ein sehr kleines Förderband, das die nicht ohnehin angetriebenen oberen Walzen des kleinen Rollförderers, falls nötig, ebenfalls antreiben kann.

Aus den zwischen oft flackernden Neonröhrenreihen angebrachten Lautsprechern hoch über den Köpfen der Arbeiterinnen bellt, dröhnt, klirrt, pfeift in nicht vorhersehbaren Abständen die Stimme einer Aufsichtsperson oder eines Bürochefs.

Motoren hin- und herfahrender Elektromobile summen. Hubstapler tuckern mit Paletten voller in Plastik geschweißter Kataloge an den Kodieranlagen vorüber. Putz- und Poliermaschinen bearbeiten den Hallenboden. Das stete Brummen der Klimaanlage hört keiner mehr.

Franziska Greising
Die Urfrau

Heute bauen wir eine Stätte. Wir gehen und rufen nach allen vier Himmeln, nach den Planeten und dem Erdinnern, hinab in die Brunnen, daß wir am Ursprung eine Frau gefunden haben. Alles Geschriebene schreiben wir neu, wir singen auf einmal wieder. Wir sind nach ihrem Vorbild geschaffen und brauchen uns nicht mehr zu fürchten. Sie ist mächtig, denn sie ist das Leben, die Verwandlung, die Versöhnung. Wir können jetzt die Spiegel verschenken, denn wir sind in unsere Rechte gesetzt. Jede hat ihr Recht, und es geht zurück bis zu den Anfängen, wo es verlorenging.

Eingegrenzt von den Sonnen, sind wir schmalbrüstig, dünnhäutig geworden, und wer uns beiwohnte, ballte die Fäuste und weinte. Alle meinten sie, es sei Ordnung, aber was ist das für eine Ordnung ohne Ursprung? Wir haben der Urfrau ein Zelt aus helleuchtender Seide erstellt, tausend Raupen haben wir im Lohn gehabt, tausend Monde haben wir darüber gesät. Wir kehren dort ein und füllen Wasser und Wein in unsere Krüge, um die Söhne zu segnen. Den Töchtern aber schenken wir das Feuer, das im hinteren Rund des Obdachs flackert. Die Toten übergeben wir der Wächterin über die Höhlen, der weißen Schlange, und die Alten und die Kinder lassen wir im Zwielicht der Bäume, damit sie mit diesen Nadeln aus Schweinshaar die feine Seide des Zeltes zusammenfügen. Unsere Krüge und Becher holen wir vom Boden der Meere und Bergbäche, unser Wein reift wild und herb über dem Abgrund.

Erst seit wir dieses schimmernde Seidenzelt für die Frau am Ursprung haben und unsere Feste feiern, gibt man uns unsere Rechte und achtet unsere Reden. Auch unsere Namen gehören uns wieder, so daß wir nicht mehr von den Müttern und Schwestern uns entfremden. Wir gebären Ahnfrauen, und unsere Söhne und Gatten ehren und dienen uns. Wir empfangen sie unermüdlich und freuen uns mit ihnen am Wein. Wir legen ihnen

Kränze ins Haar, und sie füllen unsere Becher bis zum Rand. Sie heben Gruben aus, und wir setzen die neuen Bäume hinein. Sie ziehen die Gräben, und wir finden Quellen. Und während wir ihre Schiffe lenken und die Lüfte bezähmen, werfen sie die Saat über unsere Äcker und schlagen Holz für die Feuer.

Nachts aber weinen und seufzen wir nicht mehr. Unsere Matten hängen schaukelnd im Wind, und die Väter sind sanft und duldsam geworden, den Kriegszügen haben sie sich längst entfremdet.

Nachbemerkung

Angesichts des selbstbewußten und souveränen Auftretens der Schweizer Frauen im Alltag und in der Öffentlichkeit möchte niemand und schon gar nicht die Betrachterin aus einem der Nachbarländer vermuten, daß sie unter besonderen Diskriminierungen zu leiden haben. Sogar die Bürgerinnen des Kantons Appenzell-Innerrhoden, die bis zum Jahr 1990 nicht zu den Kantonalwahlen zugelassen waren, haben sich dieses Recht inzwischen erkämpft. Damit hat ein besonders hartnäckig verteidigtes und weithin schon als folkloristisches Kuriosum angesehenes Relikt aus den Blütezeiten des Patriarchats sein Ende gefunden. Das heißt allerdings nicht, daß die Situation der Frauen in der Schweiz nun nur noch als idyllisch zu bezeichnen wäre.

Es gibt acht Wochen Mutterschaftsurlaub nach der Geburt, aber keine garantierte Lohnfortzahlung, geschweige denn Erziehungsurlaub und Arbeitsplatzerhalt. Beim Schwangerschaftsabbruch gilt offiziell nach wie vor nur die medizinische Indikation. Für berufstätige Mütter stehen zu wenig staatliche Institutionen wie Krippen, Horte oder Kindergärten zur Verfügung. Sie müssen die Betreuung ihrer Kinder mit Hilfe der Familie oder einer bezahlten Hilfskraft bzw. Tagesmutter organisieren. Das Schulsystem ist auf Familienmütter fixiert.

Frauen stellen zwar mehr als ein Drittel der Erwerbstätigen (zu 95% als abhängig Beschäftigte), konzentrieren sich aber auf wenige Berufsgruppen, vor allem im Dienstleistungsbereich, mit niedrigem Einkommen und wenig Sozialprestige. Die schlecht bezahlte und abgesicherte Heimarbeit, heutzutage bevorzugt am Bildschirm, spielt eine große Rolle. Obwohl Frauen weniger als Männer verdienen, zahlen sie gleich hohe Beiträge in die Sozialkassen. Bei der Scheidung ist die Schuldfrage zu klären und in Abhängigkeit davon die Anwartschaft auf Renten und Vermögensanteile. Frauen haben bei einer Trennung ohnehin höchstens Anspruch auf ein Drittel des ehelichen Vermögens.

Obwohl die Schweiz, wenn man nach dem Bruttosozialprodukt pro Kopf der Bevölkerung rechnet, eines der höchstentwickelten Länder der Erde ist, steht sie, was das allgemeine Bildungsniveau angeht, weitaus niedriger auf der internationalen Rangliste. Auch der Rückstand des Bildungswesens betrifft besonders die Frauen.

Im Jahr 1970 begründete ein überparteiliches Komitee des Kantons St. Gallen seine Ablehnung des Frauenstimmrechts folgendermaßen: »Die Frau ist anders als der Mann. Sie fühlt und denkt anders, sie will vor allem Sicherheit und Geborgenheit in der Familie. Der ledigen Frau sagt die Betätigung im sozialen Bereich mehr zu als Diskussionen in den politischen Auseinandersetzungen.«[1] Diese Ansicht über die wahre Bestimmung der Frau ist heute noch in der Bevölkerung fest verankert, wenn sich auch in der Schweiz wie anderswo die Positionen zu diesem Thema unterscheiden, je nachdem, in welchem Kanton man/frau lebt, welcher Schicht sie zugehören und ob sie in der Großstadt, der Kleinstadt oder auf dem Land wohnen. Theoretisch stehen den Frauen alle Berufe und Karrieremöglichkeiten offen. In der Praxis stehen ihnen die tatsächlichen Verhältnisse, die Haltung der Umwelt und oft auch ihr eigenes Selbstverständnis im Weg.

Das ist die eine Seite der Medaille. Auf der anderen Seite gab und gibt es in der Schweiz eine erste und zweite Frauenbewegung, die an Vielfalt, Mut, Kampfkraft und Ausdauer den Vergleich mit den Bewegungen anderer Länder nicht zu scheuen braucht.[2] Die »Schweizerinnen politisieren immer noch in erster Generation«[3], denn erst 1971 wurde nach hundertjährigem Kampf auf Bundesebene das Frauenstimmrecht eingeführt. Dennoch haben sich seitdem – nicht ohne energischen männlichen Widerstand – Politikerinnen aller Couleur in den Parlamenten

---

[1] Zitiert nach Thomas Held/René Levy, ›Die Stellung der Frau in Familie und Gesellschaft. Eine soziologische Analyse am Beispiel der Schweiz‹, Frauenfeld 1974.
[2] Siehe hierzu und allgemein zum Thema ›Frauengeschichte(n). Dokumente aus zwei Jahrhunderten zur Situation der Frauen in der Schweiz‹, hrsg. v. Elisabeth Joris u. Heidi Witzig, Zürich 1986.
[3] So formuliert es Lys Wiedmer-Zingg in ihrem Buch ›Die Schweiz-Macherinnen. Zehn Spitzenpolitikerinnen im Glashaus‹, Basel 1987.

und auch in den obersten Regierungsgremien etabliert. Einige wesentliche gesetzliche Diskriminierungen der Frauen konnten abgeschafft beziehungsweise revidiert werden. 1978 wurde durch die Teilung der elterlichen Gewalt und die Besserstellung der ledigen Mütter das Kindsrecht umgestaltet. Seit 1981 gibt es in der Verfassung einen Absatz über die gleichen Rechte für Mann und Frau. Darin wird die geschlechtsbedingte Diskriminierung in Beruf und Ausbildung untersagt und Lohngleichheit für gleichwertige Arbeit vorgeschrieben. In der Praxis läßt sich dies allerdings oft nur mit Hilfe von Prozessen durchsetzen. 1983 trat ein Gesetz zum verbesserten Schutz der Heimarbeit, 1987 ein neues Eherecht in Kraft, das die Ehepartner zivilrechtlich gleichstellt und den Frauen immerhin ermöglicht, ihren eigenen Namen vor den des Ehemannes zu stellen. In einigen Banken, Versicherungen und Großbetrieben gibt es heute eine planmäßige Förderung von Frauen. Wenn von der Hartnäckigkeit der Schweizer die Rede war, so stehen ihnen die Schweizerinnen darin offenbar nicht nach. Sie lassen sich nicht einschüchtern oder gar zum Schweigen bringen.

Das gilt erst recht für die Literatur. Es ist verblüffend, wie viele und wieviel großartige Autorinnen[1] die kleine Schweiz mit ihren heute sechseinhalb Millionen Einwohnern im 20. Jahrhundert hervorgebracht hat, und daher völlig ausgeschlossen, innerhalb des vorgegebenen Rahmens einen auch nur annähernd vollständigen Überblick zu geben. Diese kleine Sammlung will folgendes leisten: erstens in möglichst vielen Prosatexten möglichst viele individuelle Stimmen zu Wort kommen lassen, und zweitens ein möglichst vielfältiges Spektrum des Lebens und Denkens von Frauen in seiner literarischen oder autobiographischen Gestaltung vom Ende des letzten Jahrhunderts bis in die Gegenwart vorstellen.

---

[1] Viele von ihnen sind im gesamten deutschsprachigen Raum leider viel zu wenig bekannt. Hilfreich zum Kennenlernen etwa Charles Linsmayer, ›Literaturszene Schweiz. 157 Kurzporträts von Rousseau bis Gertrud Leutenegger‹, Zürich 1989. In den letzten Jahren haben Herausgeber/innen in Zusammenarbeit mit Verlagen und Institutionen Wesentliches zur Wiederentdeckung einzelner Autorinnen geleistet.

Die Schweiz ist seit 1874 ein demokratischer Bundesstaat. Seit 1648, dem Ende des dreißigjährigen Krieges, verhält sie sich außenpolitisch neutral und nahm auch nicht aktiv an den Kriegen dieses Jahrhunderts teil. Durch den dadurch entstehenden Inselcharakter war sie zwar den politischen, wirtschaftlichen, sozialen und kulturellen Bewegungen Europas ausgesetzt, erfuhr sie aber oft in einer abgemilderten, der Schweizer auf Konsens und Prosperität ausgerichteten Gesellschaft angepaßten Form. Die Literatur profitierte einerseits von diesem Inselcharakter, denn es herrschte Redefreiheit, als anderswo davon keine Rede sein konnte, und es gab den Einfluß der zahllosen Immigranten. Andererseits beinhaltete die Isolation auch die Gefahr der Mittelmäßigkeit, der Selbstzufriedenheit einer »Literatur aus einer Randzone«, in der Ruhestörer unerwünscht sind und die im »Kleinen und Häuslichen« verharrt.[1]

Nun ist das Private bekanntlich politisch und das Häusliche gerade für Frauen bis in die Gegenwart ein wesentlicher Bestandteil ihrer Rollendefinition. Insofern spielt es auch in den Beiträgen dieses Bandes eine große Rolle. Sie belegen aber zugleich die weibliche Variante der für die Schweizer Literatur ebenfalls charakteristischen Unbehaustheit und Weltsehnsucht, vom Kampf um Selbstbestimmung und Freiheit des Denkens und Lebens ganz zu schweigen, der alle Frauen des Jahrhunderts verbindet.

Die Autorinnen dieses Bandes sind in der Schweiz geboren oder haben einen großen Teil ihres Lebens dort verbracht. Die Beiträge stammen aus den vier Schweizer Landessprachen Deutsch, Französisch, Italienisch und Rätoromanisch. Das Deutsche überwiegt bei weitem. Das entspricht allerdings auch dem Bevölkerungsanteil und dem zahlenmäßigen Verhältnis der Veröffentlichungen. Die Texte sind in etwa nach der chronologischen Reihenfolge der geschilderten Zeitabschnitte geordnet, die nicht immer mit dem Zeitpunkt der Erstveröffentlichung übereinstimmt. Informationen über Leben und

---

[1] Siehe Urs Bugmann in seinem Nachwort zu ›Lese-Zeit. Literatur aus der Schweiz‹, Zürich 1988.

Werk der Autorinnen und Bemerkungen zum Hintergrund oder zur Geschichte der einzelnen Beiträge enthält der biobibliographische Anhang.

Andrea Wörle

Autorinnen

LORE BERGER wurde 1921 in Basel geboren, wuchs dort auf und studierte Kunstgeschichte, Sprach- und Literaturwissenschaft. Der Roman ›Der barmherzige Hügel‹ entstand während ihrer Dienstzeit beim militärischen Frauenhilfsdienst (FHD) und erzählt von der hoffnungslosen Liebe einer Studentin zu einem Mann, der sich nach einer kurzen Affäre mit ihr wieder anderen Frauen zuwandte. Aus der banalen Liebesaffäre gestaltete Lore Berger ein fesselndes und glaubwürdiges Porträt der Verzweiflung eines jungen Menschen an der Welt und ein Dokument ihrer Zeit. Im Juli 1943 reichte sie das Manuskript zu einem literarischen Wettbewerb bei der Büchergilde Gutenberg ein. Am 14. August 1943 nahm sich Lore Berger mit einem Sprung von der Plattform des Wasserturms auf dem Bruderholz, d.i. der »barmherzige Hügel« des Romans, das Leben. Ihr Buch wurde bei dem Wettbewerb auf den fünften Rang gesetzt und nach seiner Veröffentlichung 1944 von Hermann Hesse empfohlen. Danach geriet es in Vergessenheit und wurde erst 1981, herausgegeben von Charles Linsmayer, im Verlag Die Arche, Zürich, wieder veröffentlicht. Der vorliegende Auszug erscheint hier mit freundlicher Genehmigung des Arche Verlags AG Raabe und Vitali, Zürich.

MAJA BEUTLER, 1936 in Bern geboren und dort aufgewachsen, besuchte die Dolmetscherschule, arbeitete nach Studienaufenthalten in Frankreich, England und Italien als Kongreßorganisatorin bei der UNESCO in Rom und seit 1974 als freie Mitarbeiterin des Schweizer Radios. Veröffentlichungen: ›Flissingen fehlt auf der Karte‹ (Geschichten); ›Wärchtig‹ (gesammelte Radiotexte); ›Fuß fassen‹, ›Die Wortfalle‹ (Romane). Die Erzählung ›Fremdkörper‹ ist entnommen aus ›Das Bildnis der Doña Quichotte‹, Verlag Nagel & Kimche AG, Zürich/Frauenfeld 1989, und erscheint hier mit freundlicher Genehmigung des Verlags.

RUTH BLUM, am 2. September 1913 in Wilchingen/Schaffhausen geboren, verlor mit acht Jahren ihren Vater. Die Mutter betrieb zusammen mit der Großmutter einen Kolonialwarenladen, um die Familie, zu der noch ein jüngerer Bruder gehörte, zu ernähren. 1930 trat Ruth Blum in das Lehrerseminar der Kantonsschule Schaffhausen ein und gehörte dort zu den Mitbegründerinnen einer farbentragenden Mädchen-Verbindung, deren Absicht war, für die Gleichberechtigung der Frauen zu kämpfen (unter der Devise »No surrender«). Das Verbindungslied stammte von Ruth Blum: »Früher boten wir den Mund/ dem Bedrücker – heut' die Stirne./ Neuer Freiheit Morgenstund/ tagt in jedem Frauenhirne.« Während der Wirtschaftskrise und der großen Arbeitslosigkeit zu Beginn der 30er Jahre mußte die Mutter ihren Laden aufgeben. Die Familie zog nach Zürich, um eine Pension zu betreiben. Der Bruder begann eine Bäckerlehre. Ruth Blum brach ihr Studium ab und schlug sich als Dienstmädchen, Küchenhilfe und Sekretärin durch, bis sie bei der ›Neuen Zürcher Zeitung‹, wo sie vorher als Putzfrau gearbeitet hatte, den Einstieg in den Journalismus fand. Schließlich kehrte sie mit ihrer Mutter nach Wilchingen zurück. 1941 gelang ihr mit ihrem literarischen Debüt, dem autobiographischen Roman ›Blauer Himmel, grüne Erde‹ auf Anhieb ein großer Erfolg. Allerdings wurde sie als »Heimatautorin« eingestuft, was unter anderem dazu führte, daß weitere literarische Veröffentlichungen Mißerfolge wurden. Sie nahm ihr Studium wieder auf, schloß es 1951 ab und arbeitete als Lehrerin in Schaffhausen. 1961 erkrankte sie an Krebs und war mit ihren Tagebuchaufzeichnungen ›Wie Reif auf dem Lande‹ (1964) eine der ersten, die dieses Tabu-Thema literarisch gestalteten. Sie zog sich aus dem Schuldienst zurück und wandte sich wieder ganz der Schriftstellerei zu. Mit den autobiographischen Romanen ›Die grauen Steine‹ (1971) und ›Die Sichel‹ (1975) konnte sie an ihren literarischen Erstlingserfolg anschließen. Ruth Blum starb 1975. Der Ausschnitt ›Verhüllter Himmel‹ ist entnommen aus ›Die grauen Steine‹, Peter Meili Verlag, Schaffhausen 1971, und erscheint hier mit freundlicher Genehmigung des Verlags.

ELENA BONZANIGO wurde 1897 in Bellinzona geboren und starb 1974 in Locarno. Sie wuchs in Pisa und Genua auf, studierte in London Kunst und lebte dann als Malerin in Florenz. Nach der Heirat mit dem Zürcher Arzt Paul Hoppeler lebte sie in Locarno. Sie gab die Malerei auf und begann zu schreiben, unter anderem Komödien für den Rundfunk und Artikel für diverse Zeitungen und Zeitschriften. 1922 erschienen die ›Memorie d'un campanile‹, 1924 ein Gedichtband ›La sorgente‹, 1938 die ›Storie primaverili‹, ihre Kindheitserinnerungen, die ihr erster literarischer Erfolg wurden. 1944 und 1955 erschienen die historischen Romane ›Serena Serodine‹ und ›Oltre le mure‹. In ihrem Mittelpunkt steht die fiktive Gestalt der Serena Serodine, Schwester zweier berühmter Tessiner Maler und Bildhauer des 18. Jahrhunderts, die ihre eigene künstlerische Bestimmung sucht. 1965 erschien der Roman ›La conchiglia‹, eine literarische Aufarbeitung der italienischen und Tessiner Geschichte des 19. Jahrhunderts. 1958 gab Elena Bonzanigo die Sammlung ›Donne della Svizzera Italiana‹ heraus, und im selben Jahr erschien ihre Erzählung ›Viaggio di notte‹. Frauen, Männer und Kinder, die aus ganz unterschiedlichen Gründen eine Reise nach

Rom unternehmen, treffen in einem Zugabteil zusammen. Der vorliegende Ausschnitt ist entnommen aus ›Nächtliche Reise‹, dt. v. Hannelise Hinderberger, Gute Schriften Zürich, 1961, und erscheint hier mit freundlicher Genehmigung des GS-Verlags, Basel.

LISEL BRUGGMANN wurde 1900 in Zürich geboren, lebte in Bern und Winterthur und wieder in Zürich, wo sie 1973 starb. Sie stammte aus einer Arbeiterfamilie, arbeitete selbst bereits mit 15 Jahren in der Textilindustrie und engagierte sich früh im Kampf um bessere Arbeitsbedingungen und Gleichbehandlung insbesondere der Arbeiterinnen. Die Züricher Arbeiterschriftstellerin dokumentierte mit ihren Erzählungen und Erinnerungen systematisch ihre Erfahrungen in der Arbeitswelt und aus dem Alltag der »kleinen Leute«, etwa auch in dem Band ›Ich wünsche Euch des Weltenalls Erbeben‹. Die Erzählung ›Wohltätigkeit‹ stammt aus dem Jahr 1934, ist entnommen aus ›Not macht erfinderisch‹, Unionsverlag, Zürich 1980, und erscheint hier mit freundlicher Genehmigung des Verlags.

SELINA CHÖNZ (Selina Könz) wurde 1911 in Samedan/Graubünden geboren, wo sie heute wieder lebt. Nach einer Ausbildung zur Kindergärtnerin erwarb sie ein Sprachdiplom in Oxford. Sie schreibt in rätoromanischer Sprache und begann 1940 zu veröffentlichen. Seitdem sind zahlreiche Novellen und Erzählungen, auch Kinderbücher, erschienen, in deutscher Sprache etwa ›Schellenursli‹ (1945), ›Der große Schnee‹ (1955/56), ›Fievlin‹ (1970). Die Erzählung ›Der Besuch‹ (›La visita‹), zuerst 1979 in ›Casa Paterna‹ (Nr. 98) veröffentlicht, ist entnommen aus der zweisprachigen Sammlung ›Rumantscheia. Eine Anthologie rätoromanischer Schriftsteller der Gegenwart‹, hrsg. v. Quarta Lingua (Vereinigung zur Förderung der rätoromanischen Sprache) u.m. einem Vorwort v. Bernhard von Arx, Artemis Verlag, Zürich und München 1979, und erscheint hier mit freundlicher Genehmigung der Autorin.

ANNA FELDER wurde 1937 als Tochter einer Italienerin und eines Deutschschweizers in Lugano geboren, wo sie auch ihre Kindheit verbrachte. Nach dem Studium ging die promovierte Romanistin als Fremdsprachenlehrerin nach Aarau, wo sie heute noch lebt. Ihr erster Roman erschien 1970 unter dem deutschen Titel ›Quasi Heimweh‹ und 1972 unter dem italienischen Originaltitel ›Fra dove piove e non piove‹. Aus dem Jahr 1980 stammt der Erzählband ›Gli stretti congiunti‹ (Die Verwandten), 1985 folgte der Roman ›Nozze alte‹ (Späte Hochzeit). Der Roman ›La disdetta‹ (Die Kündigung), der aus der Perspektive einer Katze das Leben einer Familie, zu der ein Vater, eine Tochter und ein Sohn mit seiner Frau gehören, in dem Zeitraum zwischen der Kündigung ihrer Wohnung und dem Auszug schildert, erschien 1974. Der vorliegende Ausschnitt ist entnommen aus der deutschsprachigen Ausgabe, die unter dem Titel ›Umzug durch die Katzentür‹ in der Übersetzung von Maria Sprecher 1975 im Benziger Verlag, Zürich · Köln, veröffentlicht wurde, und wird hier abgedruckt mit freundlicher Genehmigung des Verlags.

ELISABETH GERTER wurde 1895 als eines von zehn Kindern einer Sticker-Familie in Gossau/St. Gallen geboren. Sie durchlief eine Ausbildung zur Krankenschwester und war lange in verschiedenen Pflegediensten tätig. 1932 heiratete sie in zweiter Ehe den Basler Maler Karl Aegerter, seit den 20er Jahren Mitglied der KP und 1940, als die KP in der Schweiz verboten wurde, Mitglied des Basler Großen Rats. Schon in den 20er Jahren begann Elisabeth Gerter zu schreiben. Anfang der 30er zog sie sich aus dem Pflegeberuf zurück, und 1934 erschien der autobiographische Roman ›Schwester Lisa‹, in dem sie mit bis dahin nie gehörter Offenheit ihre eigenen Erfahrungen und die Mißstände im Schwesternberuf schildert. An diesen sozialkritischen Roman aus der Sicht einer arbeitenden Frau schloß sie 1936 mit einer weiteren Pioniertat an, dem ebenfalls zeitkritischen Roman ›Die Sticker‹ über die Textilindustrie in der Ostschweiz. Damit war sie zur Arbeiter- und Frauenschriftstellerin abgestempelt und hatte Schwierigkeiten mit der Veröffentlichung des Buches, das sie schließlich in einem eigens gegründeten Verlag 1938 selbst herausbrachte. 1942/43 schloß sie sich mit ihrem Mann der sozialdemokratischen Partei in Basel an und gehörte in den folgenden Jahren zu den Vorkämpferinnen für das Frauenstimmrecht, während sie gleichzeitig in Romanen und Erzählungen weiterhin Gesellschaft und Geschichte ihrer Zeit thematisierte. Sie starb 1955 in Riehen. Die Erzählung ›Der Frühling und ein Zusammenbruch‹, zuerst veröffentlicht in ›Die Schicksalstür‹ (1954), ist entnommen aus ›Die goldene Lüge‹, Unionsverlag, Zürich 1981, und erscheint hier mit freundlicher Genehmigung des Verlags.

FRANZISKA GREISING, 1943 geboren, ist ausgebildete Kindergärtnerin und lebt in Luzern. Sie hatte bereits mit ihrem ersten Roman ›Kammerstille‹, der 1983 erschien, großen Erfolg, schrieb außerdem Erzählungen und Theaterstücke. Der Beitrag ›Die Urfrau‹ ist entnommen aus dem Erzählband ›Der Gang eines mutmaßlichen Abschieds. Geschichten‹, Schweizer Verlagshaus, Zürich 1989, und erscheint hier mit freundlicher Genehmigung des Verlags.

Eveline Hasler stammt aus dem Kanton Glarus. Sie studierte Psychologie und Geschichte, war einige Zeit als Lehrerin tätig und begann dann zu schreiben. Bekannt wurde sie zunächst durch ihre Jugendbücher wie etwa den ›Buchstabenclown‹. Weitere Werke: ›Anna Göldin. Letzte Hexe‹, ›Ibicaba. Das Paradies in den Köpfen‹ (1985), ›Der Riese im Baum‹ (1988), Romane; ›Freiräume‹ (1982), Gedichte. 1979 erschien im Verlag Die Arche, Zürich, die Erzählung ›Novemberinsel‹: Eine Frau zieht sich mit ihrem kleinen Sohn für einige Zeit aus Ehe und Alltag auf eine herbstliche Mittelmeerinsel zurück, um dort eine Depression zu überwinden. Der vorliegende Ausschnitt erscheint hier mit freundlicher Genehmigung des Arche Verlags AG Raabe und Vitali, Zürich.

Rahel Hutmacher, geboren 1944 in Zürich, war nach einer Ausbildung zur Diplom-Bibliothekarin einige Jahre als Leiterin einer Bibliothek in Zürich tätig, studierte dann Psychologie und lebt und arbeitet seit 1976 als Dozentin für psychologische Gesprächsführung in Zürich und Düsseldorf. Charakteristisch für ihre Erzählweise sind kurze, episodenhafte Abschnitte, in denen sie weibliche Erfahrungen gestaltet. Weitere Veröffentlichungen: ›Wettergarten‹ (1980), ›Dona‹ (1982), ›Wildleute‹ (1986). Die Beiträge ›Allein‹ und ›Ratlos‹ sind entnommen aus dem Band ›Tochter‹, Hermann Luchterhand Verlag, Darmstadt 1983, und erscheinen hier mit freundlicher Genehmigung des Luchterhand Literaturverlags, Frankfurt.

Hanna Johansen wurde 1939 in Bremen geboren, studierte Germanistik, Altphilologie und Pädagogik und lebt heute in Kilchberg bei Zürich. Unter dem Namen Hanna Muschg veröffentlichte sie zahlreiche Kinderbücher. Weitere Werke: ›Die stehende Uhr‹ (1978), ›Trodacero‹ (1980), ›Zurück nach Oraibi‹ (1986), ›Der Mann vor der Tür‹ (1988), Romane; ›Die Analphabetin‹ (1982), ›Die Schöne am unteren Bildrand‹ (1990), Erzählungen. Die Erzählung ›Zwei, drei Geschichten‹ ist entnommen aus ›Das helle und das dunkle Zimmer. Schweizer Schriftstellerinnen und Schriftsteller schreiben von der Angst‹, hrsg. v. Renate Nagel, Verlag Nagel & Kimche AG, Zürich/Frauenfeld 1988, und erscheint hier mit freundlicher Genehmigung des Verlags.

Cécile Lauber wurde 1887 in Luzern geboren, wo sie 1981 auch starb. Sie stammte aus einer begüterten Familie, studierte Musik und Malerei und wandte sich nach ihrer Heirat dem Schreiben zu. Sie hinterließ ein umfangreiches literarisches Werk, das aus Romanen, Erzählungen, Gedichten, Dramen und Jugendbüchern besteht. Unabhängig von den literarischen Entwicklungen des Jahrhunderts blieb sie mit ihrer Erzählweise immer der klassisch-romantischen

Tradition verhaftet. Deswegen und aufgrund der von ihr bevorzugten Themen Natur und Heimat bzw. ihrer deutlich zutage tretenden ethisch-moralischen Zielsetzung wurde sie – zu Unrecht – häufig auch als »Heimatautorin« eingestuft. 1970/72 übergab sie ihr Gesamtwerk selbst noch einmal in einer Ausgabe letzter Hand der Öffentlichkeit. Die Erzählung ›Dorotheas Bäume‹ ist entnommen aus Band III der Gesammelten Werke, Benteli Verlag, Bern 1972, und erscheint hier mit freundlicher Genehmigung des Verlags.

CÉCILE INES LOOS wurde 1883 in Basel geboren und starb dort 1959. Sie verlor als Kind ihre Eltern, wuchs zunächst bei Pflegeeltern und dann in einem Waisenhaus in Bern auf. 1902 erwarb sie ein Diplom als Kindergärtnerin und arbeitete danach als Erzieherin und Sprachlehrerin bei adeligen Familien in der Schweiz und England. 1913 bekam sie ein uneheliches Kind und erlebte, ausgelöst auch durch das Verhalten des Pfarrers, der sie zunächst aufgenommen hatte, eine schwere Lebenskrise, die Anlaß für ihre spätere Suche nach einer »neuen Kirche« war. Ende der 20er Jahre lebte sie als alleinstehende Frau in Basel, schlug sich mit verschiedenen Jobs und gelegentlichen Zuschüssen der Schriftstellerkasse durch und widmete sich dem Schreiben. 1929 erschien ihr erster Roman ›Matka Boska‹ (Mutter Gottes), der großes Echo fand. Als ihr Hauptwerk gelten heute der Roman ›Der Tod und das Püppchen‹ aus dem Jahr 1939, in dem sie die Geschichte ihrer eigenen Kindheit und Jugend literarisch gestaltete, und der Roman ›Hinter dem Mond‹ aus dem Jahr 1940, in dem aus der Perspektive der Schwester der Ich-Erzählerin von ›Der Tod und das Püppchen‹ erzählt wird. Beide Romane fanden nur schwer einen Verlag und hatten bei ihrem ersten Erscheinen keinen Erfolg. Erst 1983 wurden sie wieder aufgelegt und fanden auf Anhieb große Anerkennung. 1985 erschien das Cécile-Ines-Loos-Lesebuch ›Verzauberte Welt‹, zusammengest. u. hrsg. v. Charles Linsmayer, edition Kürz, Küsnacht/Zürich. Daraus entnommen ist die vorliegende Erzählung ›Die Hochzeitsreise‹, die zuerst 1946 im ›Schweizer Frauenkalender‹ abgedruckt wurde. Sie erscheint hier mit freundlicher Genehmigung des Verlags.

ELLA K. MAILLART wurde 1903 in Genf geboren. Schon als Kind eine leidenschaftliche Seglerin, kreuzte sie mit zwanzig monatelang auf dem Mittelmeer, vertrat 1924 als einzige Frau mit einer Einmannjolle die Schweiz auf der Pariser Olympiade, gründete die erste Damen-Hockey-Mannschaft in der Schweiz und nahm an internationalen Skirennen teil. Ihre eigentliche Passion aber war das Reisen. Von den 30ern bis ins hohe Alter bereiste sie Rußland, China, Indien, Nepal und Afghanistan. Sie war Kosmopolitin und Abenteurerin par excellence und profilierte sich mit den Berichten von ihren Fahrten besonders in Asien schon früh als geist- und kenntnisreiche Reiseschriftstellerin. 1938 lernte sie Annemarie Schwarzenbach (siehe unten) kennen und unternahm mit ihr im Auto eine Reise nach Afghanistan, die in Kabul damit endete, daß die beiden sich trennten, denn Annemarie Schwarzenbach kam trotz aller Anstrengungen nicht von ihrer Drogensucht los. 1947 veröffentlichte Ella K. Maillart in London unter dem Titel ›The Cruel Way‹ einen Bericht über diese Reise, der 1948 unter dem Titel ›Auf abenteuerlicher Fahrt‹ in der Übersetzung von Carl Bach in Zürich erschien. Auf Veranlassung von Annemarie Schwarzenbachs Mutter mußte sie Pseudonyme verwenden, so daß damals kaum jemand wußte, daß mit Christina Annemarie Schwarzenbach gemeint war. Der vorliegende Ausschnitt ›Die Idee‹ enthält das erste Kapitel dieses Buches und ist entnommen aus der 1988 mit einem Nachwort von Roger Perret unter dem Titel ›Flüchtige Idylle. Zwei Frauen unterwegs nach Afghanistan‹ im Efef-Verlag AG, Zürich, erschienenen überarbeiteten Neuausgabe. Der Abdruck erfolgt mit freundlicher Genehmigung des Verlags.

HELEN MEIER, geboren 1929 in Mels/St. Gallen, arbeitete als Lehrerin und lebt heute als freischaffende Schriftstellerin in Heiden. Weitere Veröffentlichungen: ›Prosa. Trockenwiese‹ (1984), ›Das einzige Objekt in Farbe‹ (1985), ›Das Haus am See‹ (1987), Erzählungen; ›Lebenleben‹ (1989), Roman. Die Erzählung ›Zeitlich begrenzt‹ ist entnommen aus ›Lese-Zeit. Literatur aus der Schweiz‹, hrsg. v. Egon Amman u. Urs Bugmann, Ammann Verlag AG, Zürich 1988, und erscheint hier mit freundlicher Genehmigung des Verlags.

ERICA PEDRETTI wurde 1930 in Sternberg (Nordmähren) geboren und lebt seit 1945 in der Schweiz. Sie besuchte die Kunstgewerbeschule in Zürich, war von 1950–52 als Gold- und Silberschmiedin in New York und arbeitet heute als Bildhauerin und Schriftstellerin. Sie lebt in La Neuveville. Veröffentlichungen u.a.: ›Harmloses, bitte‹ (1970), Texte; ›Heiliger Sebastian‹ (1973), ›Veränderung‹ (1977), ›Valerie oder Das unerzogene Auge‹ (1986), Romane. Die Erzählung ›Die Vorzüge der Brunft‹ erschien zuerst 1980 in ›Hermannstraße 14‹, Nr. 5, ist entnommen aus ›Sonnenaufgänge. Sonnenuntergänge‹. Suhrkamp Verlag, Frankfurt 1984, und wird hier abgedruckt mit freundlicher Genehmigung des Verlags.

ALICE RIVAZ (Pseudonym) wurde 1901 als Tochter des Sozialisten Paul Golay in Rovray/Waadt geboren. Sie studierte Musik und arbeitete dann für das Internationale Arbeitsamt in Genf, wo sie seit 1960 als freie Schriftstellerin lebte. Ihr erster Roman ›Nuages dans la main‹ erschien 1940. Von Anfang an trat sie in ihrem literarischen Werk für die Gleichberechtigung der Frauen ein und kritisierte dezidiert die patriarchalische Gesellschaft. 1947, zwei Jahre vor Simone de Beauvoirs feministischem Klassiker ›Le deuxième sexe‹, erschien ihr Roman ›La paix des ruches‹ (›Der Bienenfriede‹), in dem sie die Beziehung der Geschlechter scharfzüngig und ironisch analysiert und von den Frauen fordert, daß sie die im Bienenstaat vollzogene »wohlüberlegte Ausschaltung der männlichen Spielverderber« nachvollziehen. Weitere Veröffentlichungen: ›Comptez vos jours‹ (1966; dt. unter dem Titel ›Bemeßt die Zeit‹), ›Jette ton pain‹ (1979), ein Roman über eine Mutter-Tochter-Beziehung, und 1969 ›L'Alphabet du matin‹, ihre Kindheitserinnerungen. Der vorliegende Ausschnitt ›Wenn nicht die Liebe‹ enthält die Anfangskapitel des Romans ›Der Bienenfriede‹, dt. v. Marcel Schwander, veröffentlicht unter dem Titel ›Bemeßt die Zeit‹ zusammen mit dem gleichnamigen Roman 1976 im Benziger Verlag, Zürich · Köln, und Ex Libris Verlag, und erscheint hier mit freundlicher Genehmigung des Benziger Verlags, Zürich.

META VON SALIS wurde 1855 in Marschlins/Graubünden geboren und starb 1929 in Basel. Sie stammte aus einer alten Schweizer Adelsfamilie, bezeichnete bereits als junges Mädchen das Pensionat, in das sie gesteckt wurde, als »Hausfrauen-Züchtungs-Anstalt« und wurde zu einer der profiliertesten Vorkämpferinnen des Frauenstimmrechts innerhalb der an starken Persönlichkeiten reichen ersten Frauenbewegung in der Schweiz. Zunächst arbeitete sie als Erzieherin und Sprachlehrerin in Deutschland und England und studierte dann in Zürich Geschichte, wo sie als erste Frau an der philosophischen Fakultät promovierte (über Agnes von Poitou). In zahlreichen Artikeln und Vorträgen, aber auch in Gedichten und Romanen artikulierte sie ihre Kritik an den gesellschaftlichen Mißständen und entwarf ein Bild von der »neuen Frau«. Den leicht gekürzt unter dem Titel ›Die unerwünschte Weiblichkeit‹ abgedruckten Vortrag zum Thema Frauenstimmrecht und Wahl der Frau hielt sie 1894 in Bern. Er ist entnommen aus ›Die unerwünschte Weiblichkeit. Autobiographie. Gedichte. Feministische Schriften‹, hrsg. v. Doris Stump, paedia media genossenschaftsverlag, Thalwil 1988, und erscheint hier mit freundlicher Genehmigung des Verlags und der Herausgeberin.

KRISTIN T. SCHNIDER, 1960 in London geboren, wuchs in Zürich auf, wo sie auch heute noch lebt. Sie arbeitet in verschiedenen Berufen und schreibt seit Jahren Prosatexte. ›Die Kodiererin‹ war ihr erster Roman. Er erzählt vom Alltag einer jungen Frau, die in einer Großstadt lebt, als Kodiererin arbeitet und schließlich Arbeit und

Wohnung verläßt, um wie die Stadtstreicher im Park zu leben. Der vorliegende Ausschnitt enthält den Anfang des Romans, ist entnommen aus ›Die Kodiererin‹, Verlag Nagel & Kimche AG, Zürich/Frauenfeld 1989 und erscheint hier mit freundlicher Genehmigung des Verlags.

ANNEMARIE SCHWARZENBACH wurde 1908 in Zürich geboren und war eine der außerordentlichsten und exzentrischsten Erscheinungen unter den Schweizer Autorinnen. Sie stammte aus einer wohlhabenden Industriellenfamilie, besuchte Privatschulen und promovierte 1931 zum Dr. phil. in Zürich. Ihre ersten literarischen Texte erschienen 1931 (›Freunde um Bernhard‹) und 1933 (›Lyrische Novelle‹). Bereits als junge Frau hatte sie zum Teil sehr freundschaftlichen Kontakt mit zahlreichen Schriftstellern und Künstlern wie Erika und Klaus Mann, Roger Martin du Gard oder Therese Giehse. Sie wurde zu einer leidenschaftlichen Antifaschistin, obwohl ihre Eltern zumindest in den Anfangsjahren mit dem Nazi-Regime sympathisierten und den Frontismus, die Schweizer faschistischen Formationen in der Zwischenkriegszeit, unterstützten. Von ihrer Abhängigkeit vom Morphium versuchte sie sich immer wieder durch qualvolle Entziehungskuren zu befreien. Durch ihren Mann, einen französischen Diplomaten, lernte sie Persien kennen und wandte sich dem Reisejournalismus zu. In Laufe ihres Lebens bereiste sie in zum Teil tollkühnen Fahrten Süd- und Osteuropa, Vorderasien, die USA und den Kongo. Als der Zweite Weltkrieg ausbrach, befand sie sich mit ihrer Freundin Ella K. Maillart (siehe oben) auf einer Autofahrt durch Afghanistan. Im selben Jahr 1939 erschien ihr Roman ›Das glückliche Tal‹, der ihre Persien-Reise aus dem Jahr 1935 zum Thema hatte. Sie versuchte 1940 als Korrespondentin gegen Hitler in Amerika Fuß zu fassen, wo sie auch eine leidenschaftliche Liebesbeziehung mit der amerikanischen Autorin Carson McCullers verband. In New York landete sie in einer psychiatrischen Klinik, aus der sie sich nur mühsam befreien konnte. Nach einem längeren Kongo-Aufenthalt versuchte sie sich 1942 als Spanien-Korrespondentin zu etablieren. Sie starb im selben Jahr an den Folgen eines Fahrradunfalls. Der vorliegende Romanausschnitt ist entnommen aus ›Das glückliche Tal‹, mit einem biograph. Nachw. v. Charles Linsmayer, Verlag Huber (Reihe: Reprinted by Huber), Frauenfeld 1987, und erscheint hier mit freundlicher Genehmigung des Verlags.

REGINA ULLMANN wurde 1884 in St. Gallen geboren und starb 1961 in Ebersberg bei München. Sie stammte aus einer jüdischen Fabrikantenfamilie, verlor früh ihren Vater und zog 1902 mit Mutter und Schwester nach München, wo sie Autoren wie Thomas Mann, Hans

Carossa und vor allem Rilke kennenlernte, der ihr Zeit seines Lebens verbunden blieb und ihr literarisches Schaffen begleitete. 1906 und 1908 kamen in der Steiermark ihre zwei Töchter zur Welt. 1911 war sie unter dem Einfluß des Dichters Ludwig Derleth zum Katholizismus übergetreten. Während des Ersten Weltkriegs lebte sie in Burghausen, wo sie eine Ausbildung als Imkerin, Wachsgießerin und Gärtnerin durchlief, in den 20er Jahren wieder in der Nähe von München und in Österreich. Seit 1925 veröffentlichte sie in Schweizer Verlagen, aber auch in Deutschland Erzählbände über ›Die Landstraße‹, ›Vier Erzählungen‹, ›Der Apfel in der Kirche‹, und 1934 erschien als letzte Veröffentlichung in Deutschland in der ›Vossischen Zeitung‹ die Erzählung ›Das erste Bad‹. 1935 wurde sie aus dem Deutschen Schriftsteller-Verband ausgeschlossen. Nach dem Tod ihrer Mutter 1938 in Salzburg kehrte sie nach St. Gallen zurück, wo sie in der Folgezeit drei Sammelbände veröffentlichte und auch öffentliche Anerkennung fand. Die letzten Lebensjahre verbrachte sie bei ihrer Tochter Camilla in der Nähe von München. In ihrem Werk schildert sie die Welt der »kleinen Leute«, der Frauen und Kinder und der Außenseiter und Randfiguren der Gesellschaft. Die Erzählung ›Die Verwandlung‹ wurde zuerst 1942 in dem Band ›Der Engelskranz‹ veröffentlicht, ist für diese Ausgabe entnommen aus ›Ausgewählte Erzählungen‹, hrsg. u. m. einem Nachwort v. Friedhelm Kemp, Suhrkamp Verlag, Frankfurt 1979, und erscheint hier mit freundlicher Genehmigung von Camilla Ullmann.

ALICE VALANGIN (Aline Rosenbaum-Ducommun), 1889 in Bern geboren und dort aufgewachsen, 1986 gestorben, arbeitete als Konzertpianistin und später als Psychoanalytikerin, heiratete einen Zürcher Rechtsanwalt, lebte bereits während der 30er Jahre im Tessin und wurde mit ihren 1937 erschienenen ›Geschichten vom Tal‹ sowie Romanen wie ›Die Bargada‹ oder ›Casa Conti‹ zu einer anerkannten Vertreterin der Tessiner Literatur in deutscher Sprache. Sowohl in Zürich wie auch im Tessin nahm sie während der Nazi-Zeit zahlreiche Verfolgte auf, unter anderem Kurt Tucholsky und Ernst Toller. 1946 schilderte sie in dem Roman ›Dorf an der Grenze‹ die Geschichte eines Tessiner Dorfes während des Zweiten Weltkrigs und war damit eine der ersten, die das in den folgenden Jahrzehnten umstrittene und tabuisierte Thema der Schweizer Asylpolitik aufgriff. Die Folge war, daß das Buch dreißig Jahre lang nicht erscheinen konnte und erst 1982 veröffentlicht wurde. Der vorliegende Ausschnitt ›So fing's an ...‹ ist entnommen aus ›Dorf an der Grenze‹, Limmat Verlag Genossenschaft, Zürich 1982, und erscheint hier mit freundlicher Genehmigung des Verlags.

GERTRUD WILKER, 1924 in Solothurn geboren und 1984 in Bern gestorben, studierte in Bern und Zürich Germanistik und Psychologie und promovierte über das deutsche Sonett von Goethe bis Rilke. 1962/63 lebte sie mit ihrem Mann, einem Mathematikprofessor, und ihren Kindern in den USA. 1966 erschien ihr erster Roman ›Elegie auf die Zukunft‹, 1980 noch einmal unter dem Titel ›Wolfsschatten‹ veröffentlicht, 1968 ihr sehr erfolgreiches Buch ›Collages USA‹. Neben den Romanen ›Altläger bei kleinem Feuer‹ (1971), ›Jota‹ (1973) und ›Nachleben‹ (1980) veröffentlichte sie 1979 unter dem Titel ›Blick auf meinesgleichen‹ 28 Frauengeschichten und als Herausgeberin im selben Jahr ein ›Kursbuch für Mädchen‹. Die Beiträge ›Dieser Teil eines Lebens‹, ›Leben und Aufbegehren‹, ›Man wird sie nicht los‹, ›Hochzeitsschuhe‹ und ›Das Lächeln auf dem Gesicht meines Sohnes‹ wurden zuerst veröffentlicht in ›Blick auf meinesgleichen‹, sind für diese Ausgabe entnommen aus dem Gertrud-Wilker-Lesebuch ›Elegie auf die Zukunft‹, zusammengest. v. Beatrice Eichmann-Leutenegger u. Charles Linsmayer, m. einem Nachw. v. Beatrice Eichmann-Leutenegger, Verlag Huber (Reihe: Reprinted by Huber), Frauenfeld 1990, und erscheinen hier mit freundlicher Genehmigung des Verlags.

Die in der Schweiz gebräuchliche Schreibweise des »ss« wurde für diese Ausgabe in einigen Beiträgen zu »ß« vereinheitlicht.

Marlen Haushofer im dtv

Begegnung mit dem Fremden
Siebenundzwanzig zwischen 1947 und 1958 entstandene Erzählungen. »Ihre minuziösen Schilderungen der Welt im Kleinen, der sehr persönlichen, unauffälligen Schwierigkeiten des Zusammenlebens, ihre Darstellung eines sehr kunstvoll-bescheidenen Erzählerbewußtseins und ihr Stil der negativen Ironie gehören zum Genauesten und Bemerkenswertesten, das die moderne Literatur zu bieten hat.« (Tagesspiegel, Berlin) dtv 11205

Foto: Peter J. Kahrl, Etscheid

Die Frau mit den interessanten Träumen
Zwanzig Kurzgeschichten aus dem Frühwerk der großen österreichischen Erzählerin über Themen wie Ehe- und Familienalltag, Kriegs- und Nachkriegserlebnisse, Kinderglück und Kinderleid, die Erkenntnis von der Schranke zwischen den Geschlechtern, der Umgang mit der Natur – dargestellt in oft ironischen Vignetten mit einer komischen und einer traurigen Pointe. dtv 11206

Bartls Abenteuer
Bartl teilt sein Schicksal mit vielen neugeborenen Katzen auf der ganzen Welt: Kaum stubenrein, wird er von der Mutter getrennt und muß sich in seinem neuen Zuhause einrichten. Zögernd beginnt der kleine Kater die Welt zu erkunden, besteht Abenteuer und Gefahren, erleidet Niederlagen und feiert Triumphe, wird der Held der Katzenwelt und in der Familie die »Hauptperson«. dtv 11235

Wir töten Stella. Erzählungen
»Das Kind, das die ersten nachhaltigen Erfahrungen mit den dunklen Seiten des Lebens hinter sich bringt, die junge Frau, die an der Gewalt der ersten Liebe zu ersticken droht, ein Mann, der mit sexueller Gier hemmungslos und egoistisch Leben zerstört: Marlen Haushofer schreibt über die abgeschatteten Seiten unseres Ichs, aber sie tut es ohne Anklage, Schadenfreude und Moralisierung.« (Hessische Allgemeine)
dtv 11293

Schreckliche Treue. Erzählungen
»Marlen Haushofer beschreibt nicht nur Frauenschicksale im Sinne des heutigen Feminismus, sie nimmt sich auch der oft übersehenen Emanzipation der Männer an, die jetzt eine Chance haben, ihr jahrhundertelanges Rollenspiel zu überwinden und sich so zu zeigen, wie sie wirklich sind – genau wie die Frauen.« (Geno Hartlaub)
dtv 11294

Ruth Rehmann
im dtv

Der Mann auf der Kanzel
Fragen an einen Vater

Am Ersten Weltkrieg nahm er als Feldgeistlicher teil; zu Kaisers Geburtstag schickte er alljährlich einen Brief nach Doorn; er war weder Naziverbrecher noch Widerstandskämpfer – er war ein konservativer Pfarrer in einer kleinen rheinischen Gemeinde. Ruth Rehmann beschäftigt sich mit dem Leben und der politischen Haltung ihres Vaters. dtv 1726

Abschied von der Meisterklasse

Mit dem Auftrag, die Memoiren der gefeierten Geigenvirtuosin Claire Schumann zu schreiben, begleitet die Journalistin und ehemalige Meisterschülerin Hanna Steinbrecher die von ihr verehrte Lehrerin in ein Sanatorium. Doch ihre anfängliche Begeisterung läßt nach, je mehr sie sich mit der Vergangenheit dieser egozentrischen Persönlichkeit auseinandersetzt, deren ungewöhnliche Karriere im Dritten Reich begann ...
dtv 10744

Die Leute im Tal

Der Bauer von Bruck, einst »Leithammel« der Talbauern, hat seinen Kampf gegen die neuzeitlichen Veränderungen im Tal verloren. Auf seiner Beerdigungsfeier wird noch einmal die Vergangenheit lebendig, aber auch die Zukunft erörtert. Ein gesellschaftskritischer Roman über das Leben auf dem Land, den bäuerlichen Charakter, wie er sich in den sechziger Jahren präsentiert hat. dtv 11038

Illusionen

Mit den unterschiedlichsten Gedanken und Gefühlen lassen vier Menschen den Büroalltag hinter sich, um Entspannung und Zerstreuung zu suchen. Von ihren Erlebnissen und Abenteuern, von Glück und Enttäuschung, von Träumen und Illusionen erzählt dieser Roman. dtv 11091

Die Schwaigerin

Die Lebensgeschichte einer Bäuerin im Chiemgau und die Geschichte einer Freundschaft. Vierzig Jahre ist es her, daß die Erzählerin und die Schwaiger Anni einander zum ersten Mal begegnet sind. Junge Mädchen waren sie damals, im Mai 1945. Flüchtling die eine, Tochter des Schwaiger Kleinbauern die andere. dtv 11144

Barbara Frischmuth im dtv

Die Ferienfamilie
Auf den ersten Blick sind die Verhältnisse im Ferienhaus ein wenig kompliziert, aber nachdem alle erst einmal eingezogen sind, erscheint ihnen ihre Gemeinschaft ganz selbstverständlich.
dtv 10273 (Juni 1991)

Foto: Isolde Ohlbaum

Die Mystifikationen der Sophie Silber
Die Begegnung mit zaubernden Märchenwesen führt die junge Frau in eine Krise . . . dtv 10489

Kai und die Liebe zu den Modellen
Angespornt durch das lebhafte, eigenwillige, Zuwendung fordernde Wesen ihres kleinen Sohnes Kai sucht Amy nach neuen Lebensmodellen. dtv 10491

Traumgrenze · Erzählungen
dtv 10553

Das Verschwinden des Schattens in der Sonne
Eine Studentin entdeckt das verwirrende, faszinierende Leben der Türkei im Aufbruch. dtv 10932

Kopftänzer
Eine arbeitslos gewordene Journalistin trifft auf einen frischgebackenen Abiturienten . . .
dtv 11032

Amoralische Kinderklapper
Gewitzt und mit unerschöpflicher Phantasie versuchen sich die kleinen Helden dieser neunzehn Skizzen den Forderungen der Erwachsenen zu entziehen. dtv 11103

Herrin der Tiere
Eine junge Frau gibt ihren Büroberuf auf, um sich ganz ihrer Leidenschaft, den Pferden zu widmen.
dtv 11230

Über die Verhältnisse
Die attraktive Wirtin eines Wiener Spezialitätenrestaurants, die mit höchsten Politikern der Republik eng befreundet ist, setzt alle Hebel in Bewegung, um ihre verschwundene Tochter wiederzufinden.
dtv 11346

Rückkehr zum vorläufigen Ausgangspunkt/Haschen nach Wind
Erzählungen
dtv neue reihe 6339

Doris Lessing
in dtv

Foto: Isolde Ohlbaum

Martha Quest
Die Geschichte der Martha Quest, die vor dem engen Leben auf einer Farm in Südrhodesien in die Stadt flieht. dtv/Klett-Cotta 10446

Eine richtige Ehe
Unzufrieden mit ihrer Ehe sucht Martha nach neuen Wegen, um aus der Kolonialgesellschaft auszubrechen. dtv/Klett-Cotta 10612

Sturmzeichen
Martha Quest als Mitglied einer kommunistischen Gruppe in der rhodesischen Provinzstadt gegen Ende des Zweiten Weltkriegs.
dtv/Klett-Cotta 10784

Landumschlossen
Nach dem Krieg sucht Martha in einer Welt, in der es keine Normen mehr gibt, für sich und die Gesellschaft Lösungen.
dtv/Klett-Cotta 10876

Die viertorige Stadt
Martha Quest geht als Sekretärin und Geliebte eines Schriftstellers nach London und erlebt dort die politischen Wirren der fünfziger und sechziger Jahre.
dtv/Klett-Cotta 11075

Kinder der Gewalt
Romanzyklus
Kassettenausgabe der fünf oben genannten Bände
dtv/Klett-Cotta 59004

Vergnügen · Erzählungen
dtv/Klett-Cotta 10327

Wie ich endlich mein Herz verlor
Erzählungen
dtv/Klett-Cotta 10504

Zwischen Männern
Erzählungen
dtv/Klett-Cotta 10649

Nebenerträge eines ehrbaren Berufes · Erzählungen
dtv/Klett-Cotta 10796

Die Höhe bekommt uns nicht
Erzählungen
dtv/Klett-Cotta 11031

Ein nicht abgeschickter Liebesbrief
Erzählungen
dtv/Klett-Cotta 25015 (großdruck)

Die andere Frau
Eine auf den ersten Blick klassische Dreiecksgeschichte, die bei Doris Lessing jedoch einen ungewöhnlichen Ausgang findet.
dtv/Klett-Cotta 25098 (großdruck)

Frauen der Welt im dtv

Frauen in Afrika
Herausgegeben von
Irmgard Ackermann
dtv 10777

Frauen in der
arabischen Welt
Hrsg. v. Suleman Taufiq
dtv 10934

Frauen in China
Hrsg. v. Helmut Hetzel
dtv 10532

Frauen in der DDR
Hrsg. v. Lutz W. Wolff
dtv 1174

Frauen in Frankreich
Herausgegeben von
Christiane Filius-Jehne
dtv 11128

Frauen in Griechenland
Herausgegeben von
Maria Bogdanu u.a.
dtv 11396 (Juni 1991)

Frauen in Indien
Herausgegeben von
Anna Winterberg
dtv 10862

Frauen in Irland
Hrsg. v. Viola Eigenberz
und Gabriele Haefs
dtv 11222

Frauen in Italien
Herausgegeben von
Barbara Bronnen
dtv 11210

Frauen in Japan
Hrsg. von Barbara
Yoshida-Krafft
dtv 11039

Frauen in
Lateinamerika 1
Herausgegeben von
Marco Alcantara
und Barbara Kinter
dtv 10084

Frauen in
Lateinamerika 2
Herausgegeben von
Marco Alcantara
dtv 10522

Frauen in New York
Herausgegeben von
Margit Ketterle
dtv 11190

Frauen in Persien
Herausgegeben von
Touradj Rahnema
dtv 10543

Frauen in der Schweiz
Herausgegeben von
Andrea Wörle
dtv 11329

Frauen in Skandinavien
Herausgegeben von
Gabriele Haefs und
Christel Hildebrandt
dtv 11384

Frauen in der
Sowjetunion
Herausgegeben von
Andrea Wörle
dtv 10790

Frauen in Spanien
Herausgegeben von
Marco Alcantara
dtv 11094

Frauen in Südafrika
Herausgegeben von
Dorothea Razumovsky
dtv 11347

Frauen in Thailand
Herausgegeben von
Hella Kothmann
dtv 11106

Frauen in der Türkei
Herausgegeben von
Hanne Egghardt und
Ümit Güney
dtv 10856